经济管理学术文库·经济类

乡村旅游促进乡村振兴研究

Study on the Rural Tourism Which Promotes Rural Revitalization

许 建／著

图书在版编目（CIP）数据

乡村旅游促进乡村振兴研究/许建著. —北京：经济管理出版社，2019.8
ISBN 978-7-5096-6708-8

Ⅰ.①乡…　Ⅱ.①许…　Ⅲ.①乡村旅游—作用—农村—社会主义建设—研究—中国　Ⅳ.①F327

中国版本图书馆 CIP 数据核字（2019）第 232946 号

组稿编辑：杨国强
责任编辑：杨国强　张瑞军
责任印制：黄章平
责任校对：陈晓霞

出版发行：经济管理出版社
　　　　　（北京市海淀区北蜂窝 8 号中雅大厦 A 座 11 层 100038）
网　　址：www.E-mp.com.cn
电　　话：（010）51915602
印　　刷：三河市延风印装有限公司
经　　销：新华书店
开　　本：720mm×1000mm/16
印　　张：14.75
字　　数：251 千字
版　　次：2019 年 8 月第 1 版　2019 年 8 月第 1 次印刷
书　　号：ISBN 978-7-5096-6708-8
定　　价：78.00 元

·版权所有　翻印必究·

凡购本社图书，如有印装错误，由本社读者服务部负责调换。
联系地址：北京阜外月坛北小街 2 号
电话：（010）68022974　　邮编：100836

"乡村旅游研究"丛书编委会

顾问

　　武吉海　湖南省政协原党组副书记、副主席
　　陈献春　湖南省文化和旅游厅党组副书记、厅长
　　高扬先　湖南省文化和旅游厅副厅长
　　欧阳斌　张家界市人民政府副市长
　　李　平　湘西土家族苗族自治州人民政府副州长
　　陈黎明　湖南雪峰山生态文化旅游有限责任公司实际控制人

编委会主任

　　白晋湘　吉首大学党委书记、教授
　　廖志坤　吉首大学党委副书记、校长、教授

编委会副主任

　　黄　昕　吉首大学副校长、教授
　　李定珍　湖南商务职业技术学院院长、教授
　　罗金铭　吉首大学副校长

编委

　　李长友　吉首大学研究生院院长、教授
　　刘　晗　吉首大学发展规划与学科建设处处长、教授
　　吴　晓　吉首大学社科处处长、教授
　　蒋　辉　吉首大学财务处处长、教授
　　张登巧　吉首大学武陵山区发展研究院院长、教授
　　李荣光　吉首大学校友总会副会长、研究员
　　向昌国　吉首大学生态旅游省级重点实验室主任、教授
　　粟　娟　吉首大学旅游与管理工程学院工会主席、教授
　　丁建军　吉首大学商学院院长、教授
　　李　琼　吉首大学湖南省院士专家工作站站长、教授
　　姚小云　吉首大学旅游与管理工程学院旅游管理系主任、副教授

李小玉　吉首大学旅游与管理工程学院酒店管理系主任、副教授
　　田开俊　吉首大学旅游与管理工程学院人力资源管理系主任
　　戴志强　吉首大学旅游与管理工程学院电子商务系主任

主编
　　张建永　吉首大学原正校级督导、吉首大学中国乡村旅游研究院院长、教授
　　尹华光　吉首大学旅游与管理工程学院院长、吉首大学中国乡村旅游研究院副院长、教授

执行主编
　　鲁明勇　吉首大学旅游与管理工程学院副院长、吉首大学中国乡村旅游研究院常务副院长、教授

副主编
　　董坚峰　吉首大学旅游与管理工程学院副院长、副教授
　　田金霞　吉首大学旅游与管理工程学院原副院长、教授
　　张琰飞　吉首大学商学院副院长、副教授
　　蔡建刚　吉首大学旅游与管理工程学院院长助理、吉首大学中国乡村旅游研究院院长助理
　　李付坤　吉首大学民族经济研究所所长、吉首大学中国乡村旅游研究院院长助理

责任单位
　　吉首大学中国乡村旅游研究院
　　吉首大学旅游与管理工程学院

总序

乡村旅游是时代赋予我们的全新而又重要的研究课题。

中国迈进全面小康社会指日可待，旅游已经成为人民日益增长的美好生活需要的重要组成部分，特别是大众化、个性化、高品质旅游，成为小康社会的重要标志。我国人均出游次数连年增长，2017年已达3.7次，每年有近50亿人次的巨量旅游市场。旅游业位列"五大幸福产业"之首，成为传承中华文化、提升国民素质、促进社会进步的重要载体，成为生态文明建设的重要推力，带动大量贫困人口脱贫致富，绿水青山正通过发展旅游转化为金山银山。但由于发展的不平衡、不充分，我国的旅游业尚处于粗放型旅游向集约型旅游发展转变、高速旅游增长向优质旅游发展转变阶段。从城市、飞地景区、乡村旅游的三元空间结构来看，中国城市的环境、心理承载力已近极限，雾霾、拥挤、生存的生活竞争与焦虑对城市旅游提出了巨大挑战；名山大川、文化古迹、历史名镇等"飞地型"旅游景区经过多年发展，可供开发资源接近枯竭，人满为患，旅游投资与消费的空间越来越窄；再看中国乡村旅游，在改革开放初期就有倡导，但一直不温不火，城市化进程初期，乡村是被抛弃被逃离之地，直到今天，城市人开始做"乡愁梦"的时候，开始厌恶"飞地型"旅游景区拥挤喧闹、寻求安静的时候，乡村的价值终于再一次显现，乡村旅游才真正迎来大发展的春天。

今天，我们从不同角度观察会发现，乡村旅游为中国经济社会转型升级过程中各种问题的解决提供了一个良好路径。如旅游空间拓展问题，当"飞地型"旅游景区资源枯竭时，我们向乡村拓展旅游空间，"全域旅游"基地建设大部分是选择乡村；如城市旅游客源输出的问题，当"飞地型"旅游景区人满为患时，人们选择避开热门景区，去乡村旅游；如资本市场的投资问题，当政府管控城市地价和房地产市场越来越严时，我们看到许多资本以乡村旅游项目的名义签约拿地、抢夺乡村旅游资源；如供给侧改革问题，政府引导、企业运作，充分发挥创新创造的智慧，开发出门类繁多的旅游新业态、旅游新供给，满足乡村旅游需要；如贫困村的脱贫致富问题，只要在生态或文化上稍有特色，就会规划开发乡村旅游；如规划发展农村综合经营、农业产业园区、美丽乡村、农村电商等建设，就会提出"旅游+"或"+旅游"实现融合发展。但是，今天中国的乡村旅游已经与十年前甚至五年前的那种"农家乐""城郊游"等不可同日而语，与国外乡村旅游也有很多差异，凸显出乡村旅游的中国特色。如中国倡导和推进的"一带一路"战略，形成鲜明的国际国内旅游线路一体化特色，给沿线的乡村带来机遇；如中国乡村旅游精准扶贫的全部门推动特色；如"互联网+"、大数据、人工智能、云技术助推乡村旅游的"后发优势"特色；如以高速交通连接形成的立体交通网络系统，加快了旅游城乡融合一体化发展的进程。这些新战略、新形势、新技术、新变化为发展乡村旅游带来了前所未有的契机。

面对转型时代的新问题新特色，2017年12月16日，湖南省旅游发展委员会陈献春主任在吉首大学中国乡村旅游研究院成立会上指出，乡村旅游发展问题就特别需要产学研联合起来进行研究。比如，发展乡村旅游的专业性问题，怎么实施科教兴旅、人才强旅战略，加强旅游人才规划和旅游学科建设，建立一支专业化的乡村旅游人才队伍，为乡村旅游发展增强后劲。比如，如何把握乡村旅游大趋势带来的挑战问题，以游客在城乡全域空间流动创造新价值为推动力，是把"绿水青山"变为"金山银山"的过程，这让乡村旅游与工业化一样，成为推动经济社会发展的一种重要方式。又比如，新时代呼唤乡村旅游创客，如何以文化创意促进乡村振兴，充分发挥文化创意在乡村旅游转型升级中的引领作用，突出围绕乡村旅游各要素特别是特色住宿、餐饮、购物、娱乐等短板，保护生态、植入文态、创新业态，挖掘富有创意和魅力的文创产品，不断增加农业公园、共享农庄、特色小镇和田园综合体等乡村旅游新产品供给。再比如，旅游业是一个最早开放的行业，乡村旅游的国际交流合作和培养国际化人才都需要深入研究。还有实施乡村旅游精准扶贫工程，开展"景区带村"旅游扶贫，提高乡村旅游目的地社会治理能力，等等，这一系列重大问题都值得深入研究。

乡村旅游研究是吉首大学发挥地方资源优势，彰显办学特色，形成学术竞争力的研究领域，也是学校服务地方发展，助推乡村振兴的历史使命。

吉首大学办在武陵山集中连片特困区的湖南大湘西，这里远离大城市，是典型的老、少、边、穷山区。在60年的办学历程中，吉首大学生于贫瘠，长于艰难，立于创新，成于奋斗，始终坚持"立足大湘西，辐射大边区，服务富民强省"宗旨，本着"清华北大要解决的是卫星上天的问题，吉首大学要解决的是贫困边区老百姓脱贫致富问题"朴素认识，彰显服务民族贫困地区扶贫与发展的特殊价值。湖南武陵山区自然风光优美、生态环境良好、历史文化厚重、民族风情浓郁，是中国"绿色生态优质区、自然物种密集区、历史文化沉淀区、山水风光富集区"，拥有大量具有唯一性、独特性、创新性和创意性的旅游资源，张家界、芙蓉镇、凤凰古城已成为旅游知名品牌。如何进一步将旅游资源优势转化为产业优势，脱贫致富，一直是吉首大学科学研究的重点领域，是人才培养和服务地方建设的主攻方向。

吉首大学有研究乡村旅游的自信。一是有乡村地域优势。谈政治，在北京；说金融，去上海；扯电商，进杭州；若讲乡村旅游，不必到纽约、香港，更不在北京、上海，应该在湘西，在湘西的乡村。大武陵、大湘西，不仅盛产驰名中外的张家界这样的顶级风景，还盛产驰名中外的沈从文这样的乡土文学家，这里是最记得住乡愁的地方，是最值得回望的永远故乡。吉首大学研究乡村旅游有文化根基，有天然沃土。二是有旅游研究实力支撑。《旅游学刊》2017年12期发表了中国旅游研究院旅游学术评价研究基地首席科学家张凌云教授的《2003—2016年我国旅游学术共同体学术评价》一文，文章用13年的大数据（以2003～2016年收录在中文核心期刊数据库、CSSCI数据库和CSCD数据库中的22619篇旅游学术论文为全样本）对全国935种学术刊物、18773名作者和所属的3899家机构进行多维度学术评价和排名，吉首大学旅游综合研究实力全国排名第13、湖南省排名第1；论文发表全国排名第24、湖南省排名第1。这是学校精准研究领域长期深耕地方旅游特色优势资源，从而形成学术竞争实力的结果。武陵山区缺乏工业强力支撑，也没有规模城市，唯有秀美山水、纯净空气、纯朴山民的乡村，吉首大学就是要讲乡村故事，讲旅游故事，做透做足乡村旅游研究，这是我们独占的、应有的、容易形成优势的学术领域。

中国共产党十九大提出实施乡村振兴战略，预示着乡村旅游将迎来新一轮大发展的战略机遇期。在这样的大背景下，吉首大学以只争朝夕、时不我待的精神状态拥抱新时代，抢抓机遇，在2017年12月，成立了中国乡村旅游研究院，是学校贯彻落实党的十九大精神，实施乡村振兴战略，加快培育乡村旅游人才，推动乡村旅游发展的重要举措。现在推出的这套丛书就是通过乡村旅游研究院这个平台，整合全校旅游研究资源，合力攻关，探讨乡村旅游发展面临的一些新情况、新问题，进一步提升学校旅游研究竞争力的大行动。我们将以大湘西为立足点，梳理乡村旅游的湖南案例，认真总结，精心提炼，深入研究，将好经验、好模式向省内推广，向全国推广，提供中国乡村旅游发展的湖南模式、湖南经验、湖南贡献，唱响中国乡村旅游研究的湖南声音。

乡村旅游研究是吉首大学旅游与管理工程学院立足张家界办学优势，是打造旅游管理专业硕士（MTA）特色教学案例库的重要来源，是打造省内外知名品牌旅游学院的突破方向，以孵化出高质量、有影响力的旅游学术研究、教育教学和人才培养的系列成果。

传统旅游高等教育人才培育难以适应当前旅游飞速发展的需求，这是全国旅游管理类院校普遍存在的问题，成为困扰当前旅游高等教育的重大危机。严峻形势逼迫我们深入思考，寻求对策，激发作为。

从大趋势看，旅游业提质大升级呼唤旅游人才培育大改革。在"一带一路""精准扶贫""旅游强国三步走"国家战略背景下，受"互联网＋"、大数据、人工智能技术助推，旅游供需关系产生了根本性、颠覆性变化，旅游传统业态快速转型升级，新业态不断涌现。当前旅游教育体系，是为传统业态服务而建立起来的，当然无法适应和满足旅游发展新需要。教育体系建设是复杂系统工程，观念转变、师资建设和教学硬件，非朝夕之功，非一蹴而就。

从微环境看，办学立足点张家界旅游格局发生了重大变化。吉首大学之所以把旅游学院办在张家界市，是依托其世界旅游品牌，目前张家界旅游业格局发生了根本性变化：一是战略新地位。湖南省委已确立张家界为全省"锦绣潇湘"全域旅游龙头，在全省旅游战略的地位更加突出。二是空间新格局。张家界由以前的国家森林公园一家独大，演化成国家森林公园、天门山和大峡谷三足鼎立，体量越来越大，向广大乡村扩散为全域旅游是必然趋势。三是发展新思路。张家界提出了"对标提质、旅游强市"，成为新一轮发展总纲。四是旅游新业态。民宿客栈、乡村旅游、田园综合体、"互联网＋旅游"、房车营地、城市旅游商圈建设、旅游在线营销等正在重构张家界旅游业。

面对宏观发展大趋势和张家界微观环境新变化,我们不能消极等待,必须密切关注,适应变化,转变观念,顺势而为。一是要按"全域旅游"重构旅游教育观。就是按全域景观、全域服务、全域治理、全域产业、全民共享等新理念,重构旅游科学研究、教材编写、教学大纲、课堂教学、招生考试、职业培训、实践实习、就业创业等人才培养新体系。2017年初,吉首大学原正校级督导张建永教授带领学校旅游研究骨干鲁明勇、张琰飞、蔡建刚、姚小云、周波、李付坤等老师,参与了国家旅游局局长李今早为主编的《当代旅游学》教材,目的就是参与到全域旅游顶层新理念重构当代旅游学的研究中,转变观念,开拓思路。二是以"旅游+"导向重构课程教学体系。全面适应传统旅游业态转型升级和新业态管理,开发"旅游+科技""旅游+农业""旅游+城镇建设""旅游+扶贫"等新内容新课程。三是以实际问题导向重构旅游社会服务体系。将旅游发展过程中政府、企业、社会组织所关注的热点、焦点、难点问题,直接导入科研教学服务地方建设体系,避免教学与实践脱节。四是加快推进旅游教育国际化。跟紧张家界旅游国际化步伐,加快实施旅游教育国际交流交往项目,彻底改变闷在大山里办旅游教育的局面。五是苦练内功,狠抓"四大一专两率"。"四大"是:积极导入大师讲学,聘请行业顶级精英、国家教育教学名师、省级名师等担任导师;强力争取国字号课题和省级重点项目等大课题立项;孵化大成果;推动出版当代旅游管理前沿问题系列丛书,力争学生奖励、教师奖励大突破。"一专"是:全力创办MTA,办成具有核心竞争力品牌。"两率"是:狠抓升研升博率、就业率,形成旅游人才培养标志性的核心竞争力。

根据全力创办MTA的工作思路,2017年,学院抓住机遇,在现有旅游管理、生态旅游学两个科学学位硕士点的基础上,整合资源、迎难而上,成功申报了旅游管理专业硕士(MTA),将于2019年开始正式招生。2010年9月国务院学位委员会设立的旅游管理专业学位硕士(Master of Tourism Administration,MTA),目标是培养具有社会责任感和旅游职业精神,掌握旅游管理基础理论、知识和技能,具备国际化视野和战略思维能力,敢于挑战现代旅游业跨国发展的高级应用型旅游管理人才。MTA的教育有别于科学硕士的教育，十分强调学生的实际应用和解决现实问题的能力，注重案例教学，这就需要组织编写符合地方实际和行业实际的案例教材，促进 MTA 本土化教学。我们的 MTA 拟设了生态文化旅游管理、旅游规划、旅游企业管理等方向，乡村旅游是几个方向共同关注的焦点，是串联研究方向的桥梁，理所当然地成为了重要的突破口。

  由此，我们以 MAT 教育教学为指针，以吉首大学中国乡村旅游研究院为平台，整合全校旅游研究力量，组建专家团队，在湖南省旅游发展委员会、张家界市人民政府、湘西自治州人民政府的指导下，在张家界市旅游和外事侨务委员会、湘西自治州旅游港澳外事侨务局的帮助下，在湖南雪峰山生态文化旅游有限责任公司大力支持下，推出一套具有国际视野、富有行业特色、符合地方实际的"乡村旅游研究"丛书，倾力打造适应 MTA 教育与教学的系列前沿学术专著和《MTA 特色案例库》，每年按选题计划推 2~3 部专著或案例集，3~5 年一个周期下来，就形成蔚为壮观的系列成果。一方面，为我国乡村旅游政策的制定、乡村旅游规划的编制、乡村旅游理论的创新等提供智力支撑，努力将中国乡村旅游研究院打造成具有较强决策服务功能和较大社会影响力的高端智库。另一方面，紧跟当前旅游业转型升级大势，解决 MTA 案例教学之需。同时，通过这些目标成果任务，倒逼学院教学科研团队努力拼搏，提升科学研究、人才培养、服务地方的能力。

张建永

前言

党的十九大报告提出了"实施乡村振兴战略",这是党中央站在中国特色社会主义进入新时代、社会基本矛盾转化的历史方位,着眼于决胜全面建成小康社会,实现中华民族伟大复兴的中国梦而做出的一项重大战略决策。同时,乡村振兴战略的提出为新时代发展乡村旅游赋予了新的使命和机遇,提供了重要的思想指引和行动指南。乡村之于都市人是实现"桃源梦"的地方,而乡村旅游的发展要在优化乡村生活环境、丰富乡村生活产品、拓展乡村生活空间、提升乡村生活品质上更有作为,实现乡村"产业兴旺、生态宜居、乡风文明、治理有效、生活富裕"。多年来的实践证明,发展乡村旅游是实现乡村振兴的重要力量、重要途径、重要引擎。在乡村振兴的新时代,乡村旅游大有作为。

本书在上述背景下编写而成,共八章。第一章主要介绍了乡村振兴战略的提出背景、相关政策、意义及总体要求等,使读者能更好地理解乡村振兴战略。第二章阐述了乡村振兴的路径、产业定位、治理变革以及规划与设计,具体指明了乡村振兴面临的困境以及实现振兴的策略。第三章概述了乡村旅游,包括乡村旅游的理论基础、内涵、支撑和资源。第四章紧承第三章内容,介绍了乡村旅游的规划,主要是农业园与古村落旅游规划、乡村旅游带规划、乡村旅游体验规划和乡村旅游基础设施建设和美丽乡村建设。第五章阐述了乡村旅游对乡村振兴的促进作用,以及乡村振兴在乡村旅游中的应用。第六章较为详细地介绍了乡村旅游促进乡村振兴的机制、模式及途径。第七章则具体阐述了乡村旅游促进乡村振兴的策略,包括规划设计、业态导入和运营保障。第八章介绍了国内比较典型的以乡村旅游促进乡村振兴的案例,希望能为国内乡村旅游促进乡村振兴做出理论贡献。

  本书在撰写过程中参考和借鉴了部分专家、学者的研究成果及观点,在此表示最诚挚的感谢。虽然本人力求完美,但由于时间紧迫,特别是写作的角度重在探索,疏漏之处在所难免,敬请读者不吝赐教。

目录

第一章　乡村振兴战略 …… 1
第一节　乡村振兴战略的提出与相关政策 …… 1
第二节　乡村振兴的意义 …… 10
第三节　乡村振兴的总体要求 …… 14

第二章　乡村振兴的困境与突破 …… 19
第一节　乡村振兴的路径 …… 19
第二节　乡村振兴的产业定位 …… 21
第三节　乡村振兴的治理变革 …… 23
第四节　乡村振兴的规划与设计 …… 26

第三章　乡村旅游概述 …… 36
第一节　乡村旅游的理论基础 …… 36
第二节　乡村旅游的内涵 …… 49
第三节　乡村旅游的支撑 …… 57
第四节　乡村旅游资源 …… 64

第四章　乡村旅游规划 …… 85
第一节　乡村旅游规划概述 …… 85

第二节　农业园与古村落旅游规划 …………………………… 91
　　第三节　乡村旅游带规划 …………………………………… 108
　　第四节　乡村旅游体验规划 ………………………………… 113
　　第五节　乡村旅游基础设施建设 …………………………… 118
　　第六节　美丽乡村建设 ……………………………………… 125

第五章　乡村振兴与乡村旅游 ……………………………………… 129
　　第一节　乡村旅游对乡村振兴的促进作用 ………………… 129
　　第二节　乡村振兴在乡村旅游中的应用 …………………… 135

第六章　乡村旅游促进乡村振兴的机制、模式及
　　　　　途径 ………………………………………………………… 141
　　第一节　乡村旅游促进乡村振兴的机制 …………………… 141
　　第二节　乡村旅游促进乡村振兴的模式 …………………… 142
　　第三节　乡村旅游促进乡村振兴的途径 …………………… 171

第七章　乡村旅游促进乡村振兴的策略 …………………………… 186
　　第一节　乡村旅游促进乡村振兴的规划设计 ……………… 186
　　第二节　乡村旅游促进乡村振兴的业态导入 ……………… 193
　　第三节　乡村旅游促进乡村振兴的运营保障 ……………… 202

第八章　乡村旅游促进乡村振兴的经典案例 ……………………… 207
　　第一节　河南商酒务镇 ……………………………………… 207
　　第二节　莫干山庚村 1932 文创园 ………………………… 212
　　第三节　中国亢谷 …………………………………………… 215

参考文献 ………………………………………………………………… 219

第一章　乡村振兴战略

自党的十九大报告提出实施乡村振兴战略以来，国家出台多项相关政策文件进行落实和部署，指明未来工作重点和关注领域，着力推动"五位一体"建设的全面提升，真正实现农业发展强盛、乡村生态优美、农民生活富裕的目标，满足人民对美好生活向往的需求，谱写新时代乡村振兴新篇章。

第一节　乡村振兴战略的提出与相关政策

2018年中央一号文件基于党的十九大报告提出的乡村振兴战略对其进行了理论与战略部署。为进一步推进战略贯彻落实、政策执行落地，颁布了《国家乡村振兴战略规划（2018~2022年）》等有关乡村振兴一系列文件，不断谱写新时代乡村全面振兴新篇章。

一、提出历程

（一）首次提出

2017年10月18日，中国共产党第十九次全国代表大会在《决胜全面建成小康社会　夺取新时代中国特色社会主义伟大胜利》中，第一次将乡村振兴战略作为党和国家的重大战略，这充分显示了党中央对于农业、农村、农民问题方面的重视，也为农村经济政治生态文明等方面建设提供了理论指导。同时，对乡村振兴战略提出总体要求，并做出相应工作指示：

（1）巩固和完善农村基本经营制度，深化农村土地制度改革。

（2）完善承包地"三权"分置制度，保持土地承包关系稳定发展。

（3）深化农村集体产权制度改革，保障农民财产利益，发展集体经济。

（4）构建现代农村产业体系，完善生产销售环节。

（5）促进农村多产业结构的协调发展，拓宽增收渠道。

（6）加强农村基层干部队伍建设，健全乡村治理体系。

（7）培养新型爱农村、爱人民、促发展的工作队伍。

乡村振兴战略的提出，既继承和总结了改革开放40年来"三农"政策，又开创了新时代"三农"工作新局面。

（二）战略部署

2018年2月4日颁布的《中共中央 国务院关于实施乡村振兴战略的意见》对乡村振兴战略的实践方案做出了部署。围绕三大阶段性目标、五个基本要求、七大原则、十大具体工作等方面对实施乡村振兴战略进行了全面部署。

其中，三大阶段性目标为：第一，政策实施的全面性和理论制度的完善性是乡村发展的关键；第二，乡村振兴取得决定性进展，农业农村现代化基本实现；第三，乡村全面振兴，农业强、农村美、农民富全面实现。

五个基本要求为：经济提升是首要目标，提升农业发展质量，培育乡村发展；以生态宜居为关键，绿色发展，打造人与自然和谐共生发展；以乡风文明为保障，提升农民精神风貌，不断提高乡村社会文明程度；以治理有效为基础，加强基层基础工作，构建现代乡村社会治理体制；以生活富裕为根本，提高农村民生保障水平，塑造乡村幸福美丽新家园。

七大原则为：第一，坚定党中央对乡村的领导地位。第二，坚定农村经济优先发展。第三，保护农民主人翁地位不动摇。第四，全面实施振兴战略与计划。第五，坚持城镇化建设。第六，保护乡村生态环境。第七，根据乡村实际条件有选择、分步骤发展。

十大具体工作为：提升农业发展质量；推进乡村绿色发展；繁荣兴盛农村文化；加强农村基层基础工作；提高农村民生保障水平；打好精准脱贫攻坚战；强化乡村振兴制度性供给；强化乡村振兴人才支撑；强化乡村振兴投入保障；坚持和完善党对"三农"工作的领导。

《中共中央 国务院关于实施乡村振兴战略的意见》的颁布，为乡村振兴的实际发展指明了前进方向，具有积极的理论指导意义。

(三) 规划指导

党中央一直关心重视乡村的发展，多次在会议和报告中把乡村建设计划列入其中。2018年3月5日，李克强总理在《政府工作报告》中对乡村建设提出了战略理论支持。同年5月31日，中共中央政治局会议上审议通过了《国家乡村振兴战略规划（2018～2022年）》。同年9月，中共中央、国务院印发了关于《乡村振兴战略规划（2018～2022年）》的通知，要求各级地方党委部门认真贯彻落实。

作为2018年中央一号文件的实践计划，《国家乡村振兴战略规划（2018～2022年）》提出了未来五年乡村发展的重大任务。首次提出乡村振兴指标体系，并部署了一系列重大工程、重大计划、重大行动等具体工作。

八大任务：构建乡村振兴局面；加快农业现代化建设步伐；壮大农村企业建设；建设美丽乡村；繁荣保护乡村文化；健全现代乡村治理体系；保障农民基本权益；完善城乡融合发展政策体系。

22项指标：3项约束性指标和19项预期性指标。第一次创立了乡村振兴指标体系。

重大工程：农业综合生产能力提升重大工程、质量兴农重大工程、现代农业经营体系培育工程、农业科技创新支撑重大工程、构建乡村产业体系重大工程、乡村生态保护与修复重大工程、乡村文化繁荣兴盛重大工程、农村基础设施建设重大工程。

三大计划：乡村治理体系构建计划、农村公共服务提升计划、乡村振兴人才支撑计划。

三大行动：农业绿色发展行动、农村人居环境整治行动、乡村就业促进行动。

《乡村振兴战略规划（2018～2022年）》的颁布与实施，绘制了推进实施乡村振兴战略的总路线图。

二、乡村振兴相关政策

（一）国务院相关政策

乡村振兴作为国家战略，是关系全局性、长远性、前瞻性的国家总布局。通过梳理自 2017 年 10 月 18 日至 2018 年 6 月的中共中央、国务院相关文件（见表 1－1），以期明晰中央对乡村振兴的重点关注领域。

表 1－1　国务院相关政策

领域	文件名称	发布时间
纲领性文件	《中共中央　国务院关于实施乡村振兴战略的意见》	2018 年 2 月 4 日
用地	国务院办公厅关于印发《省级政府耕地保护责任目标考核办法》的通知（国办发〔2018〕2 号）	2018 年 1 月 3 日
用地	《国务院办公厅关于印发跨省域补充耕地国家统筹管理办法和城乡建设用地增减挂钩节余指标跨省域调剂管理办法的通知》（国办发〔2018〕16 号）	2018 年 3 月 10 日
产业	《国务院办公厅关于推进农业高新技术产业示范区建设发展的指导意见》（国办发〔2018〕4 号）	2018 年 1 月 29 日
资金	《国务院关于探索建立涉农资金统筹整合长效机制的意见》（国发〔2017〕54 号）	2017 年 12 月 21 日
民生	中共中央办公厅　国务院办公厅印发《农村人居环境整治三年行动方案》	2018 年 2 月 5 日
民生	《国务院办公厅关于全面加强乡村小规模学校和乡镇寄宿制学校建设的指导意见》（国办发〔2018〕27 号）	2018 年 5 月 2 日
治理	中共中央办公厅　国务院办公厅印发《关于建立健全村务监督委员会的指导意见》	2017 年 12 月 4 日
治理	中共中央办公厅　国务院办公厅印发《关于加强贫困村驻村工作队选派管理工作的指导意见》	2017 年 12 月 24 日

经整理发现，中央重点关注乡村土地使用管控、农业产业现代化、中央财政涉农资金投入管控、改善人居环境和保障义务教育、驻村帮扶和基层组织建设等方面。

（1）以乡村土地使用管控为重点。国务院办公厅关于印发《省级政府耕地保护责任目标考核办法》的通知（国办发〔2018〕2号）文件中明确提出："坚持最严格的耕地保护制度和最严格的节约用地制度，守住耕地保护红线，严格保护永久基本农田，建立健全省级人民政府耕地保护责任目标考核制度。"明确规定各省省长、自治区主席、直辖市市长为第一责任人。

《国务院办公厅关于印发跨省域补充耕地国家统筹管理办法和城乡建设用地增减挂钩节余指标跨省域调剂管理办法的通知》（国办发〔2018〕16号）旨在规范有序实施跨省域补充耕地国家统筹，落实耕地红线保护。

（2）以农业产业现代化为重点。《国务院办公厅关于推进农业高新技术产业示范区建设发展的指导意见》（国办发〔2018〕4号）从总体要求、重点任务、政策措施、保障机制四个方面明确农业高新技术产业示范区创建的指导意见，旨在进一步加快推进农村产业示范地区规划建设，稳步促进农业经济整体发展，提升产业竞争力，推动新型农村建设。

（3）以中央财政涉农资金投入管控为重点。《国务院关于探索建立涉农资金统筹整合长效机制的意见》（国发〔2017〕54号）从总体要求、推进行业内涉农资金整合、推进行业间涉农资金统筹、改革完善涉农资金管理体制机制、保障措施五个方面对近3年（至2020年）涉农资金整合提供指导。旨在探索建立涉农资金统筹整合长效机制。

（4）以改善人居环境和保障义务教育为重点。中共中央办公厅、国务院办公厅印发《农村人居环境整治三年行动方案》要求各地区围绕农村垃圾、厕所卫生、污水处理、村容村貌、村庄规划、建设管护六个方面，补齐人居环境突出短板，以推进美丽宜居乡村建设。

《国务院办公厅关于全面加强乡村小规模学校和乡镇寄宿制学校建设的指导意见》（国办发〔2018〕27号）要求从规划布局、改善办学、强化师资和经费保障四个方面全面加强两类学校建设，推动城乡义务教育一体化发展。

（5）以驻村帮扶和基层组织建设为重点。中共中央办公厅、国务院办公厅印发《关于建立健全村务监督委员会的指导意见》从总体要求、人员组成、职责权限、监督内容、工作方式、管理考核、组织领导七个方面明确村务监督委员会的职责，旨在落实党中央关于全面从严治党、加强农村基层组织建设的部署要求。

中共中央办公厅、国务院办公厅印发《关于加强贫困村驻村工作队选派管理工作的指导意见》从总体要求、规范人员选派、明确主要任务、加强日常管理、加强考核激励、强化组织保障六个方面对驻村工作队进行全面要求和工作指导,旨在解决驻村帮扶中选人不优、管理不严、作风不实、保障不力等问题,深入实施精准扶贫、精准脱贫。

(二) 各部委相关文件

各大部委围绕乡村振兴战略相继在产业发展、资金来源、用地保障、民生支撑等方面出台相关政策,形成自上而下的政策合力,积极鼓励引导各方力量参与,深入推进乡村振兴战略在纵深方向得以落实。

1. 产业发展

在产业发展方面,以示范指导为主,重点在于通过园区示范建设引领乡村产业高质量发展。同时,鼓励以农业产业化联合体为代表的发展主体带动乡村产业规模化发展,以"农业+"推进乡村产业融合发展。

(1) 农业产业化联合体带动乡村产业规模化发展。联合体发展:《关于促进农业产业化联合体发展的指导意见》(农经发〔2017〕9号)提出要建立分工协作机制、健全资源要素共享机制、完善利益共享机制,促进农业产业化联合体发展,培育新型农业经营主体。

试点推进:《关于开展农业产业化联合体支持政策创新试点工作的通知》(农办经〔2018〕3号)提出开展农业产业化联合体支持政策创新试点工作。

(2) 创建引领乡村产业高质化发展。国家现代农业产业园:《关于开展2018年国家现代农业产业园创建工作的通知》(农计发〔2018〕11号)。

国家农村产业融合发展示范园:《关于印发首批国家农村产业融合发展示范园创建名单的通知》(发改农经〔2017〕2301号)、《关于印发国家农村产业融合发展示范园创建工作方案的通知》(发改农经〔2017〕1451号)。

国家农业科技园区:关于印发《国家农业科技园区发展规划(2018—2025年)》的通知(国科发农〔2018〕30号)、关于印发《国家农业科技园区管理办法》的通知(国科发农〔2018〕31号)。

特色农产品优势区:国家发展改革委、农业农村部、国家林业和草原局联合印发《特色农产品优势区建设规划纲要》。

中国乡村旅游创客示范基地:《关于对全国第三批"中国乡村旅游创客示范基地"公示名单》。

"星创天地":科技部关于发布《发展"星创天地"工作指引》的通知(国科发农〔2016〕210号)、《关于公示第二批星创天地备案名单的通知》。

中国优秀国际乡村旅游目的地:《关于对"中国优秀国际乡村旅游目的地"的公示名单》。

全国休闲农业和乡村旅游示范县(市、区):《农业部办公厅关于开展全国休闲农业和乡村旅游示范县(市、区)创建工作的通知》(农办加〔2017〕11号)。

(3)"农业+"推进乡村产业融合化发展。前期探索:至2018年6月前,相关部门已发布《全国农产品加工业与农村一二三产业融合发展规划(2016~2020年)》(农加发〔2016〕5号)、《农业农村部关于开展休闲农业和乡村旅游升级行动的通知》(农加发〔2018〕3号)、《商务部 农业部关于深化农商协作大力发展农产品电子商务的通知》(商建函〔2017〕597号)、《农业部 国家体育总局关于进一步加强农民体育工作的指导意见》(农办发〔2017〕11号)、《2018年农业科教环能工作要点》等文件,对农业与其他产业的融合发展进行了相应的指导。

新业态新模式:《农业农村部关于实施农村一二三产业融合发展推进行动的通知》(农加发〔2018〕5号)基于乡村振兴背景下的新形势新要求,提出实施农村一二三产业融合发展的指南行动,构建乡村产业融合发展新业态新模式。

2. 资金来源

财政补贴和金融贷款是主要资金来源。其中尤为值得关注的是,中央财政对扶贫、人才、文化、生态、综合开发五大领域提供支持。除此之外,国家还鼓励以PPP模式引导社会资本参与乡村建设。

(1)财政补贴。主要支持扶贫、人才、文化、生态、综合开发五大领域。①扶贫资金:《关于做好2018年贫困县涉农资金整合试点工作的通知》(财农〔2018〕9号)、农业部关于印发《贫困农场扶贫开发专项资金管理办法》的通知（农财发〔2017〕76号）。②人才资金：农业部关于印发《现代农业人才支撑计划项目资金管理办法》的通知（农财发〔2018〕10号）。③文化资金：《关于申报2018年度文化产业发展专项资金（重大项目方面）中央本级项目的通知》（财办文〔2017〕50号）。④生态资金：农业部关于印发《农业生态环境保护项目资金管理办法》的通知（农财发〔2018〕4号）。⑤农业综合开发：关于印发《农业综合开发财务管理办法》的通知（财发〔2018〕2号）。

（2）金融贷款。主要支持两权抵押和金融授信两大来源。①两权抵押：关于印发《农村承包土地的经营权抵押贷款试点暂行办法》的通知（银发〔2016〕79号）、关于印发《农民住房财产权抵押贷款试点暂行办法》的通知（银发〔2016〕78号）。②金融授信：《农业农村部 中国邮政储蓄银行关于加强农业产业化领域金融合作助推实施乡村振兴战略的意见》（农经发〔2018〕3号）、《农业农村部办公厅关于开展2018年度金融支农服务创新试点的通知》（农办财〔2018〕48号）、《关于组织推荐金融支持旅游扶贫重点项目的通知》（旅办发〔2018〕66号）。

（3）PPP模式。引导社会资本参与农业和旅游领域建设。①农业领域PPP：《财政部 农业部关于深入推进农业领域政府和社会资本合作的实施意见》（财金〔2017〕50号）。②旅游领域PPP：《文化和旅游部 财政部关于在旅游领域推广政府和社会资本合作模式的指导意见》（文旅旅发〔2018〕3号）。

3. 用地保障

在用地保障方面，强调严守国家耕地红线，实行永久基本农田特殊保护政策。在此基础上，提出创新探索土地复合利用及集体租赁住房试点建设等，以盘活乡村土地资源。

（1）土地管控。重点在于保护基本农田，主要从三个方面实施：①实行永久基本农田特殊保护：《国土资源部关于全面实行永久基本农田特殊保护的通知》（国土资规〔2018〕1号）提出要建立健全永久基本农田"划、建、管、补、护"长效机制。②落实基本农田高质量建设：《国土资源部关于严格核定土地整治和高标准农田建设项目新增耕地的通知》（国土资发〔2018〕31号）对新增耕地的质量标准进行了相应界定，推进高标准农田建设。③贯彻基本农田补划量质并重：《国土资源部关于改进管理方式切实落实耕地占补平衡的通知》（国土资规〔2017〕13号）规范耕地占补的具体实施方案，促进耕地数量、质量和生态两位一体保护。

（2）创新试点。重点在于盘活乡村土地资源，主要从两个方面实施：①土地复合利用：《国土资源部 国家发展改革委关于深入推进农业供给侧结构性改革做好农村产业融合发展用地保障的通知》（国土资规〔2017〕12号）鼓励农业生产和村庄建设等用地复合利用，多方面发展农村经济，主要途径有旅游产业的建设、乡村教育的完善、普及农业科学技术、增加农业生态保护链等措施，拓展土地使用功能，提高土地节约集约利用水平。②集体租赁住房试点：国土资源部、住房和城乡建设部印发《利用集体建设用地建设租赁住房试点方案》的通知（国土资发〔2017〕100号）旨在缓解住房供需矛盾，构建购租并举的住房体系，拓展集体土地用途，促进集体土地优化配置和节约集约利用。

4. 民生支撑

在民生支撑方面，重点关注医疗卫生、社会保障、文化教育、社区治理等领域。

（1）医疗卫生。重点提升指导的科学性与满意度。①科学指导：《全国爱卫办关于进一步推进农村户厕建设的通知》（全国爱卫办发〔2018〕4号）规范并指导农村厕所建设，《关于印发全国农村环境卫生监测工作方案（2018年版）的通知》（国卫办疾控函〔2018〕289号）要求进村入户监测环境卫生，保障农村人居环境提升。②提升满意度：《关于公布2016～2017年度群众满意的乡镇卫生院和2017年优质服务示范社区卫生服务中心名单的通知》（国卫办基层函〔2018〕81号）从为农业农村农民服务的层面出发，提升乡村基层医疗群众服务的满意程度。

（2）社会保障。重点关爱留守老人与留守儿童。①关爱老人：《关于加强农村留守老年人关爱服务工作的意见》（民发〔2017〕193号）。②保护儿童：《民政部关于开展全国农村留守儿童关爱保护和困境儿童保障示范活动的通知》（民函〔2018〕4号）。

（3）文化教育。重点关注文化传承、义务教育与就业创业。①落实文化传承：《文化和旅游部 工业和信息化部关于发布第一批国家传统工艺振兴目录的通知》(文旅非遗发〔2018〕12号)对国家传统工艺给出了振兴范围,原文化部办公厅关于印发《"中国民间文化艺术之乡"命名和管理办法》的通知(办公共函〔2018〕2号)、《文化部办公厅关于组织开展2018—2020年度"中国民间文化艺术之乡"评审命名工作的通知》(办公共函〔2018〕64号)对乡村民间文化保护给出了具体实施路径。②强化义务教育:《教育部办公厅　财政部办公厅关于做好2018年农村义务教育阶段学校教师特设岗位计划实施工作的通知》(教师厅〔2018〕5号)。③促进就业创业:《农业农村部关于大力实施乡村就业创业促进行动的通知》(农加发〔2018〕4号)、《教育部办公厅关于公布第五批国家级农村职业教育和成人教育示范县创建入围名单的通知》(教职成厅函〔2018〕23号)。

(4) 社区治理。重点开展实验区建设。①实验区建设:《民政部关于开展全国农村社区治理实验区建设的通知》(民发〔2017〕67号)。②试点推进:《民政部关于同意将北京市房山区等48个单位确认为全国农村社区治理实验区的通知》(民函〔2017〕277号)对试点进行了社区治理实验任务布置。

第二节　乡村振兴的意义

中国是一个农业大国,中国社会是一个乡土社会,中国文化的本质是乡土文化,农业农村发展始终关乎社会发展与国家命运。乡村振兴是兴国、强村、富民的战略选择,对实现中华民族伟大复兴的中国梦有着深远的历史意义,是新时代赋予的使命与担当,同时对中国实现城乡统筹发展、走出"中等发达国家陷阱"、实现中华民族伟大复兴的中国梦有着积极的推动作用。

一、实施乡村振兴战略是新时代指导我国"三农"工作的宏伟蓝图和行动纲领

在改革开放40多年的进程中,我国乡村经济社会建设有了很大的飞跃,但同时也应注意到,在信息化和高科技技术飞速发展的阶段,城乡一体化和农业技术现代化方面仍有很大的提升空间。这是阻碍新型农村建设的障碍,

需要从源头上进行解决。现如今正值实现第一个百年奋斗目标的关键阶段，要从源头上解决阻碍农村经济社会发展的问题。党中央从来没有忽视过农村现代化的发展，在不同的历史时期根据农村社会发展现状都提出过不同的发展方略。2000年后，我们党不断突破固有农村建设思维，对农业、农村、农民问题不断实施制度上和实践上的新方案，协调农业与自然关系，利用城乡发展拉动农村经济等方式为乡村建设铺路。2002年，在党的十六大报告中第一次宣布，统筹城乡经济社会发展，建设现代农业，发展农村经济，增加农民收入是全面建设小康社会的重要任务。2007年，党的十七大报告明确了要"统筹城乡发展，推进社会主义新农村建设"统领"三农"工作。进一步深化了农业的基础性地位，提出走中国特色农业现代化道路，建立以工促农和以城带乡的长效建设机制，构建城乡经济协同发展新局面。2012年，党的十八大报告再次明确了"推动城乡发展一体化"的目标，强调这是解决好农业、农村、农民问题的根本措施。城乡经济发展力度要深、范围要广。调动乡村经济发展新活力，逐步缩小城乡经济水平和收入差距，实现共同富裕。

党的十九大报告将农业、农村、农民的问题提升到了战略理论高度，提出了"乡村振兴战略"。这一战略是对以前理论与实践经验的总结，是站在新的历史高度上总结提出的。在过去的历史时期，城乡协调发展有了一定的提升，新时期我国城乡关系又发生了新的变化。调研分析城乡一体化建设规律，借鉴世界上其他国家农村现代化建设的经验和不足。把握现阶段农村经济社会发展现状，主要有农业产业结构化不完善、农民自我管理意识相对薄弱、农业经济发展不平衡等发展现状，正确认识到乡村社会的发展有一定的阶段性。同时着眼于两个一百年的奋斗目标，逐步缩小城乡收入分配差距。为实现第二个百年奋斗目标，即到21世纪中叶把我国建设成为富强民主文明和谐美丽的社会主义现代化强国的宏伟目标奋斗。因此，对农业现代化发展进行战略上的安排是很有必要的。

党的十九大报告与以往不同的地方在于，首次将农村二字放在战略表述上，提出"加快推进农业农村现代化"的方略。这一变化的出现显示了党中央对于农业农村农民问题的重视，为进一步推进乡村经济社会的发展提供了新的发展思路，也扩大了权益保障范围，覆盖了农村社会发展的方方面面，不是只重视经济的提升，而是把新型农村建设转变为一项系统的多方面的综合工程。这是理论方略的新进步，不仅扩充了农业农村农民问题的理论基础内容，也为城乡一体化建设提供了新的思路。乡村振兴战略在当今时代不仅要成为农村现代化建设的指明灯，同时也要为保护农民权益发挥应有的作用。

二、实施乡村振兴战略是解决我国城乡发展不平衡不充分，满足人民日益增长的美好生活需要的迫切要求

我国要实现成为富强民主文明和谐美丽的社会主义百年强国这一目标，就不能松懈农村建设这一大的方面，这事关我国能否实现全面建成小康社会的目标。党的十九大报告明确提出，"三农"问题是关系国计民生的根本性问题。实施乡村振兴战略要始终把农业农村农民问题作为全党工作的重中之重。因为在实现全面小康的进程中，农业农村这块短板还没有补齐。当下我国社会发展不平衡不充分的状态集中体现在农村地区。因此，要毫不动摇地把解决好农业农村农民问题放在关键位置。国家领导人进一步指出，"任何时候都不能忽视农业、不能忘记农民、不能淡漠农村。中国要强，农业必须强，中国要美，农村必须美；中国要富，农民必须富"。

在改革开放40多年的进程中，我国农业经济建设取得了可喜的成绩，出现了新的局面，农作物和农产品供求关系有了巨大的变化，农村剩余劳动力进城务工，农民的人均收入有了一定程度的提升。可以看到，农村社会的发展一直在稳步前进。但城乡发展不平衡的问题并没有从源头得到解决，收入分配差距依然存在。根据2018年调查数据可以看到，城镇居民人均可支配收入达到39251元，但农村人均可支配收入只有14617元，其中的差距有2.69倍。同时，城镇居民和农村居民的支出差距也有1.39倍。小型家用电器如冰箱、电视机、手机等的普及率在乡村有很大的进步，但是空调、计算机等高科技产品仍然不够普及。产生这种现象的原因是：农民生产力水平不够先进，经济发展水平相对薄弱，公共卫生服务、科技教育水平整体层次不高。这正是我国发展不平衡、不充分的表现，部分农民无法共享社会发展成果。

所以，要着力解决发展不平衡不充分问题，这样才能实现全面建成小康社会的目标。从数量上看，农产品的供应量足够满足城乡居民的需要，但产

品的质量并没有得到很好的保障。农产品的范围非常广泛,它所提供的既有农耕文化、乡村情感等精神层面的需求,又有环境适宜的生态方面的需求。对于农民来说,经济发展的主要目的是提高和保障农民收入,同时要完善基层设施建设,提供方便的卫生公共服务,扩展业余活动,使农村居民过上高水平的生活。当然这一发展必须遵循当地生态环境发展规律。因此,建设新型农村这一目标是城乡居民共同的心愿,实施乡村振兴战略应成为全面实现小康社会建设社会主义现代化强国的重要战略任务。

三、从现阶段经济社会发展水平看,我国已具备实施乡村振兴战略的条件

首先,在协调统筹城乡一体化进程中我国已经积累了相对丰富的理论与实践经验。21世纪以来,在党中央和地方领导的努力下,乡村的水电路等基础设施得到基本的保障和显著的改善。基本公共服务如农村义务教育的普及,新农合和低保政策的大力普及也为建设新型美丽的乡村做出了应有的贡献。政策上坚持城乡共同发展新局面,坚决保护农村农民的土地安全与利益,在城乡一体化的基础上,党的十九大报告新增"建立健全城乡融合发展体制机制和政策体系"。主要目的是弥补乡村经济建设的薄弱环节,通过政策上的支持推动各方面要素在城乡之间的协调配合,使城镇公共资源配置、基础设施建设、教育资源等向乡村涌入,形成城乡资源联系更加紧密的局面。使农业变成新型的有发展潜力的产业,农民利益得到保障,农村生活环境更加宜居。

其次,多年来的实践充分表明我国工业化和城镇化水平已经具备实施乡村振兴战略的基础。从实际情况看,工业化发展进程已经较为完善,上升潜力有限。大量农村劳动力流失,城市工业化经济状况逐年下降,从某种角度看,工业产业取得的经济效益远不如农业产业取得的经济效益。有数据显示,2018年底城市化率大约为60%,第一产业的国内生产总值下降7%左右,就业比重也有所下降,大约为27%。与此同时,农村常住人口缩减严重。实施这一战略的基础形成于2016年,当时国内公共预算已经达到16万亿元,已经具有城乡共同发展和以工代农的物质经济基础。

最后,实施乡村振兴战略是吸取了世界其他国家的经验而提出的。有实

践表明，当一个国家城市化率超过50%的时候，管理、技术、资本等因素会自动向农业方面倾斜。欧美等发达地区农业现代化的建设进程中都经历了利用价格控制等政策手段使农业从单一化变成农业产业多元化发展，为农民谋福利的阶段。实现资源环境与经济协调发展，向新型综合化农村过渡，日本和韩国就是很好的例子。拉美一些国家因为没有颁布相关政策保护农民利益实现协调发展导致农村劳动力人口大量流失，同时占用城市资源导致资源的拥挤，造成无法就业的社会状况。我们党所提出的乡村振兴战略是科学的、有计划的发展战略。

第三节 乡村振兴的总体要求

乡村振兴战略第一次作为一项国家战略被提出，"产业兴旺、生态宜居、乡风文明、治理有效、生活富裕"是这一战略的要求。同党的十六届五中全会在建设社会主义新农村所提出的"生产发展、生活富裕、乡风文明、村容整洁、管理民主"这五项要求相比，有了根本性的提升。其涵盖的范围更广，对各级党员领导干部要求更高。新提出的发展要求对于农村社会建设发展更具有问题导向性和针对性，有着更长远的眼光，为解决农业、农村、农民问题提供了新的途径。所以说，要想进一步促进乡村建设的发展，就要牢牢把握这一战略要求，将政策落到实处。

一、产业兴旺是乡村振兴的经济基础

农村各产业之间能否协调发展决定着乡村振兴战略能否实现，体现着农村建设的得与失。对于乡村建设应当分时期、分步骤进行。现代所提出的产业兴旺涵盖了一切农村社会的生产劳动，相应地提出了更高的发展要求。作为战略要求的第一位是要牢牢把握好社会生产这个第一要务。乡村要想发展，除了要有完备的基础设施建设和完整的政策外，还需要经济的扶持，因此，产业兴旺是推动新农村建设的物质基础。为此，提出如下几方面要求：首先，要紧紧抓住促进乡村经济建设发展的目标，推广高科技技术，以解决在快速发展过程中出现的空心化、单一化和产业结构不合理的现象。其次，要协调

好乡村各产业间的发展,引进更多人才、资金、技术,通过产业结构的优化重组、生产技术的创新等方式优化资源结构配置。各产业间形成相互融合的联动生产模式。再次,要转变乡村经济发展方式,生产更加绿色、优质的产品,提升产业竞争力,将优化产业结构、提高产业效益、增加农产品收益放在首位,这对产业的优化升级提出了更高要求。又次,要结合当代新技术,推行"互联网+"模式,利用电商这一新技术推广农产品,让各级产业向更加优化、更加科技、更加合理的方向转变,形成互联网新模式。最后,要提高各级领导干部以及农村群众的创新意识,可以通过创新活动采取一系列奖励措施鼓励农民参与农村发展规划,享受农村发展成果。让乡村经济发展保持新的生机与活力,实现双赢局面。

二、生态宜居是乡村振兴的关键环节

乡村要想振兴,外在方面也要有一定的改观。这直接体现了乡村文化,反映了整体乡村文明水平。生态宜居的内在要求是强调人与大自然之间的和谐共生。要想实现这一目标,要进行由点及面、由内到外的改造。"望得见山,看得见水,记得住乡愁",这才是美丽乡村、绿色乡村的建设要求,也是广大人民群众的心愿。要实现生态宜居这一目标,就要贯彻落实美丽中国这一目标,对乡村生态环境进行治理和保护力度。将绿色环保的理念贯彻到乡村建设的全过程,改善农村基础设施建设,推行环保的生产开发模式,加大对农村土地资源、水资源等自然资源的保护,这是提高农民生活环境的有力措施。要形成资源节约型、环境友好型的新型农村,保护好乡村的绿水青山。这样的生态条件和生活环境不仅是农民生活环境的转变,同时也会吸引更多城市居民来这里体验,带动乡村旅游业的发展,推动经济增长,使农民经济效益得到更大的提升,更好地解决农民的温饱问题。同时,从政策方面看,要用体制创新促进乡村经济发展,保护乡村土地资源,从源头消灭污染隐患。保护乡村农耕土地,实行退耕还草、退耕还林。做好乡村污水垃圾处理工作,强化乡村基础设施配置,建设幸福乡村、美丽乡村。

三、乡风文明是乡村振兴的文化基础

乡风文明是中华民族几千年文化的重要组成部分，好的文化之魂更有利于战略的实施。中国在几千年的乡村文化发展过程中，形成了独特的乡村生活框架，同时每个地方形成了独有的民族特色和风俗习惯，有独特的乡村文化系统。

随着科技和文化的进步，独特的乡村文化融入了新的文明要素，赋予其更深厚的文化底蕴。乡村文化不仅有优秀的农耕文明，同时也有与时俱进的文化创新。在原有文化基础之上，结合现代人的思想观念，将大家广为接受的理念融入现代乡村建设中，展现乡村文化的时代魅力。重视乡村文化，就是要进一步扩充文化内涵，提高乡村居民的文化素养、道德水准。文化是促进乡村建设的重要部分，其中，丰厚的底蕴对指导现代乡村建设有着很大的影响。积极推广文明的生活理念，更有助于培养乡村居民的良好习惯，进一步推动文明的发展，普及基础教育，抛弃落后的腐朽的文化因素，使乡村建设朝着有序的、均衡的方向发展。

四、治理有效是乡村振兴的基本保证

"治理有效"的提法比"管理民主"更有深刻内涵、也更为丰富，代表了各级领导干部对于农村基层工作思想上的转变，也反映了制度措施的逐步完善化，需要通过自治、法治、德治三者相结合的方式让政策的实施行之有效。

治理有效这一措施是在基层农村民主制度发展到如今所追求的更高要求，其中加入了"自治、法治、德治"的新内涵，就是为了创新和牢固基层农村治理制度，推动基层民主化、法治化建设。把管理服务的重心下放到基层各个单位，实现群众自治、政府管理、社会调节多方面的融合，形成合理有效正面的社会氛围。让人们在生活中获得更多的满足感和安全感，使人们的生活得到制度的保障。社会不良风气减少，违法犯罪行为得到有效治理，形成安全的新农村。要实现这三个治理协同并进：首先，要充分发挥基层领导干部的核心作用。在村民自治的前提下，进一步强化完善村民自我管理制度，不断创新乡村治理模式体系。其次，要实施人才引进策略。吸引更多人才进

入农村、建设农村，提高基层领导干部的整体水平和素质，将其培养成为新农村建设的领军者，也是对基层农村比较了解的人，在调解纠纷方面有有效的方法。再次，要完善基层乡村法治体系。建设平安乡村，对治安问题进行集中处理。教育农村居民知法、守法、用法，用法治思想来解决生活中遇到问题。最后，要提高农村的精神文化水平，弘扬社会主旋律，通过村规乡约来教育村民，弘扬新农村风尚。

五、生活富裕是乡村振兴的奋斗目标

生活富裕不单单是指经济效益的提升，还有农民经济效益的提高，硬件设施和软件设施都应安排到位，让农民从生活宽裕转变为生活富裕。虽然这两个要求只有一字之差，但带来的效果却是不一样的，这是进一步缩小贫富差距、实现共同富裕的措施。这既是发展新型农村的要求，同时也是解决农业、农村、农民问题的有效途径。有数据显示，2016年，农村居民的恩格尔系数已经下降到32%，基本达到联合国要求的30%～40%的相对富裕的标准。我国农村的贫困人口数量也下降到4335万人，占农村总人口数量的5%。由此可见，党的十九大所提出的这一新要求在未来的农村社会是行之有效的。实现这一目标，要不断拓宽农民的收入途径，以农民为重点，争取早日实现小康社会的基本目标。把居民对于美好绿色的未来生活的向往作为我们最基本的前进方向，在发展过程中牢牢把握住农民富裕这一主题方向，保障农民的基本权益。为人民谋幸福，解决人民最关心的问题，让公平文明的成果被社会每一个公民所享受。所以说，要不断提高农民的收入、拓宽农民增收的途径，为农村居民提供就业保障政策和途径，多途径促进农民再就业。应进行职业培训教育，提供公共就业服务教育，尤其要保障义务教育在农村地区的普及。让绝大多数的农村劳动力享受到高中以上的教育，甚至接受高等教育。完善城乡服务保障体系，保障农民的医疗服务和养老服务，统筹协调社会救助结构，保障农民最低生活要求。

产业兴旺是最根本的要求，生态宜居是旅游产业发展的基础，乡风文明是旅游产业的关键，合理有效的治理方式是根本保障。同时，生活富裕是旅游业发展的目标。这五项要求是协调、统一、同步前进的。产业兴旺和生活

富裕对其他三项要求有基础性和先导性的作用，是其他要求的经济基础所在，也是其他要求顺利进行的前提。产业兴旺是生活富裕的先导性条件。产业不能得到充足有效发展，其他几项要求的进展也举步维艰。同样，生活富裕、产业兴旺也为乡风文明和乡村的治理提供了充足的发展条件。经验表明，农村居民的收入得到增长可以有效缓解一系列社会问题，同时也为邻里关系创造了良好的条件。值得高兴的是，近年来新农村的建设正朝着有序健康的方向发展，这与产业的蓬勃发展和农民收入的提高密不可分。当具备这些硬件设施要求和软性条件后，旅游产业在这个地区的发展将更为顺畅，既带来了新的思想，也为当地的经济效益和社会生活带来了新的活力，促进了乡村文明素质的提高。

第二章 乡村振兴的困境与突破

第一节 乡村振兴的路径

"三农"问题的解决,不能就"三农"说"三农",需要站在国家城乡发展的总体布局下审视。中华人民共和国成立后相当长一段时期,为实现国家经济的快速发展,通过计划经济的手段,将农村资源向城市转移,由此实现了国家初步的工业化和城镇化。一方面,随着中国经济的快速发展和综合国力的增强,国家有能力系统地解决"三农"问题;另一方面,中国要实现全面现代化和未来可持续的发展,需要采取更加有力的措施来补齐"三农"这块短板。而中国城镇化的发展,为新时期解决"三农"问题提供了新的可能,但是也给采取什么样的路径解决"三农"问题带来了新的困惑。因此,乡村振兴战略首先面临着城镇化进程中路径选择的问题,是要以城镇化为"主旋律",还是要以立足乡村自身发展为主,来解决"三农"问题。

2001年加入世界贸易组织之后,中国城镇化进入高速发展期。正因如此,2002年,党的十六大报告提出的思路,更偏向于以城镇化为主来解决"三农"问题,因此特别表示,"农村富余劳动力向非农产业和城镇转移,是工业化和现代化的必然趋势""消除不利于城镇化发展的体制和政策障碍,引导农村劳动力合理有序流动";也特别强调发挥小城镇在解决"三农"问题上的主力军作用。2007年,发展思路又有了新的调整,党的十七届全国人民代表大会上旗帜鲜明地提出"统筹城乡发展,推进社会主义新农村建设",从空间上明确要像城镇一样,把农村作为发展的重点,这就意味着"三农"问题不能脱离乡村自身而得到解决;在具体的策略上,大体采取了一种统筹均衡的思路,提出"建立以工促农、以城带乡长效机制,形成城乡经济社会发展一体化新格局";同时,中央也加大了对农村地区的投入力度,初步遏制了农村加速衰败的进程。2012年，党的十八大报告对"三农"工作的部署总体上延续了十七大报告的思路，明确提出"城乡发展一体化是解决农村、农业、农民问题的根本途径"，要求"坚持把国家基础设施建设和社会事业发展重点放在农村，深入推进新农村建设和扶贫开发，全面改善农村生产生活条件。"

进入新时期，中国城乡发展出现了新的变化：一是城乡一体化速度放缓，农村劳动力流失现象有了一定的缓解。随着资本有机构成的增加，单位投资吸纳就业数量减少是经济发展的普遍规律。同时，伴随人工智能等高新技术的发展，城镇居民自身也面临很大的就业压力，农村人口的就业空间无疑将变得更为狭窄。此外，随着中国经济进入新常态，能提供的就业岗位也在减少。以往在高峰时期，一年新增800多万农民工进城务工，但2015年这一数据是63万人，2016年是50万人。尽管今后相当长一段时期，城镇化依然是吸纳农村劳动力的重要渠道，但这一过程可能会比预计的时间更加漫长，而且还会遭受内外部重大经济环境变化带来的冲击。二是进城农民工还没有真正在城镇落户，这部分群体能否真正进入城镇，还存在不少变数。2017年，我国城镇化率达到58.52%，但户籍人口城镇化率只有42.35%，这就意味着还有2.3亿在城镇居住和生活的农业户籍人口并未落户城镇。在目前房价高企、就业压力增大的情况下，这部分群体最终是留在城镇还是回到农村很难确定。三是由于近年来国家在农村的持续投入，使得农村的人居环境和交通状况有了很大改善，和发达国家相似的逆城市化现象开始出现。根据农业部数据调查，返回乡村进行建设的双创人员已经将近800万人。这些新农人的出现成为遏制农村衰败的重要力量。四是作为一个近14亿人口的大国，中国很难完全照搬人口相对较少的美国、日本等发达国家通过90%以上的城镇化率实现农业人口转移的道路，这可能意味着未来在相当长一段时间内，中国还将有大量的人口把农村作为生产生活的主要场所。

正是基于上述情况，2017年党的十九大报告中第一次把"乡村振兴战略"放到国家战略高度，保障农业产业在乡村地区的优先发展权利。根据这一方针，中央的"三农"工作策略实际上开始转变为通过促进乡村自身发展为主来解决"三农"问题，这既是中央的主动选择，也是客观现实的要求。尽管党的十九大明确了战略方向，但也应该看到，乡村振兴还面临诸多困难和挑战。一是乡村没有城市的规模和聚集效应,因此在经济效率上明显低于城市。虽然互联网为分散式经济发展提供了广阔的空间,但如何在中国广大的农村提高经济效益依然是一个极具挑战性的问题。二是由于农村人口较少,公共服务设施的利用率大大低于城市,大规模地投入公共设施建设在经济上并不合算。正因如此,尽管近年来国家在农村公共设施上投入很大,但基本上还是在弥补过去多年来的"欠账",与城市的公共服务水平相比,农村的差距依然很大。三是在我国人多地少、农村经济活力未能得到充分释放的大背景下,很难留住农村的青壮年劳动力;加之教育、医疗等公共服务领域的严重滞后,农村地区也很难吸引到优秀人才。而没有优秀人才和优质劳动力的流入,乡村地区就难以获得持续增长的动能。四是尽管中央确定了农业农村优先发展的方针,但是国家和地方的财力依然要兼顾城市以及小城镇的投入,由于乡村地区投入周期长,回报收益慢,在当前地方债务高企的背景下,究竟能有多少资金投入乡村,依然存在很大的不确定性。在这样的前提下,应协调各级领导力量,将政策落到实处,把上层的指示变成人们日常行为规范并在实际中践行,从内在层次激发乡村社会发展的新活力。

第二节 乡村振兴的产业定位

新型乡村建设离不开产业的升级发展,产业的升级会创造更多的就业岗位。仅仅靠国家财政资金投入来改善乡村环境,乡村振兴难以持续。正因如此,"产业兴旺"被作为乡村振兴二十字方针的第一条。面对制约当前乡村振兴中"产业空心化"的突出矛盾,迫切需要结合市场趋势和乡村实际,找准产业定位,为乡村振兴提供源源不断的经济活力。

乡村产业发展,农业是根本。按照有关要求,"产业兴旺"的首要任务是完善新型农业现代化生产体系、经营体系、销售体系,让我国由农业大国向农业强国转变。作为一个有近14亿人口的大国,中国的农业生产不仅是一个经济问题,更是一个政治问题。有鉴于此,中央明确提出要"确保国家粮食安全,把中国人的饭碗牢牢端在自己手中"。一方面,2003~2015年,中国粮食总产量实现十二连增,2018年粮食总产量达到65789万吨;另一方面,尽管从2003~2018年中国粮食总产量增加了52.8%，但第一产业占GDP的比重却从14.8%下降到7.2%。从世界经济发展的规律看，第一产业在国民经济中比重下降是一个普遍的趋势。因此，虽然中央提出了发展现代农业的一系列举措，但以农业为主体的乡村也很难像城市一样成为经济的主战场。除此之外，乡村地区农业发展还面临提高农业生产效率和保持农村社会稳定的两难选择。如果单从提高农业生产效率看，中国粮食播种成本比美国高出太多，我国种植小麦、玉米、大豆总成本分别比美国高203%、35%、80%。从这个意义上讲，提高农业效率势在必行。但必须正视的一个问题是，我国农业还承担着对数亿农民生活保障的任务，因此我们不能简单模仿美国，一味追求农业经济效率，走大农场经济的道路，只能选择"促进小农户和现代农业发展有机衔接"这一具有中国特色的农业发展模式。因此，尽管农业还有很大发展潜力，但在乡村振兴中农业最应该扮演的是"稳定器"的角色，很难承担起"产业兴旺"的重任。

从农业社会向工业社会演进，通过大工业发展推动人口在城镇聚集，是人类社会发展的普遍规律。这意味着城市主要是工业发展的产物，乡村并不适宜大规模发展工业。但中国选择发展道路和世界其他国家有区别，这是根据原来城乡两极分化严重的状况决定的。随着经济的逐步放开，自20世纪八九十年代起，一大批乡镇企业异军突起，成为国民经济的生力军，同时迅速成为乡村地区的主导产业和农民增收的主要渠道。乡镇企业最兴旺的时候，在乡村地区有2000多万家企业，吸纳的农村劳动力达到1.2亿多人。随着中国市场经济的逐步成熟和工业生产布局的基本完成，乡镇企业在21世纪前十年开始退潮。特别是2007年党的十七大正式提出生态文明的发展战略以来，过去"村村点火，户户冒烟"，资源不太节约、环境不太友好的乡镇企业迅速走向低谷，表明以工业主导来实现乡村振兴的道路难以为继。尽管未来乡村地区还会存在农产品加工工业以及一些创意手工业等，但工业很难像乡镇企业时期一样，成为乡村产业兴旺的主力军。

鉴于仅靠农业和工业很难实现乡村产业兴旺，同时伴随中国从工业化中后期向后工业化社会跃进，中央越来越关注第三产业在乡村经济发展中的作用。在2015年中央一号文件中，首次提出推进农村一二三产业融合发展的思路。在此后三年的中央一号文件中，这一思路不断强化和深化，这为未来乡村产业兴旺指出了新的方向。在这方面，日本和我国台湾地区给我们提供了有益的经验。1997年，日本东京大学今村奈良臣教授提出"六级化产业"的概念，即一级产业为农林渔牧的生产；二级产业是将农林渔牧产品通过加工变成商品，提高农产品附加值；三级产业则是通过服务、营销及体验，让消费者认识并购买一二级产业产品。只有通过一级产业×二级产业×三级产业，才能发挥相乘的综合效应，实现农村的六级产业化。在这一思路的引导下，日本的乡村经济发展取得了突出的成效。而在我国台湾，以6000余家乡村民宿为主要载体的乡村旅游和休闲农业的发展，不仅激活了乡村服务业的发展，也为一二产业的发展开辟了新的市场。同样，在中国，乡村旅游也成为近年来乡村产业发展的一大亮点。2018年，中国乡村游客达到28亿人，达到国内旅游人口总数的56%。乡村旅游业经济收益将近8000亿元，达到旅游收益的16%。2017年，陕西袁家村接待游客量超过500万，旅游总收入3.8亿元，村民人均纯收入在10万元以上，成为中国乡村旅游的一面旗帜。在浙江德清"裸心谷"，民宿经济收益超过百万元，超出上海、北京等大城市的收益，被很多专家称作最有发展前途的旅游乡村度假景点。从中国目前农村发展的情况看，第三产业在促进乡村产业兴旺上的巨大潜力还远没有释放出来。未来一二三产业融合发展，不应该是没有主次的产业融合，而应该是以第三产业为根本拉动内需、带动其他产业发展，吸引外资、人才、市场等因素的流入，从而使各产业结构相融合。当然，要在中国所有60万个村庄同步实现产业兴旺是一项不可能完成的任务。未来可行的产业发展路径，应该是依据不同的资源禀赋和市场定位，支持一部分重点村率先发展特色产业，并促进乡村地区产业分工和农村劳动力在乡村之间的流动；同时，以产业为导向逐步实现乡村的重新整合，适度减少村庄数量；通过先富乡村带动后富乡村，最终实现共同富裕。

第三节　乡村振兴的治理变革

乡村治理是国家治理的基石。在中国漫长的君主专制时代，乡村治理更是关系到帝国的根本。尽管"皇权不下县",但基于儒家思想的宗族治理依然在分散的乡村构建出一种超稳定结构。1949年中华人民共和国成立后,国家治理的重心放到了城市,乡村更多被当作城市的附庸。在急速工业化、城镇化进程以及暴风骤雨的土改中,旧的乡村治理结构被摧毁,新的有效的乡村治理结构却没有建立起来。乡村治理失序,成为乡村衰败的一个重要原因。正因如此,中央的乡村振兴战略把"治理有效"放到重要位置,并提出了建立"党委领导、政府负责、社会协同、公众参与、法治保障"的现代乡村社会治理体制目标。而实现治理变革,需要特别关注治理主体、治理方式和治理重点三个方面的问题。

没有有效有力的治理主体,就不可能实现乡村的有效治理。在中国乡土社会,由于有官员告老还乡以及耕读传家等传统,使得一批乡村精英能够成为治理的主体。伴随城乡差距的持续扩大,一批乡村精英通过外出求学的方式"跳出农门";此后,一大批农民工通过外出打工远离农村,留在乡村的基本是老年人和妇女儿童。乡村精英的缺失,成为当下乡村治理中最大的难题。面对这一问题,国家层面采取了一系列措施。明确提出党政一把手是第一责任人,书记抓乡村振兴的领导体制,这为乡村治理提供了强有力的外部支持。除此之外,近年来,中央还通过选派干部到贫困村担任第一书记,动员大学生到农村担任"村官"等方式为乡村治理提供人才支撑,这也在实际工作中发挥了积极作用。但第一书记在农村工作时间只有1~3年,很难在乡村治理中持续发挥作用;而多数到乡村"镀金"的"大学生村官"由于缺少工作经验,也很难成为乡村治理的主力军。虽然部分高校毕业生、机关企事业单位优秀党员干部可能成为农村发展的带头人,但在多数乡村要实现振兴,带头人主要还应该在村一代、村二代中产生,而这其中最大的主体应该是具备一定市场经验的返乡农民工。目前全国返乡下乡双创人员已有700多万人,尽管这一数据远远低于外出务工的农民数量,但这意味着只要条件允许,乡村同样可以吸引人才回归。一个突出的例子是河南虞城县,通过实施"凤还巢"工程,虞城吸引了10万人回乡创业。"十万城归"创办了8458家企业,带动5万多人就业。除此之外,农村大学生逐渐成为建设农村的中坚力量。在中国台湾,很多来自乡村、理解城市消费群体并具有设计和管理经验的大学生返乡创业，极大地提升了乡村旅游和乡村文创农业的发展水平。对国家来说，应该加大对乡村精英的扶持力度，帮助更多的精英成为建设农村的中坚力量。日本将村主任作为农村建设精英重点培养对象，通过开设一系列课程和培训，让他们了解当地特有的经济优势、文化条件、社会关系、具体措施等，成为乡村发展的领军人。未来，中国应有重点、有选择地提高经济欠发达地区村干部的收入水平，通过政策的扶植，吸引更多人才扎根农村、服务农村，优化提升乡镇干部管理水平和素质。

乡村治理的变革还涉及治理方式的改善。目前中央的思路是通过自治、法治、德治的"组合拳"治理乡村。在自治环节，比较核心的问题是权力的产生及监督。推动村党组织书记通过选举担任村委会主任，虽然这一方式有利于更好地推动村务工作，但会在一定程度上造成党的领导和乡村民主之间的冲突和矛盾。如何在实际工作中化解这一矛盾，需要做进一步的探索。而在乡村民主意识薄弱、民主经验不足的情况下，如何建立简洁、有效的监督机制，需要结合实际逐步建立和完善。在法治和德治环节，主要的挑战来自确定二者之间的边界和主次。在传统中国乡村，由于是熟人社会，在祖祖辈辈生活的土地上，德治的感召力和震慑力很强。但在人口快速流动的现代社会，法治才是最有效的治理方式。目前中国的乡村正在加速演进，德治的力量已经弱化，但法治的意识还没有很好地建立起来。因此，是以恢复乡规民约、重新倡导新乡贤的德治作为主攻方向，还是以法治为主要方向，仅仅把德治作为特定发展时期的权宜之计，也是一个两难的选择。在目前这样一个过渡阶段，增强村民的法律意识，用法治来保底线，同时在此基础上重建符合现代文明要求的新道德、新风尚应该成为努力的方向。

乡村治理内容庞杂，这其中的重点是在乡村振兴中实现利益的共建共享。过去乡村治理的主要任务是征收农业税、计划生育等事务；随着农业税取消、计划生育政策放开，现在乡村治理更多涉及土地流转、农业补贴、集体经济管理等方面的内容，而这些都与农民的经济利益息息相关。从一些成功地区的经验看，让更多村民共享乡村经济发展的收益是比较普遍的做法。比如，山东的中郝峪村，首先让村民以房屋、山地、山林等资源作价入股，筹建成立了"幽幽谷旅游开发公司"。村民入股投资，一年内有四次分红利的机会。

还可以通过农村参与管理服务旅游产业，根据合同制接受年底公司的分红，进而使村民能获取一部分经营性收入。在此基础上，中郝峪村的老弱病残不需投资即可享受无风险的人头股，还可以根据入股额度享受利润分成。此外，村里还成立养老院，所有70周岁以上的老人在养老院的生活费用都由公司承担，并为全体乡村居民办理医疗保险和养老保险。陕西袁家村在发展乡村旅游之初，村书记郭占武就把属于村集体所有的建设用地盘活，变成可量化资产，按比例直接分配到每户村民名下，作为其可记名、可量化、可分配的股权，享有分红收益，从而用制度保障了全体村民可以永久享受集体致富的成果。除了内部利益分配机制的完善之外，随着更多外来资本参与到乡村振兴之中，还会涉及村民利益与外来投资者利益平衡的问题。像日本、韩国等国家的农会力量很强，为村民利益最大化提供了强有力保障。目前在中国乡村，虽然合作社的方式可以增强村民的谈判能力，但在和资本的博弈中，依然处于下风。当然，面对中国乡村复杂的情况，外来资本进入乡村也有很多顾虑和风险。在这样的背景下，需要进一步明确政府、外来投资商、村集体、村民个人的责权利，将各方面的利益协调起来，才能形成乡村振兴的合力。

第四节 乡村振兴的规划与设计

乡村振兴工作要坚持规划先行原则，以规划来统领、指导、验收乡村振兴工作。乡村振兴规划要遵循以下基本思路：坚持党的领导、以国策实施为导向；生态为本、空间规划为基础；产业为核心、现代产业体系构建为关键；乡村特色、生态和谐宜居宜业；文化繁荣、传统复兴现代创新并举；人才驱动、开放共享思维激活；组织保障、法治德治自治相得益彰；以人为本、村民生活幸福为根本追求；可持续发展、发挥内外动力系统的长效机制；跟踪服务、强化规划的稳定性和实施的可操作性。

乡村振兴规划按照规划的对象、范围、目的，具体可以分为：区域乡村振兴战略规划（含省级、地市级、县区级、乡镇级及其他区域发展共同体）、具体村庄的乡村振兴规划、乡村振兴项目规划设计。每一类规划的对象和重点不同，内容体系也有差异。

一、区域乡村振兴战略规划

区域乡村振兴战略规划,是对一定区域内的乡村振兴工作做总体调查、研究、顶层设计、工作部署、任务考核等工作,要严格遵循以下原则:因地制宜、分类引导原则;多规合一,生态优先原则;产业主导,五项联动原则;机制创新,政策落实原则;政府主导,村民主体原则。

区域乡村振兴战略规划的内容主要包括以下 12 个方面。

1. 区域乡村发展现状调查分析

区域内乡村发展现状调查,既包括土地、人口、生产情况、民俗文化、历史、地理、经济发展、各类组织、特殊人群,也包括区域内涉农、涉乡企业发展情况,规模性的产业发展情况等。

乡村振兴的现状调查务必翔实、系统,采取表格化、问卷化的方法,并结合访谈、大数据比对等,要注意信息化手段的使用。在调查资料的基础上,进行深度的纵向分析、横向对比分析,建立区域乡村发展数据库。

乡村振兴导向的基础分析主要包括以下几个方面:

(1) 区域乡村发展环境综合分析。

(2) 区域乡村土地及其利用现状分析。

(3) 区域乡村空间分析及分类研究。

(4) 区域乡村建设现状及特点分析。

(5) 乡村人口结构及特殊人才群体分析。

(6) 乡村产业现状分析。

(7) 乡村历史及传统文化的传承分析。

(8) 乡村特色挖掘:特色资源、特色产业、特色人群等。

(9) 分片区(组团)资源对比分析。

(10) 区域乡村与城镇发展的结构关系分析。

2. 区域乡村振兴发展综合研究

在对乡村资源和现状进行系统调查研究的基础上,结合各项政策、外部发展、驱动因素,对区域乡村的发展环境进行动态的观察和分析,主要包括:

(1) 区域乡村振兴发展优劣势分析。

（2）区域乡村振兴发展机遇、挑战分析。

（3）区域乡村振兴发展环境动态分析。

（4）区域乡村振兴发展的难点所在。

3. 确定总体思路，明确振兴路径

精准界定农村经济规划的指导思想、基本原则、总体思路和突破性路径，聚焦乡村的发展动力。一般来说，该部分内容包括：

（1）区域乡村振兴发展的指导思想。

（2）区域乡村振兴发展的基本原则。

（3）区域乡村振兴发展的总体思路。

（4）区域乡村振兴发展的主要战略。

（5）区域乡村振兴经济社会发展结构。

（6）区域乡村振兴发展的路径设计。

4. 空间管制与空间布局

在总体战略指导下，根据乡村的资源基础和发展分析，进行空间管制规划，确定区域乡村发展的分区思路。

（1）区域乡村振兴空间管制要求。

（2）区域乡村振兴空间布局思路。

（3）区域乡村振兴发展空间布局。

（4）分区发展指引。

5. 区域乡村生态振兴规划

在生态文明发展的总体要求下，探索区域乡村振兴的生态式发展，对总体生态肌理、生态发展、生产空间及产业发展的生态化、生态空间的优化与保障等进行规划。

（1）乡村生态振兴的总体思路。

（2）乡村生态空间梳理与有机再生规划。

（3）乡村产业体系的生态发展规划。

（4）农村人居环境改善深化攻坚规划。

（5）区域乡村生态圈构建规划。

6. **区域乡村产业振兴规划**

就区域乡村发展层面,要因地制宜,对产业发展进行分类指导规划,把握优势,突出特色,着力构建动力充足的现代产业体系。

(1) 区域乡村产业振兴的总体思路、目标与路径。

(2) 乡村产业振兴发展的结构设计。

(3) 乡村现代产业体系构建。

(4) 村集体经济发展规划。

(5) 乡村产业振兴发展的保障。

(6) 村民深度参与、最大化共享机制规划。

7. **区域乡村文化振兴规划**

乡村文化振兴的核心目标是提升乡村精神文明水平,促进乡村文化生活繁荣,激发文化生产的活力。

(1) 区域乡村文化振兴目标。

(2) 区域乡村文化振兴重点工程。

(3) 区域乡村传统文化复兴路径。

(4) 区域乡村文化创新发展规划。

8. **区域乡村人才振兴规划**

人才是乡村振兴的关键,建设立体、多元、复合的人才体系,是促进乡村振兴快速高效进行的基本驱动力。

(1) 专家智库及社会人才体系共建规划。

(2) 返乡就业创业人才体系规划。

(3) 新村民、新乡贤规划。

(4) 动态持续的人才培养机制规划。

9. **区域乡村组织振兴规划**

乡村经济要想得到进一步提升就应该规划如下重点措施:

(1) 区域乡村组织振兴的基本原则、思路。

(2) 现代乡村治理体系规划。

(3) 乡村党组织与党员队伍建设规划。

(4) 乡村法治体系规划。

（5）乡村自治体系规划。

（6）平安乡村建设规划。

10. 区域乡村振兴战略的领导与组织

乡村振兴要坚持在党的领导下进行，运用扎实、科学的工作方法，同时探索各项工作机制创新，保障乡村振兴国家战略的落地实施。

（1）乡村振兴战略的领导机制规划。

（2）乡村振兴战略的工作体系规划。

（3）乡村振兴战略的政策保障规划。

（4）乡村振兴战略的考核机制规划。

11. 重点示范性乡村振兴项目概念性规划

在区域内，选择重点的、近期能够启动的、具有示范带动意义的乡村，进行深度规划，进一步探索乡村振兴规划的可操作性，并在区域内形成示范效应。

（1）重点示范乡村的基本分析与示范意义。

（2）重点示范乡村的振兴发展思路。

（3）重点示范乡村的生态振兴规划。

（4）重点示范乡村的产业振兴规划。

（5）重点示范乡村的乡村建设提升规划。

（6）重点示范乡村的文化振兴规划。

（7）重点示范乡村的人才振兴规划。

（8）重点示范乡村的组织振兴规划。

（9）重点示范乡村振兴的可持续发展规划。

（10）重点示范乡村振兴的保障体系规划。

12. 区域乡村振兴战略实施方案和近期工作计划

规划主体内容之后，要对总体规划方案进行任务分解、节奏安排、主体责任安排等，形成规划实施方案，并进一步根据地方实际，形成近期工作计划。

（1）区域乡村振兴规划实施方案。

（2）区域乡村崛起短期工作方案。

二、具体村庄的乡村振兴规划

具体的实施策略并不是"一刀切"式的运动,而是立足于乡村本体的可持续的系统升级发展。这种发展,建立在深入细致体系化的调研的基础上,并结合现代社会、产业、消费时代特征的发展趋势等,对每个村落进行针对性的设计、个性化的实施。

基于乡村与城镇化的关系,判断具体乡村发展的总体趋势。基于城市扩张、特色城镇化、异地搬迁集中安置等原因,有的乡村在近期内是非保留村,要对这类村庄特殊对待。而对于保留下来的村庄,根据其村落历史、生产方式、人口状况、交通区位、发展机遇等,确定乡村的总体路径,如历史文化村、农业种植养殖村、旅游接待村、手工业村、现代产业村等。确定了总体路线之后,从村落环境、生态环境、乡村建设、产业发展、文化生活、组织建设、人才体系等方面,进行系统发展,形成一定区域内产业力量集聚、文化特色鲜明、人民生活幸福的乡村振兴发展态势。

《乡村振兴战略规划(2018~2022年)》指出,要"分类推进乡村发展",并将乡村分为集聚提升类村庄、城郊融合类村庄、特色保护类村庄、搬迁撤并类村庄,给出了分类发展指导意见。村庄的乡村振兴规划要基于分类推进的意见,对村庄的总体发展属性和趋势进行判断,以进行具体、深度的规划设计,主要内容包括:

1. 村庄现状、资源及发展环境分析

(1)村庄现状立体扫描及案例数据比对。

(2)村庄振兴发展优劣势分析。

(3)村庄振兴发展的机遇与挑战分析。

(4)村庄振兴可利用的资源梳理与分析。

(5)村庄振兴发展的重点及难点。

2. 村庄振兴发展的总体思路、目标引领

(1)村庄振兴发展的总体思路。

(2)村庄振兴发展的综合目标。

(3)村庄振兴发展的路径设计。

(4) 村庄振兴发展的主要战略。

3. 村庄空间用途管控与空间发展规划

(1) 村庄空间总体分析。

(2) 上位规划空间发展对接。

(3) 村庄空间发展总体思路、原则。

(4) 村庄空间用途管控。

(5) 村庄空间发展总体规划。

(6) 村庄分类空间发展导引。

4. 村庄生态振兴规划

(1) 村庄生态现状分析。

(2) 村庄生态系统总体规划。

(3) 村庄人居环境改善规划。

(4) 村庄生态基础设施规划。

(5) 村庄全空间生态式发展规划。

(6) 村庄生态圈规划。

5. 村庄产业振兴规划

(1) 村庄产业发展现状分析。

(2) 村庄现代产业体系构建规划。

(3) 村庄核心产业规划。

(4) 村庄特色产业规划。

(5) 村庄接续产业规划。

(6) 村集体经济规划。

(7) 村庄多产业融合发展规划。

(8) 村民参与、共享机制规划。

6. 村庄建设优化提升规划

(1) 村庄建设现状评价。

(2) 村庄建设史及村庄建设肌理分析。

(3) 村庄建设特色分析及元素提取。

(4) 村庄建设优化提升总体思路与原则。

(5) 村庄优化建设之空间与景观优化。

(6) 村庄优化建设之公共建筑与设施优化引导。

(7) 村庄优化建设之民居优化引导。

(8) 村庄优化之公共空间特色化发展引导。

7. 村庄文化振兴规划

(1) 村庄文化传统分析。

(2) 村庄优秀传统文化传承规划。

(3) 村庄文化创新规划。

(4) 村庄文化生活规划。

8. 村庄人才振兴规划

(1) 村庄振兴人才智库及联动支持体系规划。

(2) 村庄教育事业发展规划。

(3) 村民返乡就业创业规划。

(4) 新乡贤促进规划。

(5) 新村民职业培训及上升体系规划。

9. 村庄组织振兴规划

(1) 村庄治理结构规划。

(2) 村庄党组织乡村振兴工作机制规划。

(3) 村庄法治规划。

(4) 村庄自治规划。

(5) 平安乡村建设规划。

10. 乡村振兴的组织与实施

(1) 党政负责的领导机制规划。

(2) 多规合一的振兴规划。

(3) 创新土地、金融、人才等各项政策及机制。

(4) 乡村振兴工作考核及动态管理。

11. 村庄振兴的创新示范措施规划

(1) 本村乡村振兴规划中的创新措施。

(2) 本村乡村振兴的典型示范价值。

12. 村庄振兴基础设施与公共服务设施规划

（1）村庄振兴道路交通体系规划。

（2）村庄振兴土地利用规划。

（3）村庄振兴给排水规划。

（4）村庄振兴环境卫生系统规划。

（5）村庄振兴防灾减灾体系规划。

（6）村庄生态循环体系规划。

（7）村庄公共生活休闲空间及设施规划。

（8）村庄教育、卫生、养老等社会保障规划。

13. 村庄乡村振兴的重点项目规划

（1）村庄振兴重点发展项目梳理。

（2）重点项目发展模式规划。

（3）重点项目招商引资规划。

14. 周边乡村联动整合发展规划

（1）示范村庄带动周边区域发展的联动结构分析。

（2）乡村振兴区域一体化发展机制规划。

15. 村庄乡村振兴近期工作计划

三、乡村振兴项目规划设计

乡村振兴需要一系列项目的实施支撑，因为，在乡村振兴规划中，常常会遇到一些具体项目的规划设计，这可以按照现行的国家标准、行业标准或者行业惯例进行编制。根据深度，乡村振兴项目规划一般又分为可行性研究报告、总体策划、概念性规划、总体规划、控制性详细规划、修建性详细规划等。

在项目前期，规划一般包括以下内容：乡村振兴项目概况分析，项目可行性及发展分析，项目定位与发展路径，乡村振兴项目空间布局、土地利用规划，乡村振兴项目产品体系规划，项目基础设施、服务设施规划，项目投资模式与收益结构规划，项目的运营规划，项目的营销规划、管理规划等。尤其要注意与一般项目规划设计不同的是，乡村振兴体系下的项目发展，必须考虑对乡村振兴具体实在的拉动作用、与村民发展的共生关系，明确村民参与和利益共享的机制，同时，保障项目发展的可持续性。

四、乡村振兴规划中的乡村生活共同体

乡村的生活主体是村民，乡村振兴的主体也是村民，只是在现今生产、生活要素自由流通的时代，基于供给侧改革、双创大潮、大旅游时代的行业社会环境，乡村的生产生活主体也发生着越来越大的变化。乡村振兴语境中的村民，更多指泛村民体系，包括乡村常住居民和阶段性生活在乡村的居民，如原居民、返乡创业者、外来投资者、外来经营者、外来工作者、外来到此短暂生活者等，他们是共同生活在乡村中的生活共同体。这样一个开放的、流动的群体边界，与目前的"共享"思维和发展模式非常契合，在一定程度上，这种属性越强，乡村发展的活力越强。

在乡村振兴规划中，要特别注意乡村生活共同体的主体性，考虑村民对于资源、土地、产业、空间、组织、人才、文化的高度主导性，注意以下几点：

（1）规划全程都有村民代表参与，尤其是调研过程、方案征求意见阶段，要将方案进行公示，激发全体村民参与的积极性。

（2）要把人的幸福，尤其是村民的参与、变革、共享机制作为一个主线，贯穿在规划始终，保证人与乡村同步达到富裕、实现现代化。

（3）乡村振兴的过程是一个开放、动态、变动的过程，还会有很多主体类型参与其中，如党和政府领导、规划设计工作者、新闻媒体、专家学者、施工团队、贸易对象等，这些主体都会对乡村振兴施加影响，这些力量交织，共同作用于乡村振兴，是一个协商、协作甚至冲突妥协的过程，也是客观、有必要的。

第三章 乡村旅游概述

第一节 乡村旅游的理论基础

一、国内外乡村旅游研究现状

基于 Web of Science（科学网）及 CNKI（中国知网）文献库，以 "Rural Tourism" 和 "乡村旅游" 为主题词进行检索。其中 Web of Science 从 1898 年至今共计 5924 篇，CNKI 中文献共计 11586 篇。从时间维度对世界各个国家旅游产业研究可以看到，重要的标志年份有两个，分别是 2005 年和 2011 年，2005 年以前中外对乡村旅游的研究文献数量缓慢增长，国外的文献数量高于国内数量；2005~2011 年，国内外乡村旅游研究数量均快速增长，尤其是国内乡村旅游研究激增；2011 年后，国外乡村旅游研究数量下降并保持在较高数量，而国内乡村旅游的研究数量继续上升且增长速度加快，乡村旅游成为国内研究的热点，如图 3-1 所示。

从空间的维度看，如图 3-2 所示，发表文献超过 100 篇的国家和地区有美国、中国、西班牙、澳大利亚、英国、加拿大、意大利，其中以发达国家居多，这是由于乡村旅游是社会经济发展到一定水平时出现的，兴起于欧洲发达国家。除了中国以外被引数量和文献总量基本相匹配，中国从文献的数量看世界排名第二，但从引用次数看排名第六，一定程度上说明中国有很好的案例资料供我们研究，但却没产生很多有影响力的研究成果，这对于未来中国乡村旅游的研究来说是机遇也是挑战。

乡村旅游的文献主要发表在 *Tourism Management*（《旅游管理》）、*Annals of Tourism Research*（《旅游研究纪事》）、*Jounal of Sustainable Tourism*（《可持续旅游杂志》）三大旅游期刊上。此外，也发表在乡村研

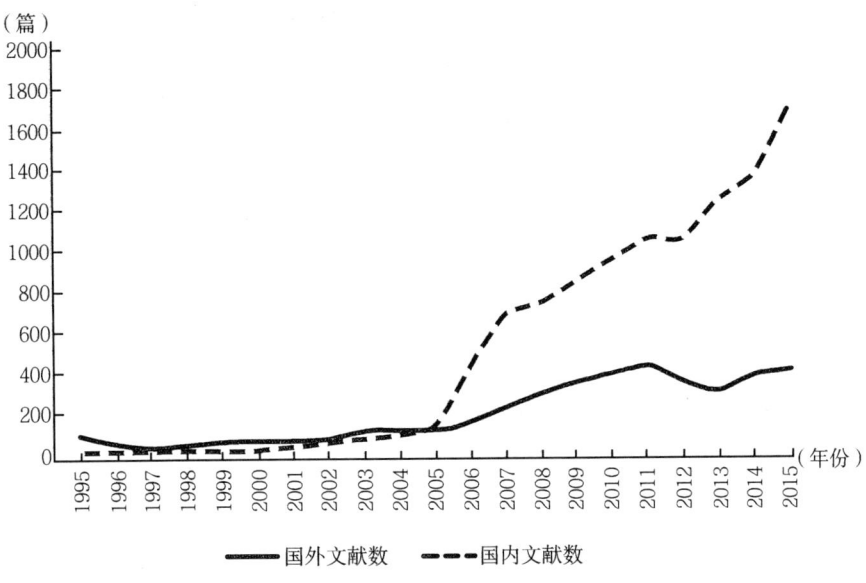

图3—1 国内外"乡村旅游"文献年份变化

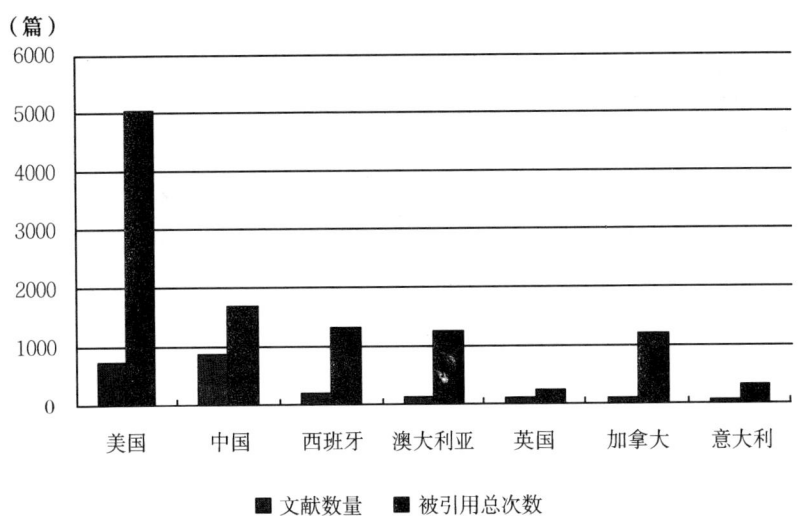

图3—2 "乡村旅游"文献作者分布国家和地区

究期刊和韩国的乡村规划研究期刊上,如表3—1所示。Barbieri C.(巴比里)和姆拜瓦(Mbaiwa J. E.)是乡村旅游研究 H 指数最高的作者;

Barbieri C.（巴比里）界定了农业旅游的概念，分析利益相关者在农业旅游中的收益和角色；Mbaiwa J. E. 研究旅游对乡村地区的社会经济影响；Mitchell C. J. A.（米切尔）在1998年提出创造性破坏模型来预测乡村遗产便利化和现代化改造可能对社区造成的影响；Yoon Y. S.（尹）和Park D. B.（朴）研究了乡村的社会资本，如表3－2所示。Sharpley R.（沙普利）2002年在 *Tourism Management* 上发表的 "*Rural Tourism and the Challenge of Tourism Diversification：The Case of Cyprus*"（《乡村旅游与旅游多样化的挑战——以塞浦路斯为例》）是被引用次数最多的研究乡村旅游的文章，如表3－3所示。

表3－1 "乡村旅游"文献发表的重要期刊

期刊名称	文献数量（篇）	总被引次数	H-index	排名
Tourism Management	94	2190	26	1
Annals of Tourism Research	50	1386	22	2
Journal of Sustainable Tourism	48	469	11	3
Journal of Rural Studies	40	545	12	4
Journal of Korean Society of Rural Planning	75	0	0	5
Journal of Travel Research	16	188	7	15
International Journal of Tourism and Hospitality Research	22	0	0	39

表3－2 "乡村旅游"研究国际学者H指数排名

学者	文献数量（篇）	总被引次数	H－index	研究领域
Mbaiwa J. E.	10	189	6	旅游对乡村生活的影响
Barbieri C.	10	135	6	农业旅游（Agritourism）
Mitchell C. J. A.	8	91	5	创造性破坏（Creative Destruction）
Alonso A. D.	9	33	4	农业多元性
Pena A. I. R, Jamilena D. M. R, Molina M. A. R.	12	19	3	乡村旅游市场、企业和信息技术
Kline C.	8	14	3	乡村旅游游客决策
Yoon Y. S.	22	20	1	社会资本（Social Capital）
Park D. B.	26	2	1	当地居民的社会资本

表3-3 被引次数前六的文献

文献名称	总被引次数	作者	发表年份	期刊名称
Rural Tourism and the Challenge of Tourism Diversification: The Case of Cyprus	106	Sharpley R.	2002	*Tourism Management*
Spatial Characterization of Landscape Functions	103	Willemen L., Verburg P. H., Hcin L., Mensvoort M. E. F. V.	2008	*Landscape and Urban Planning*
Characteristics and Goals of Family and Owner Operated Businesses in the Rural Tourism and Hospitality Sectors	102	Getz D., Carlsen J.	2000	*Tourism Management*
Segmentation by Motivation in Rural Tourism: A Korean Case Study	99	Park D. B., Yoon Y. S.	2009	*Tourism Management*
Local Economic Impacts of Dragon Tourism in Indonesia	99	Walpole M. J., Goodwin H. J.	2000	*Annals of Tourism Research*
Food, Place and Authenticity: Local Food and the Sustainable tourism Experience	97	Sims R.	2009	*Journal of Sustainable Tourism*

此外，以"乡村旅游"为关键词对CNKI被引量前150篇文献和最新发表的150篇文献进行分析，可以总结出我国乡村旅游的探索始于20世纪90年代末期，研究人员从研究其他国家旅游产业发展的理论和经验出发，开始我国的乡村旅游研究。研究内容涉及概念辨析、开发模式研究、可持续发展等方面；关键词包括可持续发展、社区参与、农业旅游、乡村性及问题、对策。何景明、郑群明、钟林生、李立华、刘德谦、周玲强、黄祖辉、王云才、邹统钎等关于国外乡村旅游的研究综述、相关概念辨析、开发模式、可持续发展的研究构成了我国乡村旅游的研究基础。对最新发表在CNKI以乡村旅游为关键词的文献进行分析，可知除了传统的关键词外，出现了新的关键词，如休闲农业、转型升级、新型城镇化、美丽乡村和新农村建设。

二、乡村旅游发展理论框架

早期学者如坎贝尔通过对哥斯达黎加的生态旅游研究指出，随着外部投资活动增多，如果没有政府的规划和干预，会限制当地社区在旅游发展中获得进一步的收益。随着乡村旅游的发展成熟，学者们总结已有案例，融合相关的理论，提出了相关模型和框架，关注合作、文化等因素以指导乡村旅游的发展。如尼夫斯探讨了影响当地居民参与乡村旅游"商品化动态"的因素，提出结合文化经济方法和新、旧社会关系历史轨迹的概念性框架来理解地方性知识的商品化进程。① 麦克唐纳和乔利夫提出以文化和社区为基础的合作关系构成框架，将乡村旅游发展概括为四个发展阶段，强调了文化资源的价值和以社区为基础的伙伴关系在乡村旅游发展中的有效性。② 考利和吉尔摩提出了包括文化、社会、环境和经济等各种资源的利用以及利益相关者的角色在内的乡村旅游综合模型，并将此模型作为乡村旅游发展战略的一部分，用来促进乡村旅游的发展。③ 萨克塞纳和伊比利整合了嵌入性、非嵌入性、内生性与授权理论等相关乡村旅游的概念，提出参与和包容是创造公平、可持续发展环境和整合乡村旅游问题的核心。④

三、乡村旅游发展的基础——乡村资本

乡村资本分为自然资本和社会资本。土地和水源这种自然储存的资源和水循环这样的环境服务是有利于升级的资源流。社会资本是指人与人在社会交往中所产生的信任感，以及从其中获得的社会满足感。

相关研究认为，发展生态旅游是兼顾乡村地区保护与开发的重要手段，而自然资本是乡村开展生态旅游的基础。布彻研究了乡村地区的生态旅游，

---

① Kneafsey M. Rural cultural economy: Tourism and social relations [J]. Annals of Tourism Research, 2001, 28 (3): 762—783.
② MacDonald R., Jolliffe L. Cultural rural tourism: Evidence from Canada [J]. Annals of Tourism Research, 2003, 30 (2): 307—322.
③ Cawley M., Gillmor D. A. Integrated rural tourism: Concepts and practice [J]. Annals of Tourism Research, 2008 (2): 231—237.
④ Saxena G., Ilbery B. Integrated rural tourism: A border case study [J]. Annals of Tourism Research, 2008, 35 (1): 233—254.

虽然这些地区把生态旅游作为可持续发展手段的原因各不相同，但它们都有一个基本的出发点，那就是游客只能消耗当地有限的自然资本，不足的部分需被人造资本取代，否则会对当地的环境造成破坏。虽然这种发展手段从一定程度上保护了当地的生态环境，但却限制了最贫困地区的发展。

景观是乡村旅游自然资本的重要组成部分。道格斯泰德从对景观的价值诉求、感知途径以及发展前景三个维度分析农民、游客、运营商等不同利益相关者之间的协商现象，发现虽然他们对此持有不同的立场和态度，但都关注景观的变化，并希望保持当地保存食物的传统和当地产品，进而提出了从"多感官化"的角度对景观感知重新定位。[①] 马丁指出，森林旅游资源是乡村资本的重要组成部分，欧洲乡村地区林业和农业收入的下滑威胁到了乡村经济的发展，旅游可以使乡村经济从生产活动转向服务提供。森林资源有激发旅游兴趣、延长停留时间、延长旅游季节的作用。可以通过发挥森林旅游资源的"光圈效应"，整合乡村资本的各组成部分，促进乡村经济的发展。

许多学者提出了地方饮食在乡村旅游中的重要作用。埃弗雷特和艾奇逊提出在乡村振兴、农业多元化以及在乡村地区生产和消费关系更紧密的背景下，地方特色饮食在开发和维持区域特征中有重要作用。研究发现，游客对饮食旅游的兴趣越高，区域的地方特征维持得越好，环保和可持续发展的观念越强，传统遗产、生活方式和技能保护得越好。饮食和饮食产业可以作为地方特征塑造的中心，饮食旅游可以在不影响当地自然、社会和文化结构的前提下提高旅游收入，成为促进旅游社会文化可持续发展的重要组成部分。[②]

此外，沙普利通过案例研究指出，在一定的背景下，建造大型的旅游吸引物可以作为当地经济和社区发展的"增长点"，增加当地旅游收入，为乡村持续发展提供支撑。

---

① Daugstad K. Negotiating landscape in rural tourism [J]. Annals of Tourism Research, 2008, 35 (2): 402−426.
② Everett S., Aitchison C. The role of food tourism in sustaining regional identity: A case study of Cornwall, South West England [J]. Journal of Sustainable Tourism, 2008, 16 (2): 150−167.

四、乡村旅游游动机与感知价值

(一) 乡村旅游动机和感知价值分类

朴和尹通过因子分析法将乡村旅游动机分为四类：家庭出游型（Family Togetherness Seeker）、被动型（Passive Tourist）、混合动力型（Want-it-all Seeker）以及学习与兴奋型（Learning and Excitement Seeker）。[①] 波罗佩纳等开发了乡村旅游的感知价值量表。乡村旅游的感知价值（PVR）包括功能感知价值和情感感知价值两部分，其中功能感知价值包括员工投入、合适的设施和便捷性三个方面，情感感知价值包括情感体验、社会交往和教育三个方面。感知价值通过影响游客的满意度影响游客的忠诚度。研究发现，越能够促进乡村可持续发展的旅游活动，越能够带来游客更高的满意度和忠诚度，乡村旅游拥有一些消费者很注重而其他旅游市场不能提供的独特性。

此外，沙普利和杰普森研究了旅游产业与精神心理层面需求的关系，认为潜意识中对于生活的向往是在农村发展旅游业的重要动机。[②] 古隆和西兰通过不丹的旅游运营商和外国游客的实证调查表明，对喜马拉雅自然风光感兴趣的游客比为体验文化而来的游客停留的时间更长。

(二) 感知服务质量是乡村旅游的重要内容

服务质量对乡村旅游企业至关重要。在乡村旅游住宿方面，阿尔巴塞特等提出了乡村旅游住宿服务质量的测量方法，并研究了其对管理的影响。马尔斯特等研究了西班牙小企业主的知识与乡村旅游服务质量绩效之间的关系，以小企业主的受教育程度和个人经验为自变量，研究对客观服务质量与感知服务质量的影响。研究通过对配对样本分析，建立相关模型，利用最小二乘法进行检验。研究结果表明，小企业主的受教育程度对客观服务质量有积极

[①] Park D. B., Nunkoo R., Yoon Y. Rural residents' attitudes to tourism and the moderating effects of social capital [J]. Tourism Geographies, 2015, 17 (1): 112-133.

[②] Sharpley R., Jepson D. Rural tourism: A spiritual experience? [J]. Annals of Tourism Research, 2011, 38 (1): 52-56.

影响，但小企业主的经验对服务质量并没有影响。此外，客观服务质量先于感知服务质量。

（三）乡村旅游市场研究

乡村旅游企业应通过市场细分明确目标市场。朴等以学习导向和休闲导向两个维度将游客细分为简单逃离群体（the Simply Escape Group）、乡村体验和教育群体（the Rural Experience and Education Group）、家庭教育群体（the Family-education Group）以及学习和社交群体（the Learning & Socialization Group）。

波罗佩纳等指出，市场导向作为商业战略对乡村旅游业的发展具有重要作用。研究采用B2C的观点，从公司角度测量市场导向，以感知价值和行为意向为自变量测量游客感知，建立市场导向（Market Orientation，MO）模型。研究结果指出，市场导向对公司绩效有直接影响（财务业绩、改善乡村旅游目的地、个人影响以及对企业家的无形影响），并对感知价值有直接影响，感知价值对消费者行为有直接影响。波罗佩纳等以西班牙的乡村旅游发展为例，应用空间计量经济学模型，基于分类、信息和通信技术的使用，企业家的性别等因素进行研究，构建乡村旅游企业市场导向选择的解释性模型。研究强调了市场导向对于乡村旅游企业发展的重要性。同时研究指出，企业相对于它的竞争对手所处的位置也可能影响市场导向的采用。

五、乡村旅游影响研究

乡村旅游影响研究包括两个方面：什么因素影响了乡村旅游的发展以及乡村旅游的发展会对当地社区带来什么样的影响。

（一）乡村旅游发展的影响因素

威尔森等采用焦点小组访谈法，对伊利诺伊州东部、中部和南部6个社区进行案例研究，发现10个主要影响乡村旅游成功发展的因素：全面的旅游项目（a Complete Tourism Package）、优秀的社区领导（Good Community Leadership）、当地政府的支持与参与（Support and Participation of Local

Government)、旅游发展所需的充足的资金支持（Sufficient Funds for Tourism Development）、战略性规划（Strategic Planning）、商人与地方领导间的协调与合作（Coordinationand Cooperation between Business Persons and Localleadership）、乡村旅游企业家间的协调与合作（Coordination and Cooperation between Rural Tourism Entrepreneurs）、旅游发展和推广所需的信息与技术支持（Information and Technical Assistance for Tourism Development and Promotion）、会议与访客中心（Good Convention andvisitors Bureaus）、社区对旅游发展的广泛支持（Widespread Community Support for Tourism）。黄和斯图尔特从五个方面探讨对乡村旅游的影响：社区多元化（Community Diversification）、社会边界的界定（Delineation of Social Boundaries）、理想的城镇形象（Conformity to an Ideal Town Image）、共享形象（Shared Image as Asource of Bonding）、社区团结基础的转变（Shifting Basis of Community Solidarity）。可以看出，前者主要强调政府、商人和地方领袖的影响，后者主要强调个人关系与社区团结对乡村旅游发展的影响。

乡村旅游的发展涉及众多利益主体，且由于当地的受教育水平、经济发展水平、文化差异等因素的制约，这一系统的运转更加复杂。莱普研究了当地居民对于最先开始旅游开发的态度，提出把旅游定义为一个复杂的系统可以更好地识别影响当地居民对开发旅游态度的要素，指出当地居民对于最先开始开发旅游的态度和他们对于当地还没开发旅游之前的其他重大事件的态度是相关的。

当地居民对旅游开发的态度受相关文化、经济和社会因素的共同影响。卡滕伯恩等研究了当地居民的环保态度、社区依赖性和经济依赖性与开发乡村旅游态度的关系。研究指出，环保主义对旅游开发有负面的影响，社区依赖性与居民对开发的态度没有显著关系，而经济依赖性和居民对旅游开发的态度显著相关。环保主义和经济依赖性通过影响其他中介变量影响对开发乡村旅游的态度，比如预期的收益和影响。奈斯利和斯德诺研究了文化因素导致的居民不参与行为对乡村旅游发展的影响。研究找出15个能够解释当地居民传统、保守、亲近自然和精神享受型生活方式的因素，其中5个因素可能引起当地居民不愿参与乡村旅游开发。同时，对于文化因素导致的居民不参与行为可以通过五个方面进行改善：当地政府的支持、建立相关文化旅游项目、确定文化保护区域、建立社区文化管理组织、严格监管文化管理进程。

社区的旅游发展水平影响居民态度。史密斯和克兰尼奇通过论证"旅游依赖"假说，证明社区的旅游发展水平和居民的消极态度有直接关系，并将社区归纳成旅游饱和、旅游实现和旅游饥饿三种类型。[1]

此外，学者们专门对性别、民族等特殊影响因素进行了分析。梅森和切恩探讨了新西兰地区村民对一项拟议计划产生的积极影响和消极影响的不同感知，指出性别差异影响居民持有的观点。[2] 尼尔森也在研究农业旅游与乡村旅游的区别和联系后指出，利益集团的支持、性别因素和营销是农家乐旅游发展的驱动因素。[3] 在"农家乐"开发中，有学者专门对女性进行了研究，发现参与乡村旅游并没有使中国女性改变其对文化的态度、放弃传统的院子，反而通过真实地生活和工作成为"真实性农村"的守护者，提高了自己和参与者生活水平的同时，也维持和延长了村庄的寿命。此外，少数民族作为居民的一种特殊类型，有不同于一般居民的特殊诉求。科尼特指出，生计策略会影响少数民族村民对旅游发展的态度，村民们排斥非当地利益相关者的侵权行为，而不是游客，强调了中国旅游发展背景下民族志案例研究的必要性。

一些学者运用了一些独特的方法研究当地居民对于旅游开发的态度，这些工具可以应用到实际的乡村旅游开发态度调研中。舍恩伯格等通过个人构念积储格的方法，研究了社区居民对于"将由传统乡村农业和林业经济及对应的生活方式构成的地方特征打造成基于自然的乡村旅游"的看法，指出应用个人构念的研究方法可以有效地理解地方居民个体对于开发乡村旅游的看法，帮助规划者调和各利益相关者之间的冲突。凯斯科等运用观众反馈系统技术研究社区居民对资源永续发展利用的意见。

---

[1] Smith M. D., R. S. Krannich. Tourism dependence and resident attitude [J]. Annals of Tourism Research, 1998, 25 (4): 783－802.

[2] Masonp, Cheynej. Residents' attitudest 0proposedtourismdevelopment [J]. AnnalsofTourismResearch, 2000, 27 (2): 391－411.

[3] Nilsson P. A. Staying farms: An ideological background [J]. Annals of Tourism Research, 2002, 29 (1): 7－24.

(二) 乡村旅游发展对地区的影响

旅游产业在农村的发展对当地经济、社会和环境的影响是乡村旅游研究的重要问题，大部分研究支持发展乡村旅游可以促进地方经济发展，降低欠发达地区的贫困，但也有部分研究表明，当乡村旅游缺乏社区参与时，反而增加了地区贫困。

德勒利用地理加权回归（GWR）分析美国农村贫困率1990~2000年的变化情况，论证了乡村旅游和休闲的发展降低贫困率、促进经济发展的可能性。布莱登汉和威肯斯提出，乡村旅游被视为促进边远区域经济发展以及改善乡村居住环境的灵丹妙药。姆拜瓦等研究了博茨瓦纳基于社区的自然资源管理项目（the Community－Based Natural Resource Management）对乡村民生的影响，指出当地社区通过该项目发展旅游业，改变了传统的经济手段（如打猎、耕种），满足了基本的生活需求，提供了就业机会，并提高了当地的经济水平和社会服务水平，吸引了社会资金，促进了当地人民生活水平的提高。

乡村旅游的产业链本地化是实现旅游减贫的关键。罗杰森认为，旅游与农业的关系是减贫旅游中的重要研究问题，旅游与农业链的完善有助于欠发达地区旅游的可持续发展，提升旅游的减贫效果，减少旅游饮食消费导致的"食物足迹"。豪华旅行住宿设施（African Safari Lodges，ASD）是南非旅游减贫的重要手段，对其食物供应链的研究显示，尽管相关政策支持负责任的旅游和当地采购，但由于当地的食品原材料生产无法保证质量和数量，ASD的大部分原材料来自城镇的市场。缺乏地方特色食材，一方面导致ASD食品没有特色，无法带来更高的饮食消费，另一方面无法带动当地的农产品生产，使得减贫效果不明显。关键问题在于增强地方生产者和材料需求者之间的交流和信任。政府应通过培训来提高当地食材供应商的能力，促进地方供应商进入食品供应链。

乡村旅游也会给当地社区带来一些负面的社会影响。伯恩斯和巴里（1996）以南非克鲁格国家公园边缘的卢佩斯（Luphisi）村作为案例，研究发现南非的非政府组织和基于社区的组织通过慈善工作及社区自救将旅游作为乡村振兴和减贫的手段，尽管取得了一定的成功，但由于其赞助者大多来自西方国家，尤其是美国和加拿大，这一因素引起了很多还未解决的问题，比如该项目不能使每个人受益，当地人和捐助者之间的不和谐、嫉妒心理蔓延等，进而带来一系列社会问题。

六、乡村旅游可持续发展

维持乡村的原真性是乡村旅游可持续发展的根本。卡因图通过让当地居民拍摄他们愿意分享给游客的照片并进一步整理归类成当地的生活方式、环境特征、建构布局、人、艺术和庆典六个方面。随后从时间和空间两个维度探讨地方居民不愿意与游客分享的内容，指出在旅游开发中可以应用这种方法了解当地居民是如何理解和保护当地景观的，从而塑造真实的旅游景观，进而通过相关规定和解说维持良好的客户关系，减少旅游带来的消极影响。

良好的社区居民关系是乡村旅游健康持续发展的基础。黄和斯图尔特（1998）以韩国济州岛的两个社区为调查对象研究社会资本与乡村旅游发展的关系。研究指出，当地居民的社交圈对个人行为有积极影响，居民间的关系与现存的社会组织可以增强居民的凝聚力，促进乡村旅游的发展，指出要增强乡村旅游中的社区参与度，缩小以领导为中心的关系网。

实现乡村旅游的可持续发展需要协调好各利益相关者之间的关系。约安尼季斯（2001）以塞浦路斯的阿卡莫斯（Akamas）为例，研究在该地政府将旅游作为乡村发展战略的过程中，由于当地乡村社区无法参与决策过程，以及政策制定者的能力不足导致乡村旅游发展对乡村区域实现可持续发展目标所造成的障碍。黄（Hwang D.）等（1999）指出，以社区为基础进行旅游开发有利于乡村旅游的发展，对于当地社区居民与外来旅游开发商之间如何协调提出了建议：召开乡村会议（Town Meetings）、建立居民组织（Formal Organization of Residents）、请愿制度（Petitioning）、公开化原则（Public Demonstration）、合法开发（Legal Action）。

同时，通过在5个社区收集采纳当地居民意见并进行分析，建立了一个乡村旅游发展中便于理解社区身份认同感与旅游产业发展之间的模型。

通过文化的作用来教育人们保护资源是实现资源永续发展的重要方法。比顿（2006）通过乡村旅游的产权意识（Rural Awareness Property Tours，RAPT）和建立社区旅游团体进一步促进土地保护的案例研究了乡村旅游、教育与土地保护之间的潜在联系。研究指出，通过对乡村居民土地保护方面的教育，利用土地资源发展旅游获得收益，从而促进乡村旅游与土地保护的双层发展。未来，学者们可以通过建立土地保护与乡村旅游发展体系进一步促进二者的协调发展。

系统的评价监测体系是乡村旅游可持续发展的保障。朴和尹（Park D. B. & Yoon Y. S.，2003）通过德尔菲法与层次分析法，构建了乡村旅游可持续发展评价指标体系，如图3—3所示。研究指出，乡村旅游可持续发展的测量应从服务质量（Service Quality）、基础设施（Facility）、管理系统（Management System）、产出（Outcome）四个维度进行评价和测量。

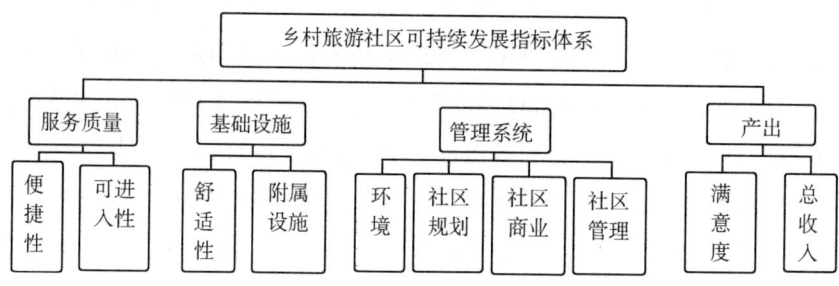

图3—3　乡村旅游社区可持续发展指标体系

七、乡村旅游发展模式

乡村旅游产业在中国的飞速发展引起了国内外学者的关注，他们从不同角度对其进行研究并得出结论。

开端是20世纪80年代的扶贫旅游模式（Poverty Alleviation Through Tourism，PATT）；乡村旅游发展的第二阶段是"农家乐"（Happy Farmer's Home，HFH）产品的兴起与发展；20世纪90年代中期，随着中国5天工作制的推行，中国旅游业发展迎来新的时期，由此为乡村旅游的发展带来新机遇；2001年，乡村旅游试点成立（Rural Tourism Demonstration Examples，RTDEs），2006年，中国旅游年的主题就是乡村旅游。中国的旅游产业在乡村的发展过程中，政府掌握着主导权。现在的发展模式主要有以下几种：度假和休闲导向乡村旅游（Holiday and Leisureoriented Rural Tourism）、依赖于周边大型景点的乡村旅游

(Tourism Operations Depended on Neighbouring Large-scale and Well Known Attractions)、历史和文化城镇中国的乡村旅游（Tourism Operation sin Some Historical and Cultural Towns）、民俗文化村（Folk Culture Villages）、民族和传统驱动的乡村旅游（Tourism Operations Driven by Ethnic Culture and Traditions）、农业发展带动的乡村旅游（Tourism Operation sLed by Agricultural Plantations and Processing）、现代化农社区（Modernised Rural Community Areas）、农业旅游点（Agro Tourismsites）、生态乡村旅游吸引物（Ecological Rural Tourism Attractions）、红色文化遗产和历史遗址（Heritages and Historical Sitesfor the Chinese Communist Party）。苏（SuB，2011）总结出乡村旅游发展的六种模型：家庭经营的小型企业、个人农庄、农户与农户合作、公司加农户、企业加社区加农户、政府加企业加农户。拜伦（2011）总结了乡村旅游在中国发展的四种模式：旅游区模式、目的地依赖模式、非典型模式和组合模式。中国台湾地区乡村旅游发展有两种重要模式：社区主导模式（Community-based Rural Tourism）和主题农场（Theme Farm）。同时，他对比台湾南庄和通霄两个地区的群众对于乡村旅游业的理解，得出城市居民对乡村旅游业的态度。研究指出，社区主导模式相比主题农场，可以通过集中小规模经营活跃社区经济，并能够吸引外出就业的居民返乡就业，可以对地方经济发展产生更有力的"拉力"。然而社区主导模式发展过程中，应注意避免对社会文化和环境的消极影响。主题农场模式发展过程中应保持与当地居民的良好互动和反馈以获取当地居民的支持。

邹统钎（2011）的研究指出，社区利益旅游发展模式（Community Benefit Tourism Initiative）和扶贫旅游发展模式（Pro-poor Tourism）在中国的乡村经济发展中存在一定的固封性，因此发展了CDD（Community-driven Development）模式。在以社区为中心发展旅游产业的村庄，可以利用社区内的资金发展旅游产业，同时提供基础设施的建设，则社区中的每个居民也是旅游产业的参与者。

第二节 乡村旅游的内涵

一、乡村旅游的起源

不同国家的乡村旅游开始方式和时间都是不一样的。

英国是在 11 世纪起源的。当时的贵族征收大量的土地变为自己的狩猎场。英格兰南部的纽福斯特就是 1079 年威廉一世创建的。步入 18 世纪后半叶，受到卢梭作品的影响而产生了社会休闲业。自 1810 年之后，当时英国人民受到斯科特文学和特纳油画的启发大量涌入苏格兰高地。

德国是在 1873 年开始发展的，主要是为了当时社会上的公务员而创立的。从 1914 年开始为白领提供收取旅游费用的休闲方式。但当时开发的旅游地点相对较少，时间大多设置为两周以上，因此吸引了大批游客。这种农场多为女性设立，她们因此获得了较高的地位、实现了经济独立。价格便宜、经营创新与适应性是成功的关键。

在美国，乡村旅游与铁路修建以及国家公园的创办息息相关。这样的情况持续到 1992 年才有所好转，出台了正式的关于乡村旅游的文件。同时出现了专门经营这项事业的非营利性机构——乡村旅游基金，主要的职责是对旅游地区进行规划并制定一系列的发展计划，提供需要的资金资源，同时在国家内进行宣传。他们的口号是鼓励新的旅游业发展，提升当地乡村生活质量，提升旅游产业和休闲娱乐业的知名度，实现旅客可以享受到多种服务，疏解地区人口压力。该组织多年工作的业绩包括：提供网络信息服务；开展州旅游合作计划；开发国际旅游项目；开展全美森林服务项目。另外，美国设立了一条专门的国家景色和历史名迹观光路线，这为世界各地的游客提供了方便的途径，主要是为了保护当地生态环境。

加拿大乡村旅游的两种重要形式是度假农庄和土著旅游。加拿大全国有 700 多个度假农庄，1977 年成立乡村度假农庄协会（CVA），具有多种经营、非专业化的特点，通常兼营垂钓、工艺品制售、草地保龄等项目。1990 年成立了加拿大土著旅游协会（CNATA）倡导自然旅游，分享土著文化和旅游产品，如艺术、服饰、纪念碑和博物馆。

日本的乡村旅游产业主要是参观乡村农场，具有体验性、交流性的特点。同样还有韩国，主要由当地的多户农村用户联合创办。

二、乡村旅游概念

按旅游发生的地域的人居密度可以把旅游分为城市旅游（Urban Tourism）、

乡村旅游（Rural Tourism）与荒野旅游（Wilderness Tourism）。德诺伊（Dernoi，1991）认为，乡村旅游是发生在有与土地密切相关的经济活动（基本上是农业活动）的、存在永久居民的非城市地域的旅游活动。他指出：永久性居民的存在是乡村旅游的必要条件。贾法里（Jafari J.，2005）在《旅游百科全书》中提到：乡村旅游使用乡下地方作为资源，它与都市居民寻求宁静和户外游憩（Outdoorre Creation）的空间相联系，而不仅仅专指与自然相联系。乡村旅游包括游览国家公园、乡村地区的遗产旅游、在风景区兜风（Scenic Drives）并且享受乡间的风光，以及农庄旅游（Farm Tourism，或者叫休闲农业）。

乡村旅游包括一系列组成要素，其主要组成部分是旅游社区，提供文化产品和一系列的乡村活动，如图3-4所示。

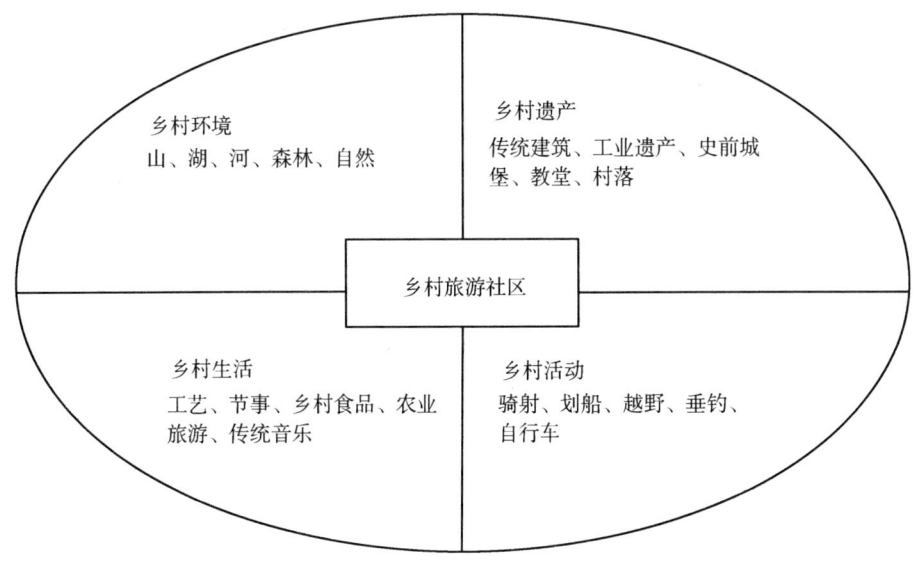

图3-4　乡村旅游构成要素

乡村旅游是出现在乡村地区，以乡村性作为主要特点的旅游活动。

首先，这些活动必须发生在乡村地区，雷赫尔、罗文格特和米尔曼（2012）提到：乡村旅游是在农村进行的旅游。有学者认为对于乡村是无法明确界定其中意义的，可以参考三个方面：第一，主要依靠农产品的区域；第二，生产结构以农业生产为主；第三，居住人口较少的地区，因为很难进行大规模的消费行为。加拿大政府认为，人口密度低于1000人或者每平方千米低于400人的地方就是乡村。① 布拉姆韦尔和莱恩（2013）建议，用访问乡村社区最容易预见的生活方式来界定农村范围。可以理解为是一个稳定的、有固定风俗习惯和风景的地区。小企业了解地方经济，有大量空旷地，与自然接触，社会较为传统，成长缓慢，使用地方资本，旅游活动各有不同。

布拉姆韦尔和莱恩（2013）对乡村旅游产业的界定是发生在农村地区的、范围较小的，同时富有文化内涵的活动。它通常和当地居民及当地政府相关联。由此可见，他们所认为的更为直接的定义乡村旅游产业的条件有如下几点：①发生在农村地区；②与自然相关联但是发展范围不能过大，有深刻的文化内涵；③建筑数量和人口密度都相对过低；④当地文化风俗有一定制约性和限制性，受当地行政部门领导；⑤乡村旅游产业各地区具有不同特点。

其次，在乡村发展旅游业有很大的潜力，这是旅游产业中一个特有的吸引人的地方。雷蒙·威廉斯在《乡村与城市》中写道，乡村产业的发展大多是因弥补城市中的缺失而出现的。如果说都市代表未来，那么乡村则代表传统。乡村是一个相对闭塞、狭窄、稳定的生活圈子。这里居民的交往更富有社会性，血缘联系也更为紧密。

所以说，要想发展乡村旅游产业，在保护生态环境的同时，形成小范围的产业结构。所依赖的三大载体是乡村景色、乡村建筑和风土民情。风土民情是根本的推动旅游产业发展的要素。乡村的原生态保护要坚持经营范围小、村民参与和自然的协调统一等。②

三、乡村旅游的分类

对于乡村旅游产业的具体界定目前仍然没有达到统一，因此在分类上也存在一定的差异性。

国外与乡村旅游相关的旅游主要有：农业旅游（Agrotourism）、农庄旅游（Farm Tourism）、绿色旅游（Green Tourism）、偏远乡村的传统文化和民

---

① Reichel A., Lowengart O., Milman A. Rural tourism in Israel: Service quality and orientation [J]. Tourism Managemet, 2000, 21 (5): 451—459.
② 邹统钎. 乡村旅游：理论·案例 [M]. 天津：南开大学出版社，2017.

俗文化旅游（Village Tourism）、外围区域的旅游（Peripheral Tourism）等。

一直以来，国内对乡村旅游的定义与分类争议很大。卢云亭（2010）将观光农业从结构上分为观光种植业、观光林业、观光牧业、观光渔业、观光副业和观光生态农业六种类型，从功能角度分为观赏型、品尝型、购物型、务农型、娱乐型、疗养型和度假型七个种类。王仁强等（2012）将旅游观光农业分为农业公园、观光农园、市民农园、休闲农场、科技农园、森林旅游、民俗旅游、民俗农庄八种类型。谢花林（2013）将乡村旅游划分为观光型、民俗型和休闲型。黄郁成（2014）则将乡村旅游分为古村落旅游和现代农业旅游两大类。

国内学者目前对旅游业在乡村的发展主要分为以下几类：一是观光型旅游产业模式，主要以绿色资源和田园风光为主。二是以农庄或农场旅游为主，包括休闲农庄、观光果园、花园、休闲渔场、农业科普示范园等形式，以休闲、娱乐为主题的乡村旅游。三是以乡村民俗、乡村民族风情及传统文化为主题的乡村旅游。四是以疗养和健身娱乐为主题的康乐型乡村旅游。

目前的旅游产业在乡村的发展形式主要有"农家乐"、采摘垂钓园区、休闲度假农庄、休闲农业园区、农业节庆活动等。

四、乡村旅游的基本特征

1. 乡村性

旅游产业在乡村的发展独有的特色是乡村性特点，这是乡村旅游业区别于其他旅游业最主要的一个特点。古村落建筑、原生态的田园环境和淳朴的风土民情是都市居民所向往的。广大农村地区保持了原始的自然风貌、迥异的乡风民俗，使乡村旅游在活动区域和活动的对象上具有乡村性。古朴的乡村作坊、原始的建筑风格、真实的民风民俗、土生土长的农副产品，构成了乡村地域的"古、始、真、土"的独特景观，更富有吸引力和旅游竞争力。

2. 体验性

旅游产业本身就是一个多元化的复合型产业，除了本身所提供的物质享受之外，也带有精神层面的享受。很多经典的设立都是为了增强旅客对当地生活的参与感、主体性和娱乐性。乡村旅游产业主要面向的群体是没有深入过农村生活,对田园生活有向往的都市人群,或者本人就出生在农村、试图找回渐渐失落的记忆,或者曾经在乡村生活过,可以重新获得一种曾经熟悉而如今已经陌生的体验。同时,快节奏的都市生活让城市居民对田园生活更加向往。乡村旅游在满足游客"怀旧"和"回归"追求的同时,不仅能够使游客体验到乡村的民风民俗、劳作方式等独具特色的民间文化,而且能够使游客在获得劳动愉悦感的同时,在物质层面和精神层面得到满足。

3. 时空多变性

旅游产业的发展受到季节和地域的影响,不同的季节具有不同的自然风光,同时产生了不同的风土民情。我国乡村文化有着悠久的历史,各个地区的风俗文化不尽相同,都具有其特有的自然风光和风土人情,因而产生了不同的生活生产方式,呈现出多样性特点。

有三个核心概念对乡村旅游发展有借鉴意义。娱乐机会链(Recreation Opportunity Continuum)、可达性(Accessibility)与时间—空间预算(Time－space Budget)。所产生的娱乐产业链有垂钓、兜风、野炊、骑马等项目。在郊区地方发展动物园,在城镇周边的乡村发展名胜古迹的开发,在远离市区的地方发展骑车兜风。表3－4与图3－5反映了休闲时间、旅行时间与乡村旅游区位选择的关系。

表3－4 时间—空间预算

休闲时间	旅行时间	娱乐区域选择
短时间(几小时)	15分钟以内	城市旅游带
一日	45分钟以内	集中休闲带
周末	1.5小时以内	乡村度假带
几天/周末	3小时以内	广泛度假带
长假期/退休	3小时以上	国家或国际级旅游度假地

五、乡村旅游的功能

部分研究人员认为,乡村旅游对农民收入、就业、农村经济结构调整、

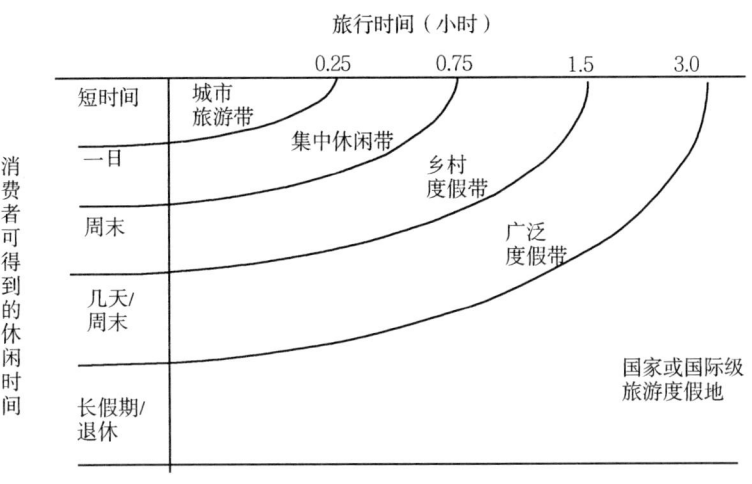

图3-5 时间—空间预算

乡村环境改造等有积极作用。在欧洲持续一个世纪、在美洲持续近80年的乡村地区衰退使乡村旅游的重要性日益凸显。有部分研究者认为，旅游产业在乡村进行发展对带动当地经济发展并没有很大的作用，甚至可能出现一系列负面的影响。比如给经营者带来经济上的损失。受经济大环境影响收入发生大幅度波动。因为物价的飞涨使当地居民收入受到影响。佛莱雪（2012）以以色列的农庄旅游为例，说明因为受到季节影响旅游产业所带来的经济效益对拉动当地经济增长作用不大。

旅游产业在乡村的发展被大多数人看作是农业产业的替代品。根据世界各国发展经验，旅游产业的发展给当地居民带来了可观的收入，提供了大量的就业岗位，促进农村产业结构的优化升级。有利于基础设施改造，带来了新的思想和新的文化，让游客体会到田园生活的乐趣，促进了处于不同生活群体间的交流。比如，北京的农家乐实现了"零距离就业，足不出户挣钱"。一些传统文化聚集地区因为旅游产业的发展使传统文化在其他地区得到流通。根据大数据统计，贵州因为发展了旅游产业已经有70多万农民脱离贫困线。

对乡村旅游效应的研究经历了三个阶段：20世纪六七十年代的"赞扬"（Advocacy Platform），主要指对旅游的经济影响的正面评价；20世纪70年代中期后的"谨慎"（Cautionary Platform），指对旅游积极影响的质疑、对过度开发与无序开发带来的环境问题提出批评；近年来的"适应"（Adaptancy

Platform),主张进行干扰少的、对地方需求更敏感的、更多依靠本地资金的开发。

总体来看,乡村旅游具有很强的效益放大功能,农业与旅游结合,使农产品升值,带动旅游总收入提高,其模型为:$R=r \cdot (1+p) n \cdot m$,其中,R表示旅游带动的总收入,r表示无旅游带动效应的收入,p表示乘数效应系数(一般为0.1~0.4),n表示带动的产业链环节数,m表示旅游的放大效应系数(一般为3~4)。

六、乡村旅游发展与管理的演变历程及演变特点

(一)乡村旅游发展与管理的演变历程

20世纪中期,乡村旅游兴起于欧洲发达国家,但真正大规模地开展则始于20世纪80年代。可以说,乡村旅游是现代旅游文化中的一项新事物,但却以极快的速度在世界各国得到兴盛,有着非常广阔的发展前景。从以往经验看,旅游产业的发展有着明显的阶段性,大致分为以下几个方面。

1. 传统乡村旅游阶段

传统阶段起源于19世纪中叶,传统乡村旅游不仅包括西班牙学者Rosa R.所说的"回老家"度假形式的乡村旅游,同时包含从古代和中世纪的城市产生之后就存在的分散的、无组织的各种乡村旅游活动。而后,工业革命作为一个转折点,促使乡村旅游迈入了崭新的、充满活力的近代旅游时代。但由于这一阶段的乡村旅游具有自发的、无组织的、分散的特点,因此,很多学者在国际乡村旅游阶段划分时并未将这一阶段包含在内。

2. 乡村旅游初步发展阶段

19世纪中期到20世纪中期是乡村旅游的初步发展阶段。国内外的乡村旅游在初始阶段,都经历了一段较长的发展时间。这一阶段呈现出以下三点特征:①产品结构单一,产品档次低。②小规模经营。旅游产业在乡村的起步阶段是在原有房屋的基础上开展起来的,采用一家一户的方式,规模较小。③乡村旅游发展之初,鉴于旅游者的支付能力和对旅游的认识,初期的旅游者以本地城市中等收入家庭为主。他们大多以周末出游的方式到周边乡村旅

游地亲近自然、放松身心，以释放来自城市生活的压力。

3.大众化时代的乡村旅游阶段

20世纪50年代开始，旅游产业加入了飞机这种交通方式，汽车得到广泛普及。经济的发展让人们有了更多的时间去享受大自然，开启了大众旅游阶段。20世纪70年代以后，欧洲、北美、日本、澳大利亚等经济较发达地区的乡村旅游进入迅速发展阶段。因此，20世纪中期到后期，是大众旅游的主要发展阶段。该阶段的主要特征为：①产品类型多样化；②扩张、兼并、规模化经营；③旅游者趋向普及化。

4.新经济时代的乡村旅游阶段

旅游行业在外国的发展在20世纪末步入新经济时代。乡村旅游在这一阶段呈现的主要特征如下：①乡村度假和个性化旅游得到发展。相比于上一阶段大规模、同质化的旅游需求，市场需求开始趋向微观多样。②供给随着需求的变化而变化，乡村旅游产品的经营也开始注重专业化和品牌化。在西欧一些发达国家，如英国、法国、德国、荷兰等，各具特色的乡村旅游主导产品已经出现。③跨区域游客数量增多。伴随着品牌效应和旅游地区的开发，客源开始越来越复杂。很多著名的景点吸引着世界各地游客前来欣赏。乡村旅游业因此也具有国际化发展潜力。

(二) 乡村旅游发展与管理的演变特点

乡村旅游发展与管理的演变呈现出以下五个方面的特点：第一，农民由自己经营向各级政府规划引导转变。第二，从简单的"吃农家饭、住农家院、摘农家果"向回归自然、认识农业、怡情生活等方向转变。第三，从最初的景区周边和个别城市郊区向更多的适宜发展区域转变。第四，由一家一户一园的分散状态向园区和集群发展转变。第五，从以农户经营为主向农民合作组织经营、社会资本共同投资经营发展转变。[①]

---

① 邹统钎.乡村旅游：理论·案例[M].天津：南开大学出版社，2017.

第三节 乡村旅游的支撑

步入 21 世纪后，中国和世界其他国家相比发展较为迅猛，城市化发展速度也逐渐饱和。越来越多的外国社会学家把中国的城市化进程和美国的高科技看作是影响 21 世纪以来人类发展进程的非常重要的元素。都市中的车水马龙、灯光的五彩斑斓让人们可以享受到大都市的发展成果，相应地也促进了人们内心对于精神文明的向往和对于精神更深层面的追求。哪里才是心灵的最终归宿是人们不断思考的问题。

原始农业社会只有农耕和日出工作、日落回家的淳朴生活方式。但正是这样的劳动人民创造了中华民族几千年来的辉煌文化，后来发展了工业，创造了现代文明。所以，现在的人们对原始的田园生活有种天然的向往感，就好像婴儿之于母亲的自然的亲近感。这是人们对祖先、对过去落叶归根的愿望和期盼。在过去的几百年中，西方社会都因城市化进程的快速发展而骄傲，但随之带来的快节奏的生活方式使更多的都市人们渴望远离都市的喧嚣，回归到简单的淳朴的乡土环境中。

旅游产业在农村的发展是基于市场需求而发生的。它拉近了人与人、人与自然的距离，让工业社会和农业社会联系的更为紧密。

一、乡村旅游的文化传统与审美积淀

古诗中有很多描绘田园风光的诗句，如"采菊东篱下，悠然见南山"的恬适安逸，"梅子金黄杏子肥，麦花雪白菜花稀"的烂漫优雅，"蓬头稚子学垂纶，侧坐莓苔草映身"的稚拙纯朴，"桑柘影斜春社散，家家扶得醉人归"的和谐欢快。这是几千年来中华民族文化的摇篮，闪耀着绚丽夺目的历史文化，原始的农耕生活，舒适安逸的居住环境，纯粹深厚的土地，还有当地的风土民情都是都市人们所向往的家园。"闲"来寻几树渊明桃花，兴起听数声稼轩鸣蛙，它是我们心中永远的"世外桃源"和对生命本真的追求。这正是读书人的乡土情结和田园情怀。

荣格在"情结理论"中提到：导致人形成情结的真正原因是"集体无意

识"，这是一种"人从祖先那里继承的意向"，即一种种族化的原始意象。[①] 由此可以看到，都市人所追求的是潜意识在行为和心理方面的反映。农耕文化在我国发展经历了几千年的历史，从商鞅的"垦草"农耕思想到"重农抑商""耕读为本""男耕女织"，形成了中华文化和精神的重要一部分——乡土文化。让一代代文人和政客在田园生活中放松心灵，找到归属感，为自己的心灵留下一片净土。几千年沉淀的文化底蕴附着在未经污染的乡村净土，引发很多人心灵深处对于田园风光的向往。这种心理定式和行为模式在一代代中国人心里留下深刻的影子，让越来越多的都市人去乡村寻找一片净土。

二、乡村旅游的文化支撑

旅游产业在乡村的发展，大多依附于当地的特色文化、农业生态等因素进行，以放松在都市中快节奏的生活方式，让游客体验到田园原始景色。既带来可观的经济收益，又让市民和村民之间产生了深刻的交流，带来了新思想新理念。乡村旅游产业的发展到底应该运用什么样的理念进行发展呢？

在一百年前，德国哲学诗人曾唱道：

……

阿尔卑斯山峦鬼斧神工，

那是远古传说中天使的城寨，

但何处是人类莫测高深的归宿。

……

德国哲学家海德格尔说："每一个个体被困窘在一种专业范围内，在这个范围内根本不能叫灵魂生存。在这个民族里，没有任何神圣的东西是不被亵渎的，不被贬为可怜的随随便便使用的东西的。"现代人的无家可归感，是由于技术把人从大地分离开，把神性感逐出了人的心房，冷冰冰的金属环境取代了天地人神的四重结构的天地。技术、功利、实用把人引离故土，上天入地，冥思被遗弃了。又说："现代人被逐出了故乡，即使留在故乡的人也没有了家。他们一天又一天一小时又一小时地被电视广播吸引着，一周又一周的电影又把他们带到既不寻常却又

---

① 常若松．人类心灵的神话：荣格的分析心理学［M］．武汉：湖北教育出版社，2001．

习以为常的想象的领域,这是一个伪装出来的世界,根本就不是世界。随手拈来的画报,现代的通信工具挑动着人,搅动着人,折腾着人。所有这一切比那种围绕着农家院落的自家田园离人还要近得多,比天地之上的天空、比昼夜运转的时间、比村庄的风俗离我们都近。"①

目前所开发制定的一系列措施侧重点都致力于物质和经济上的发展,其中的内涵并没有被大众所熟知。旅游产业要想在乡村得到发展,就要更加注重精神文化层面的包装。庄子认为,人的生命意义在于实现精神和灵魂上的自由,在于实现与大自然的和谐统一,本质是精神对自由的回归。现在,高科技的快节奏生活往往让人在欲望中迷失方向,乡村这片净土就是对人们精神家园的重建和保护。不失去本身的灵魂和根基,为游客提供一片使精神得到升华的净土。

旅游产业在乡村的发展源于都市人群对于田园生活的向往和对于古朴生活的诉求,现代人被逐出了家园,人们渴望回到久违的家,"乡村旅游与其说是在'乡村空间'里旅行,还不如说是在'乡村概念'中旅游"。所以要重塑都市人群需要的精神家园,实现人与自然的和谐统一。从这个层面来说,对乡村的重组就是对文化精神家园进行重塑和构建,并不是现在所出现的度假村、农家乐等形式的旅游方式。被快节奏思想侵蚀的不仅有城市居民,农村居民思想也受到一定影响,只是层次有些不同。旅游业不管在乡村如何发展都不能破坏原住民的生活结构,要保护重塑村民的精神层面需要,然后才可以在此基础上发展旅游产业。旅游业在乡村的发展不全是为了提高当地经济水平,提高居民收入,更重要的是保护和重建精神层次的产物,不单单是"旅游拉动内需"的口号,也是对人的本质的最原始的回归。不是体验和感悟,而是构筑乡村"山水画、田园诗、文化歌、生活曲、梦幻情"之人类心灵栖息地的梦想天堂。

东方生长起来的乡土性文化是一种诗性文化,是一种以人为本、关注生命的道统,它提倡的是道德文章、灵动文思和生命文化。② 乡村文化所建立的物质载体一旦消逝,乡村文化就失去了存在的根基。乡村地区的文化强调融

---

① 海德格尔. 技术的追问 [M]. 李小兵等译. 北京:东方出版社,1995.
② 刘铁芳. 乡村文化的危机 [J]. 中国老区建设,2006 (12):42—45.

于自然，与自然和谐。为了配合旅游发展，当地的各种设施被全盘地城市化，原有的土房、木房、石板路逐渐被改造。一旦失去乡村文化生存的土壤，乡村文化就失去了它的本色，也很难传承下去。乡村文化的核心价值观在城市化进程和现代旅游业的开发中正在被城市文化干扰或同化，这是我们发展乡村旅游应关注到的问题。

三、乡村旅游的物质支撑

物质支撑主要有自然生态环境、农村建筑群落、农作物景观和风土民情等因素。所以说，其中的风土民情才是受众真正需要的。这满足了都市旅客对于自然的向往，放松了快节奏的生活模式，远离城市的喧嚣享受自然的风光。有调查表明，城市旅客最希望看到的是古朴的景色，小桥流水、渔舟唱晚或者袅袅炊烟等有丰富乡村意蕴的景色。但城市化过快发展或多或少地影响了乡村的自然风貌，也对当地居民的思想观念造成一定的冲击和影响。

第一，城市化已经波及乡村地区，在一定程度上影响了当地生态环境。当地居民的居住文化也受到冲击，从过去的小规模生活方式转变成为城市化的集中式，传统的村庄部落有些已经消失。因此，对于原生态环境的保护势在必行。要保护传统的古村落模式，同时即将出现的新型农村要充分考虑到很多因素，比如如何继承和发扬传统文化，怎样剔除过去腐朽落后的文化，而建设文明的、绿色的新型乡村。从古代诗歌看，很多描绘自然风光的诗歌都依托了乡村文明这一载体，不断丰富和扩充了乡村文化。从现代人和乡村旅游产业的发展角度分析，历代发展起来的恬淡素静的文人村居园林和明清之际的文人园林对构筑乡村"山水画、田园诗、文化歌、生活曲、梦幻情"之人类栖息地的梦想天堂不失为重要的艺术源泉。

第二，城市化进程的过快发展冲击到传统农耕产业发展。占用土地进行城市化建设和原有的农耕土地也产生了一系列矛盾。重点是建设用地和保护耕地资源之间如何协调的问题，即人们温饱和发展经济，也就是工业建设和环境保护方面的问题。[①] 如果耕地被大量征用，自然农作物质量也就有所下

---

① 宋戈. 中国城镇化过程中土地利用问题研究［M］. 北京：中国农业出版社，2005.

降。既威胁到了土地基础，同时和建设新农村的要求不相符，不利于人与自然和谐共处。

第三，城市化发展速度过快会影响农村的生活结构，同时也对农民的思想观念造成一定冲击。一些农民工大量涌入城市寻求谋生的道路，但他们普遍素质不够高，文化程度也相对薄弱，加之受户籍制度影响，令其处于一个非常尴尬的局面，生活环境和生活条件得不到保障。人口城乡迁移"门槛"和二元户籍制度使得多数农民不愿放弃作为生存之本的小块土地的经营权，造成"兼业"现象。他们守着"进有致富之路，退有善生之本"的重土安乡念头，形成了"离土不离乡，进厂不进城"的局面。他们守着家里的田地，但又不耕种，出现了土地搁置的问题，浪费耕地资源。乡村文化和生态环境也因此受到了破坏。只有努力把乡村建设成为"生产发展、生活宽裕、乡风文明、村容整洁、管理民主"的人类新家园，凸显精神和物质的完整性，才能推动乡村旅游产业的有序发展。

旅游产业的发展带来的影响是好坏参半的，虽然推动了经济的发展，但同时也对传统文化造成了冲击。目前旅游业出现的问题有：不考虑受众需要和市场要求盲目进行规划设计，甚至有强烈的人工痕迹，模仿城市景观，与受众所需要的服务不相符。原生态元素被破坏，缺少了原有的古朴性，魅力有所减退。歙县政府免费为农民建房，所盖建筑有当地民居特色，内部基础设施也更为完善，很好地解决了现代性和古朴性相矛盾的问题，既保护了乡村风貌，又提供了受众所需要的服务，值得全国各地旅游产业借鉴。[①]

四、乡村旅游的产业支撑

旅游是为了获得内心的满足感和充盈感，乡村旅游也应达到这种要求，应该发展成为一个可以满足城市居民的内心满足感的一种美的享受活动。中国人心中的乡土情结和田园情怀，是乡村旅游产业能够持续发展的内在动力。

陈望衡表示，现如今我们正处于后工业文明时代，也是城市化发展步入

[①] 黄成林. 乡村旅游发展若干问题研究 [J]. 安徽师范大学学报（自然科学版），2006（4）：390－393.

成熟的阶段。想要回归到原始的古朴田园生活未免有些不够现实。这句话有一定的道理，但其中所蕴含的自然资源思想和人们对古朴生活的向往可以通过重建生态环境借助科技的力量实现自然性及文化性的和谐统一。但这种人工的措施显得人类在大自然面前过于被动，文化性逐渐被隐藏。那种希望的自然性，其实是通过压榨乡村文化表现的。如果是这样的自然，那么就和人们起初的理想偏离了。① 美国自然保护主义者约翰·缪尔终其一生为保护荒野呐喊奔走，仍挡不住资源保护主义者号召走可持续发展永续利用的道路。曾任美国国家林业局长的吉福特·肖平说过，"明智的利用和科学的管理"，荒野正在现代文明的逼迫下败退着。②

在笔者看来，古代诗中所描绘的田园生活并没有完全消失，在某种程度上是可以重新塑造的，具体做法是要顺应时代发展规律，遵循自然环境发展，结合当代高科技技术，这样做就可以还原古代诗人所描绘的画面。这样的做法从某种程度看是顺应自然发展的，同时有着很强的社会意义，不单单是简单的返璞归真，还应该拥有吉福特·肖平的理智，约翰·缪尔的情怀，立足于人类发展和解放的角度规划乡村旅游发展。

旅游业的发展需要开辟新路径，乡村旅游的发展为其提供了一个新的发展思路。只有了解群众需要什么，才能更好地发展。可以充分利用群众的情怀梦想等精神层面的因素来建设旅游景区。给人大脑的映像或是一幅泼墨山水画，或是一首田园诗，或是古朴纯粹的民歌。从都市快节奏的生活中解放出来，在青山绿水的环境中享受大自然的美好。

发展乡村旅游业有很多好处，从某种层面看是优化农村产业结构、促进发展的有力途径。乡村旅游业要有发展潜力，可以利用农村、农民、农业三个因素，通过对农民生活环境进行改善，对田园环境进行保护，促进农业生产转型等方式将旅游业推广到全国各地。同样地，也促进了乡村经济社会的发展，丰富新型农村内涵。旅游业的发展同样带动了经济增长，提供了大量的就业岗位，避免了新的城市二元化的尴尬局面。相关数据显示，目前乡村

---

① 陈望衡，陈李波.自然性与文化性的统一［J］.武汉大学学报（人文科学版），2006（9）：545-550.
② 侯文蕙.荒野无言［J］.读书，2008（11）：57-66.

旅游景区每年可接待游客超过 3 亿人次，收入提高到将近 400 亿元。通过发展新型产业，自然会带动新型农村建设。有计划地发展旅游业，不仅可以改善当地的经济条件，同时也为当地居民带来了新的思想，有利于农村解放思想、发展生产力，开拓农民的眼界。只要合理协调与生态自然间的关系，旅游业的发展将会是非常有潜力的。

通过分析上述状况，就是要在粮食产品的增收稳定前提下调整产业结构，让农产品生产朝着更加绿色的、环保的、安全的方向生产。旅游业的出现正是调整产业结构的一种方式，是促进新型农村建设的有效方式，是实现居民田园梦的有效途径。

第四节　乡村旅游资源

一、乡村旅游资源的概念和特性

（一）概念

旅游产业在乡村的发展是一系列因其所具有的审美和愉悦价值而使旅游者为之向往的自然存在、历史文化和社会现象。乡村旅游资源不仅仅指农业旅游资源，也不只包括乡野风光等自然旅游资源，还包括乡村村舍、集聚部落、风土民情、农业生产活动等人文旅游文化资源，包括看得见的和看不见的资源。

（二）概念范畴解读

乡村旅游产业在我国的快速发展，关于旅游业在乡村发展的研究不断推进，对于乡村旅游的定义也被重新定义。郑凤娇（2006）认为"乡村旅游资源包括乡村农事生产、农村民俗文化和田园风光"。杜江（2008）认为"乡村旅游资源主要包括农业生态环境、农业文化景观、农事生产活动"。王兵（2008）认为"乡村旅游资源是以乡野农村的风光和活动为吸引物"。

通过以上分析可以看到，旅游产业在乡村进行发展所涵盖的范围非常广泛，但不能扩大至除城镇外的所有资源，是生态环境资源、文化资源和社会旅游资源三部分构成的有机整体。

一是乡村自然旅游资源，包括气候条件、风光地貌、水文条件、动植物资源等，这些天然环境构成乡村旅游的生态本底，如一些紧邻山河湖海的乡村具有更加旖旎的风光和更加优越的环境，自然而然地形成旅游吸引。但长久以来，很多乡村地区的环境和气候资源并不被认为是旅游资源。东北的冰雪就是一个很好的例子——我国东北地区冬季漫长寒冷，降雪较多且积雪时间较长，从传统视角来看并不是开展乡村旅游的好时节，但在市场的视角下，这种丰富的雪资源对来自其他地区的游客构成极强的吸引力，以雪乡为代表的一批冬季乡村旅游精品应运而生，让特有的冰雪资源得到了充分利用。类似地，我国山地乡村的避暑气候、南方乡村的避寒气候等，也都属于自然性乡村旅游资源的范畴。

二是文化民俗资源，有传统建筑、农耕文化、风俗节气、民间艺术四种类型。这是文化资源所独有的特点。文化旅游资源不仅包括具有观光、访古、探奇价值的古镇古村、名人故居、民族建筑等物质文化元素，非物质文化元素如地方节庆活动、乡村文化习俗等，也成为极具当地性的旅游吸引物，甚至本地人习以为常的事物——如农舍、商铺、物产乃至猪圈等乡村文化元素，经过创意的包装也成为提供独特体验的载体。因此，在市场的视角下，乡村文化的方方面面都有可能成为引起旅游者共鸣的重要资源。

三是乡村社会资源，是由乡村特有的经济活动、社会结构、科教成就等所形成的吸引物，兼具一定的生态性和文化性，包括乡村景观风貌、乡村经济成就、农业旅游资源、社会好客精神等。如江苏华西村的经济水平、云南摩梭村寨的母系氏族社会、浙江余村的"两山理论"起源，都成为全国知名的旅游胜地。值得一提的是，农业旅游资源因农业这种经济活动而产生，也是一种社会性资源。丰富的农业景观、农事活动和农业物产等，可供游人观光、体验和购买，是自然生态基底和人类主动创造的深度结合，也是乡村旅游资源重要的组成部分之一。

需要注意的是，构成乡村旅游资源的三个部分并非截然分开、彼此对立，而是相互融合，横跨自然和人文旅游资源大类，从而构成了旅游资源大族群中的一个重要分支。

(三) 资源特性

一般而言，旅游资源所具备的多样性、吸引性、不可移动性、非消耗性、可创新性等特点，对于乡村物质文化资源也是一样的。但旅游产业在农村地区的发展和生态环境、经济水平、社会结构、乡村产业和乡土文化密不可分，又会体现出更加独有的资源特性，对于这些特性的了解，有助于我们更好地发掘和评价乡村旅游资源，并以此为依据进行乡村旅游资源的利用和保护。

1. 乡土性

20世纪以来，乡村和都市的并存构成了重要图景，在中国更是如此。"从基层看去，中国社会是乡土性的。"费孝通先生在《乡土中国》一书里开门见山地给读者打开了认识乡土性的一扇大门。"乡村旅游"，是旅游必须紧密地与乡村资源环境、乡村社区环境和生产生活环境相融合，这种有别于城市、专属于乡村的本质属性，构成了乡村旅游资源的乡土性。

虽然在制度改革与市场经济的叠加作用下，费孝通笔下当年的"乡"与"土"都在发生着深刻变化，乡村地区正在经历深刻转型。但长久以来，许多乡村仍然延续了自给自足的生活，秉承日出而作、日落而息的作息，形成了与城市人快节奏、忙碌生活相对应的闲散自由的生活方式。此外，乡土气息浓厚的民间艺术、绿水青山的乡村环境，为乡村旅游打上了更为鲜明的乡土烙印。可以说，乡土性越强，与城市形成的反差越强，这样的乡村旅游资源才更加具有吸引力和竞争力。远在故乡的愁思、童年留下的乡村回忆，还有忘不掉的乡土民情，正是都市人对于田园生活的需要。

乡土性虽然是乡村旅游资源最专属的特性，但不仅体现在乡村地区，还作为中国重要的文化特色，在新型城镇化进程中发挥重要作用。在21世纪的今天，在变化多端的国际浪潮中，从迷失的都市中找寻故乡的净土，自然会关注到乡土性。2013年召开的中央城镇化工作会议中谈到，"把城市放在大自然中，把绿水青山保留给城市居民……让居民望得见山、看得见水、记得住乡愁"。乡土性的保存，已经成为我国城镇化战略的基本共识之一。

乡村旅游资源的乡土性是其吸引力的主要内容，但也容易出现资源替代性强、市场影响力有限等问题。这就需要找到一个突破点，用心用情打动城市人——乡村旅游的主体客群,让乡土性成为人们梦中的世外桃源。沈从文在《边城》中所构架的湘西风土故事描绘传统的文化景色风光。故事发生在花垣县边城镇,国内外无数文人骚客前来观光采风,从而带动了当地乡村旅游业。这让当地政府看到了乡村旅游的潜力,随即在2005年将原有的"茶峒镇"正式更名为"边城镇",从命名的角度,充分体现了旅游资源的乡土性,扩大了其资源影响力和独特性。

2. 时令性

从前述旅游资源在乡村可以看出,其中既有自然资源,又有文化、人文因素,而且和农村的生活作息也有紧密联系。自然旅游资源和农业生产常常受到自然条件的周期性影响,如气候变化、水热条件、四季变更等,从而产生明显的周期性。人文旅游资源中的岁时节令、生养婚娶、游艺竞技等也常常集中在某一个时期。正是由于乡村旅游资源的以上特点,导致其在时间分布上呈现出一定的周期变化,这种跟随时令而变的周期性模式,就是乡村旅游资源的时令性。

"掌握季节,不违农时"是农业生产最基本的要求之一。古农书《齐民要术》上就写道:"顺天时,量地利,则用力少而成功多,任情返道,劳而无获。"

从古至今,节气和时令就与农业生产有着紧密联系,时令性对乡村旅游资源的影响力也不言而喻。在乡村地区,许多景物在一年四季中显露出不同的美,例如有着"世界梯田之冠"美誉的龙脊梯田会随季节的更替而变幻无穷,春如层层银带,夏滚道道绿波,秋叠座座金塔,冬似群龙戏水。有些景点有特殊的时令性,只有在某一特定的时间季节才会展现出最好的景致,比较出名的有日本的樱花季、中国江西婺源的油菜花季、中国雪乡的雪季等。再者,像泼水节、三月三等民族节日,也只有在特定的时间内才可以参加,因而旅游应"当令""当时"。

而当乡村旅游资源的时令性作用在乡村旅游产业之上,便会使旅游者人数和旅游收入在不同时节体现出差别,即有了旺季、平季和淡季的区分。有的学者将这种差别称为旅游中最容易理解却最难以解决的问题,也有学者认为这种"潮汐式波动"是全球旅游的主要特征。通常来看,旅游资源的多样性越强,可吸引市场的混合度越高,旅游资源时令性所带来的淡旺季就越不明显。在实践中，各地也常常通过不同时节的资源搭配，以最大化时令性带来的优势，降低时令性的负面影响。桂林灵川县海洋乡就充分利用成规模的银杏、桃林、山地等乡村旅游资源，形成"春赏万亩桃花，夏品优质水果，秋看金色杏叶，冬观高山雪景"的四季乡村旅游格局。

3. 民族性

我国民族的特点是大杂居、小聚居。分为5个少数民族自治区和26个少数民族自治州。有一部分少数民族分布在偏远的、寒冷的、地理环境较为恶劣但是面积广泛的地区，这些地区在发展旅游业方面有非常便利的条件。原生态的农耕生活和传统的独特的人文历史因素的民族乡村景观以及淳朴厚重的民族风情，共同构成了乡村旅游资源的民族性特征。

民族性为不少落后地区的振兴提供了方向。因为一部分少数民族在社会结构和经济方面存在薄弱点，同时在发展旅游产业上有着天时地利的条件。有学者认为，民族村寨是开展民族文化旅游最好的地区，是一种能够全方位、集中展示最真实民族文化的旅游资源，这里的民俗是活着的民俗，是正在发展着的民俗。内蒙古自治区的蒙兀室韦苏木就是一个鲜活的例子，在旅游扶贫的带动下，农牧民生存条件有了很大的改善。有关数据表明，从事旅游产业的农户有一半左右，平均每户收入在10万~20万元，实现了脱贫致富。

民族性还为中国元素的国际化做出了重要贡献。"民族的就是世界的！"这已是人类的共识。越是民族的，就越是世界的。特别是边远的少数民族，不仅对国内游客具备独特吸引力，更是吸引国际游客的重要筹码，让国际游客除了到访"京、西、沪、桂、广"等传统目的地外，也能来到极具民族性的乡村地区，体验另一种意义上的中国。1986年，在法国巴黎金秋艺术节上，贵州黎平侗族大歌一经亮相，技惊四座，世人方知侗乡在黎平。如今，被称为"侗乡之都"的贵州黎平，已经拥有90多个中国传统村落，被众多法国游客称为"让灵魂得到释放的地方"。

4. 脆弱性

旅游产业之所以在农村有很大的发展空间，正是因为越来越多的城市对田园风光景色的留恋，希望有机会深入其中进行体验。其中独特的人文历史因素吸引着受众。目前，高质量发展的乡村资源很大一部分分布在偏远地区，原始形态的保留程度较高，如果一经破坏，则很难恢复原来的面貌。同时，由于乡村地区经济条件与生活水平相对落后，当地可能会通过一些不合理的更新改造和开发建设来提高生活水平，在很大程度上对乡村旅游资源造成不可逆的破坏。加上乡村自然资源和文化条件通常比较薄弱，与一些绿水青山的地方相比有一定的劣势。

从资源的分类入手，生态环境容易受到破坏的方面有两个：

一方面是乡村生态资源的脆弱性。乡村生态环境是一个自然生态系统与社会系统共同组成的更为复杂的大结构，不单单是旅游活动的客观环境，也是广大农民赖以生存与发展的基础。因此，对乡村旅游资源进行开发利用时，必须遵循生态学的规律，把保护乡村生态环境放在重要位置，始终坚持保护性开发原则。以怀柔雁栖镇的"虹鳟鱼一条沟"为例。这里的水源有悠久的历史，也是当地居民的生命之源。旅游产业带来了极大的客流量，拥有上百家集虹鳟鱼观赏、垂钓、烧烤、食宿、娱乐于一体的垂钓园和度假山庄，严重污染了水质，使当地居民日常生活受到极大的影响。如果不进行源头上的把控，越来越多的住户和商家会受到严重影响，对生态资源造成更大的破坏。

另一方面是乡村旅游文化资源的脆弱性。旅游活动发生发展的过程也是不同性质文化相互接触、碰撞、取舍、融合的过程。城市居民是参加乡村旅游的主要群体，其所表现的带有侵略性的文化，由于乡村地区的淳朴文化相对较弱，那么必然会对乡土文化造成冲击。根据文化的趋同性，在活动的过程中，乡村居民会受到旅游者所携带文化的影响，从而在观念上趋同于城市游客的"强势文化"，丢失原有的一些传统文化观念。广西巴马的案例就充分体现了其长寿文化资源的脆弱性：随着乡村旅游的发展，巴马人受外来饮食文化的影响，不再以蒸煮清淡饮食为主，煎炸、膨化食品等油腻食品比重上升，良好的饮食结构被打破，加上从事体力劳动的人口比例减少，益寿习俗逐渐退化，从而对巴马人的健康长寿形成影响。

二、乡村旅游资源的分类

在乡村旅游大发展的热潮中，国内外研究人员对旅游产业在乡村的发展进行了长时间的调研。但由于其中的复杂性和时代发展性，对资源的具体分类没有达成统一划分标准、分类标准和分类方法。常见的分类方式是依据国家文化和旅游部于 2003 年 5 月 1 日颁布的《旅游资源分类、调查与评价》（GB/T18972—2003）的分类体系对乡村旅游资源进行类型归属，如邹宏霞等（2005）结合乡村旅游资源的特性与内容，将其分为自然景观、人文景观两大主类，地质景观、水体景观、气候景观、生物景观、历史遗迹景观、聚落景观、民俗景观、农业景观、农村工业景观九个亚类。王敏等（2006）借鉴前人研究的成果，并考虑乡村旅游资源的特点将乡村旅游资源分为主类、亚类和基本类三个层次，主要包括：乡村自然生态景观、乡村田园景观、乡村遗产、建筑景观、乡村旅游商品、乡村人文活动、民俗文化、乡村景观意境八个主类，23 个亚类。

旅游资源分类的目的是"更好地把握旅游资源所具有的核心竞争力，并更加有效地将潜在的旅游需求转化为现实的旅游需求"，而基于《旅游资源分类、调查与评价》（GB/T18972—2003）的乡村旅游资源分类方式着眼于乡村旅游资源的自身特性，在乡村旅游资源的多重性，尤其是与市场需求的结合方面显得十分不足。乡村旅游资源是一种复合型资源，多角度地对乡村旅游资源进行分类有助于增强资源的现实效用性。本书基于旅游规划实践，从资源的保护、挖掘、开发利用等方面对乡村旅游资源进行分类研究，意图加深对旅游资源属性和价值的再认识。

（一）基于资源属性的分类

比较普遍的是根据资源本身的性质，将其划分为自然旅游资源和人造旅游资源两大类，这种划分体系最早由 M. 彼得斯提出，由于使用的分类依据比较直观，操作起来也比较容易，本书在这一分类的基础上，根据常见的旅游资源事物的基本性质，再结合当地的实际情况，将资源划分为三种类型。

1. 自然旅游资源

自然旅游资源顾名思义就是大自然所带来的馈赠，是由地貌、气候、水文、土壤、生物等要素组合的自然综合体，是形成乡村旅游资源的基底和背景。在自然资源各要素的影响下，会形成乡村景观的地域分异规律，如农业类型、农作物分布、民居形式等。这对于发展旅游产业是非常吸引人的卖点。根据当地具体的情况，地形形成特点美学特征，可将自然旅游资源分为以下几种：

气候条件。如光照充足、空气清新、清凉避暑、干爽宜人等。一方面，气候条件影响着动植物分布、土地类型、耕作制度及民居类型，对乡村景观起着巨大作用，影响乡村旅游活动的开展，如元阳的壮美梯田、婺源古村的油菜花海等就是受气候条件的影响形成的特有景观；另一方面，气候条件是形成乡村旅游资源季节性特征的重要原因，即随四季的变化而形成的农业生产、社会生活的季节性变化规律。

风光地貌。地貌条件对乡村景观的宏观外貌起着决定性的作用。其中，海拔的高低、地形的起伏决定了乡村景观的类型，如江南平原地区的水乡景观、山区的梯田景观等。而地貌条件也制约着一些地区资源的利用和开发程度，从而影响各地乡村的社会经济和人们的生活状况，形成不同经济发展水平的乡村景观。

水文条件。水文条件也影响着农业类型、水陆交通、聚落布局等。如位于龙门山构造带中南段的四川虹口地区，水文资源独特，岷江水系的龙溪河和白沙河属常年性自然河，再加上另外一些贯穿于整个地区的山溪小河，使得这个地方成为夏季人们常光顾的避暑胜地，尤其"水中麻将"更是让其声名在外，成为乡村旅游的典范。

动植物资源。各纬度带和高度不同的地区，动植物的品种和生长状况也完全不同，除了可观赏性之外，还有可闻性、可食性、可听性、可感性等特点。植物形成了各具特色的森林景观、农田景观、草原景观等，不同的动物种群又形成了牧场、渔场、饲养场等不同的乡村景观，可满足人们观赏、保健、休养、狩猎、垂钓、考察等多种需求。

2. 文化旅游资源

我国乡村地区地域特色鲜明，江南民俗、农耕文明、古都风情等保存比较完整，所以人文历史因素很有优势。农村居民在日常生产生活活动中创造的文化财富是旅客在旅游过程能亲身体会和感受到的重要内容及对象。

依据不同文化资源的表现形态，本书将乡村文化旅游资源划分为民居建筑文化、农事农耕文化、民俗节庆文化、乡村艺术文化四类。

民居建筑文化。由于地形、气候、建筑材料、生产生活方式和生产力水平不同等诸多因素的影响，我国的乡村民居呈现多种形式，如北方游牧民族的帐篷或毡包、西南少数民族的竹楼、陕北黄土高原的窑洞等。有些地方的民居建筑已成为当地乡村的地标和核心吸引力，如皖南的宏村、浙江的诸葛村、江苏的周庄、福建的客家围屋等，深受游客喜爱。

农事农耕文化。乡村地区是我国农业发展的主战场，拥有丰富多彩的农事文化。在农业生产中，农作物生产有自己的季节要求，也有不同的耕具要求。再加上当下乡村中传统耕作方式与现代高科技耕作方式相混杂，充分体现出乡村内涵深厚的农耕文化。如今，城里人到乡村去体验采摘、养殖、放牧、挤奶、采茶等农事活动俨然成为一种时尚和生活方式。

民俗节庆文化。我国拥有56个民族，民俗风情各有特点，节庆活动也是多种多样，可以说，丰富的民俗节庆文化是乡村旅游最为宝贵的资源之一。风土民情记载了一个地方的兴衰和文化，是生活在这里的居民精神和情感的集中，是没有受过污染的文化产物，包含的内容很多，比如民歌、文学、医药、手工制作品、社会礼仪、婚礼习俗等。节庆除了我国传统的端午节、中秋节、元宵节等节日外，各民族都有别具特色的节庆活动，如藏族的浴佛节、侗族的播种节、苗族的吃新节、彝族的火把节、傣族的泼水节等。

乡村艺术文化。民间的传统艺术是最能体现一个地区区域性特点的因素。在乡村地区流行的很多手工艺制作品比如剪纸、手工刺绣、皮影、泥塑、蜡艺等，是乡村非物质文化资源的重要载体。正因为民间艺术的这一特性，所以旅游产业吸引人的卖点就在传统艺术。既丰富了旅游产业的发展方式，同时也传播了当地的文化。如吴桥借助杂技这一民间艺术，将杂技文化成功融入美丽乡村建设，成为全国乃至世界的旅游名片。

如果说自然资源是旅游产业在乡村发展的根基，那么，文化产品就是其中的灵魂所在，乡村旅游产业离不开文化因素。我国的乡村凝结了中华民族几千年的文化内涵，具有极大的可挖掘性。不断提高田园旅游产业的吸引力、竞争力，要对当地特色风俗习惯进行合理的开发。

3. 社会旅游资源

社会旅游资源通常代表在具体的区域范围内可以给外地游客带来吸引力的带有文化特点的事物。社会旅游资源也体现了现代人的创造力，以河南开封的"宋都御街"为例，店铺的门面、招幌，店员的服饰，都像北宋画家张择端的《清明上河图》中所表现。游客可领略到千年以前大都市的市井风情和繁华景象，虽是现代人造景观，却成为开封社会旅游资源中的典型代表。

目前可以见到的社会旅游资源包括：

乡村景观风貌。主要包括当地特色古村落或古建筑、村落风貌等。那些带有地域特色的古建筑对游客有着很强的吸引力。例如浙江桐庐，将灵动的富春山水和各个风情村镇巧妙结合，培育了25个风情特色村（点），让桐庐乡村"处处是景、时时见景"，成为闻名遐迩的美丽乡村。

农村经济资源。具体的经济收益是由很多因素决定的。有当地城乡间的交流融合情况，包括农村土地修建，本地产业发展状况、农产品加工等。较为有特色的是农村农副土特产品，它具有地域特色强、品种多样的特点，对城市、外地游客来说是新鲜而宝贵的旅游资源。将农副土特产品融入旅游产业的发展中，既可吸引旅客前来旅游，同时也可带动农副产品的销售，为农民增收提供新途径。

农业旅游资源。乡村农业旅游资源指可被旅游开发利用的农、林、牧、渔等农业资源，源于人们利用自然环境要素进行农业生产而形成，相较于一般的自然环境有人工参与的痕迹，是人与自然和谐相处的产物，同时也是我国悠久的农耕文化的具体体现。人们在土地上开展各种生产活动，并由此形成各具特色的乡村旅游资源，如田园风光、草原牧场、渔区景色、林区景观、城郊农业景观等。马里莫普提村庄是马里尼日尔河上岸边的一个村庄，坐落在尼日尔河及其支流巴尼尔河汇合处的3个小岛上，因其特有的地域优势和丰富的渔业资源，每个居民家都有船，并可直接在家门口进行捕鱼，成为当地的经济产业，同时成为其独有的景观而吸引各地人们前往。同时，田畴、农舍、篱笆、鱼塘等元素构成了宁静舒缓的生活节奏，水车灌溉、围湖造田、采藕摘茶等农事活动充满着浓郁的乡土气息。

社会好客精神。中国素来就是著名的"礼仪之邦"，孔子有云，"有朋自远方来，不亦乐乎"，好客的礼仪是中华民族的优良传统。乡村旅游是体验经济和生态旅游相结合的产物，人们选择乡村旅游是远离城市，体验乡村生活。这种好客文化体现在乡村各种待客礼俗、参与式的民族歌舞乐等文化事象之中,典型的代表如藏族的哈达、苗族的拦路酒、壮族的对歌等,营造乡村旅游中的好客文化氛围。

(二) 基于资源可利用性的分类

从旅游资源的可利用性角度,将旅游资源分为可再生性旅游资源和不可再生性旅游资源。

1. 可再生性旅游资源

可再生性旅游资源指旅游活动中被部分消耗或遭受毁坏,但能够通过适当途径进行自然恢复或人工再造的旅游资源。以垂钓资源为例,一个地区若因为游客垂钓活动的开展而导致鱼类数量有所损失,但该地鱼类资源的自然繁衍能力很强,则可通过采取相应的管理措施,使鱼类资源得以恢复,这一类资源便属于可再生性旅游资源。还有一类资源是以主题公园为代表的当代人造旅游景点,其历史价值和文化意义并没有那么重大,可经过人们加以仿造或重建,这一类资源也属于可再生性旅游资源。

2. 不可再生性旅游资源

不可再生性旅游资源是跟随自然资源条件而出现的,并保留至今作为旅游资源使用的自然遗存和文化遗存。

乡村旅游资源具有脆弱性和不可重复性,具体表现为一旦遭受破坏将永远不会回到原来的面貌。比如,耕地土壤被污染后恢复起来很困难。虽然说文化资源是可以重复和修复的,但总会缺失掉最初的美感。同时,旅游产业进乡村在经济发展中也要注意保留乡村本土文化的原真性,防止过度商业化,保证本土文化不被侵袭。没有资源的保护利用,乡村旅游的可持续发展无从谈起。因此,对于这类不可再生的乡村旅游资源,在开发过程中应在保护的基础上合理地开发利用,挖掘其旅游价值,坚持走"保护—开发—保护"的可持续发展道路。

根据资源的可利用性进行分类,更多的是从乡村的可持续发展角度考虑,对于指导旅游区的规划、开发、经营与管理工作具有重要的意义。有些资源在开发时一定要进行修复和保护,因为它们一旦破坏就很难再修复。所以,在快速发展的现代社会,对乡村旅游资源的开发应以保护为前提,而绝不能完全以市场为导向。

(三) 基于资源开发现状的分类

根据乡村旅游资源的开发现状，可将其划分为现实旅游资源和潜在旅游资源。

1. 现实旅游资源

现实旅游资源大多是指资源本身不具备吸引力，但是具备成为旅游景点的硬性条件，具有接待游客的资格的资源。对于这类旅游资源，其开发重点在于整合提升原有乡村旅游资源的价值，使其更具竞争力。

2. 潜在旅游资源

潜在旅游资源通常是指其本身可能具有某种令人感兴趣的特色，但由于不具备交通条件或其他接待条件，加之可能尚不为外人所知，目前还无法吸引大量游客前来观赏的资源。通过差异包装、创意打造、视角变化等方式，这类资源也有可能转化为供游客观赏并且可供旅游开发的现实旅游资源。

乡村存在很多潜在旅游资源：一是对于当地人习以为常、司空见惯的事物，但对于城市人却相对稀缺的生态文化资源，如青山绿水、蓝天白云、乡村景致，以及传统的慢生活、特有的烹饪方式、特色的火炕住宿、民俗活动等。这些资源并非传统的旅游资源，但对于城市人来说，却具有极大的差异性，能产生很大的新鲜感。二是从审美、艺术、创意的角度出发，目前虽有使用价值，但还不构成资源吸引力的内容，如瓦片、磨盘、水车、古井、棚架。这类资源只要经过简单的艺术加工，就可以体现出浓郁的乡土气息。植物、石材、木、砖、陶等乡土自然材料，通过造景手法处理也可以营造出独一无二的乡土庭院景观，形成特有的乡村景观吸引力。三是以市场的角度看待乡村旅游资源。土特产、农舍、村落、商铺、物产甚至是猪圈等元素是传统旅游产业中不会考虑到的因素。通过创意设计及产品化之后，也能够引起旅游者共鸣的重要资源。

这种划分方法有利于了解乡村旅游资源的禀赋条件，并在此基础上评估旅游资源的可塑性。同时，由于潜在旅游资源的开发成本往往大于现实旅游资源的开发成本，借助此种分类方法可以从开发成本角度有效权衡资源开发的方式与方向。

(四) 基于资源等级的分类

旅游资源治理等级分为世界级、国家级、省级、市县级四类。这样划分的目的在于掌握一定区域内旅游资源的垄断程度和对旅游者可能产生吸引力的程度。

1. 世界级乡村旅游资源

世界级乡村旅游资源主要指乡村类世界遗产地，因其当地独有的地形地势，形成独有的乡村文化，带有地方特色的资源。这符合都市消费群体的心理需求，让游客可以更深入地感受到人与自然之间的和谐，对游客有极强的吸引力。

《世界遗产名录》中收录了我国四个乡村遗产地（见表3-5）。

表3-5 《世界遗产名录》里中国乡村旅游资源项目（截至2013年底）

遗产地名称	类型	列入年份
皖南古村落：西递、宏村	文化遗产	2000
开平碉楼与村落	文化遗产	2007
福建土楼	文化遗产	2008
红河哈尼梯田文化景观	文化遗产	2013

资料来源：根据《中国旅游年鉴》和中国遗产网有关资料整理。

世界级乡村旅游资源多以世界文化遗产、5A级旅游景区的形式出现，汇聚了具有世界性突出价值的民居建筑、乡村聚落、村落布局、产业活动、民间习俗、文化节事等要素。和其他旅游聚集地区不同，乡村类世界遗产地旅游资源有其独特性和垄断性，以皖南古村落——西递、宏村为例，其村落布局独具匠心，村落与山水地貌浑然一体，民宅建筑清雅脱俗，古村落文化底蕴深厚，旅游资源价值独特，成为中国乡村类旅游地的典型代表。

2. 国家级乡村旅游资源

这一级别的旅游资源由国务院审定并公布，主要包括中国历史文化名村、国家级美丽乡村、国家农业公园、国家级现代农业示范园、国家级重点文物保护单位等，具有重要的观赏价值、文化价值或科技价值。

国家级乡村旅游资源大多拥有国家级称号，在全国具有一定的知名度，除了省内游客和周边游客外，对远程游客也具有很强的吸引力。这类乡村均视旅游业为主导产业，旅游产业结构佳，游客量逐年增长，旅游收入效益较好并能有效带动农民就业。以浙江安吉为例，其发展最明显的特色是用管理村落的方式推动乡村环境资源自然资源建设。利用本地区优势进行发展，推广当地竹子和茶叶产品，发展休闲生态旅游产业和新型能源材料等产业。有数据统计，竹子产业的发展为当地居民带来了人均6500元的收入，占到总收入的60%。2017年"五一"小长假（4月29日至5月1日），全县共接待游客76.2万人次，旅游总收入95750万元，门票收入为1785.7万元，相较于2016年，增幅分别为17.6%、18.2%、8.2%。

3. 省级乡村旅游资源

省级乡村旅游资源数量众多，主要涉及省级历史文化名村、省级美丽乡村示范村、省级现代农业示范园、省级农业公园、省级休闲农业示范点等。

这一级别的乡村旅游地生态环境优良、交通便利，发展特色鲜明，示范引领作用突出，以城郊休闲为主，重点针对家庭游、亲子游、商务游、周末休闲游等市场进行产品设计，主要吸引3小时经济圈以内的游客，游客出行方式中以自驾为主。如贵州凤冈县田坝村，通过以茶为主导经济产业走出了"茶旅一体化"的发展好路子，荣获2016年贵州美丽农村旅游景点。

4. 市县级乡村旅游资源

城市和各个县级旅游产业主要为各地的市县级文物保护单位、市县级现代农业示范区、市县级休闲农业示范点等。市县级乡村资源数量繁多，一般规模不大，以吸引城市周边两小时交通圈客群为主，产品丰富多样，但同质化现象较为普遍，因此特色化、产业化发展成为关键。

三、乡村旅游资源开发

乡村旅游资源的开发是指利用充足的技术和拨款，对当地的自然环境进行治理保护和开放，促进当地自然资源、文化资源和旅游资源的协调运用。当这几种资源协调配合时便可以发挥最高的经济效益和社会效益，提高利用率和使用价值，创造更多增值财富。

目前我国农村旅游产业发展呈现出发展资源不平衡、不均衡，部分地区发展速度过快的现象。而且，对于当地生态环境和文化的破坏也引起了普遍关注。如何秉承乡土特色、市场导向、经济与社会效益双赢、产业惠民富民等原则，协调各类相关主体，既保持乡村旅游资源的独特魅力，又实现乡村旅游资源的充分合理利用，将是乡村旅游发展中的关键点和难点。

（一）开发意义

乡村旅游资源的潜在优势不容忽视，合理进行乡村旅游资源开发，能为乡村带来经济、社会、文化、环境等方面的积极影响，从而促进旅游精准扶贫和乡村产业发展，有利于减缓城乡二元经济结构对乡村地区的负面影响。有学者认为，乡村旅游是21世纪最具潜力的产业，能够在带动农民脱贫致富、推动农业产业结构调整等方面发挥重要作用。

在经济方面，旅游产业的发展会带来一定的经济效益，相应地也会促进农产品的增收和推广，实现农民收益增加、农作物产品增收、农村生活环境和谐的局面。发展经济重点是为了农民更好生活生产。通过优化农村产业结构、促进农业向服务业的转移会提高农民收益。目前，对旅游资源的开发成为各级政府和私人投资的热点，一方面为地方吸引大量的资金，另一方面旅游开发推进了乡村的基础设施建设。

在社会方面，旅游业的发展具有显著的就业效应，可为农村剩余劳动力提供大量就业机会。一方面，发展第三产业可以更好地拉动经济增长，提供更多的就业岗位；另一方面会带动旅游产业硬件设施建设，实现经济效益和就业双丰收的局面。

在文化方面，乡村文化一直以其独有的淳朴、善良为世人所称赞，当地民俗特色、历史遗产等资源是农村旅游发展的独特吸引力。旅游资源的开发，可有力促进优秀乡村文化的对外传播，促进本土文化的弘扬和保护。同时，通过城市资金和项目的引进，吸引市民到乡村休闲旅游，促成城乡文化的互动与交融。

在环境方面，随着乡村旅游资源开发的推进，乡村地区可以积极申请省市、各部门的扶持资金，或统筹利用部分乡村旅游经营性收入，从改善乡村生产和生活条件的角度出发，加大乡村基础设施投入，改善农村用电、用水、交通、卫生条件和农业生态环境。

(二) 开发主体

乡村旅游资源开发作为一种发展模式，自然存在着诸多利益相关者，由多种力量共同决定开发的方向。当前阶段，我国乡村旅游资源开发的主要参与者包括政府、企业、农户和村委会，这几类利益相关者都有其各自需要扮演的角色。有学者认为，利益相关者的合作是乡村旅游成功的关键，而建立合理的管理机制和乡村旅游利益分享机制就是一项重要内容。

举一个简单的例子，如果当地居民的利益被外部力量所剥夺，心理不平衡的积聚最终可能导致乡村居民采取非理性的行为来表示抗议。如2011年8月，江西婺源李坑景区就出现当地居民封堵景区大门的事件，甘肃景泰黄河石林景区、安徽霍山铜锣寨景区，甚至作为乡村旅游致富典范的成都三圣乡旅游景区也出现过类似的问题。这些问题凸显了部分地区在开发乡村旅游资源时，对于各个参与方的利益保障和分配缺乏未雨绸缪的长远考虑。

那么各开发主体如何在开发经营过程中形成深度互动？不同主体主导的开发模式有何要点？各种开发模式有无成功案例？这些也都是读者关注的问题，在本书后文进行详细阐述。

(三) 开发的内容

要通过旅游开发，把乡村旅游资源变为一个相对成熟的乡村旅游目的地，离不开硬件设施的支撑，以及吸引力和软服务的注入。通常来说，需要开发的环节包括硬件设施建设、旅游产品和度假节庆活动等。

基础服务设施。通常包括乡村公路、农村供水设施、农村电力设施、农村污水垃圾处理设施等硬件设施建设，同时也有停车场休息区等服务设施，是乡村旅游资源开发的首要前提。一般情况下，该项内容由地方政府负责开发，但需特别关注各类设施的功能性、美观性等方面，要与游客所需要的诉求结合在一起，实现硬件设施建设和旅游资源开发一体化开发建设，避免割裂建设和重复建设。

乡村旅游产品。原始状态的乡村旅游资源，需要经过创意的设计、包装、打造，才能成为具备市场吸引的乡村旅游产品。依据基本经营形态和生产生活空间，利用相应的乡村旅游资源，我们可以开发民宿、农庄、度假村和市民农园四类产品。在乡村旅游资源组合性较强的地区，我们可以开发乡村旅游村域、旅游观光度假区、游客聚集区和文化景区四类观光地点。打造的乡村旅游产品通常都是市场青睐的核心所在，成为游客一心向往的具体对象。各类产品的发展历程、打造手法、组织形式等内容，在本书后文深入解析。

乡村旅游要素体系。面对成批旅游者的到来，仅有基础设施和核心产品是远远不够的，还应该考虑如何让他们食有佳肴、住有房舍、行有道路、观有美景、购有特产、玩有体验。这就需要在原有乡村外形的基础上，做一定的改造和建设，将旅游的"吃、住、行、游、购、娱"等要素融入乡村旅游中。各类要素的具体开发方式在本书后文进行详细介绍。

乡村旅游节庆活动。结合民族节庆和乡村资源，周期性地开发采摘节、服饰节、音乐节、美食节、过大年等节庆活动，可在乡村地区形成一种特殊的旅游吸引。通过节庆活动的举办，可以吸引区域内外大量游客，具有强大的经济效益和社会效益。张北中都草原就是一个因节而兴的典型案例，在2014年张北草原音乐节的3天内，约有35万人涌入张北草原，旅游综合收入近3亿元。

（四）开发的一般流程

乡村旅游资源的开发是一项复杂的系统工程，要从资源固有的客观规律着手，有计划、有步骤地进行，避免旅游资源的浪费甚至破坏。根据开发主体、开发内容的不同，乡村旅游资源的开发流程也各有差异，但一般来说，乡村旅游资源在开发时有以下几个步骤：

组建开发小组。负责对整体开发工作进行筹划、规划、监督和执行。

筹措开发资金。依据"谁投资，谁受益"的原则，预估资金投入和回报，自筹或融资，合理投入资源开发的各环节中。

进行建筑实施计划。这是通过分析当地实际情况来设定的符合当地自然资源的最合理的计划。有的还需要制定单体项目的设计方案，并由投资主体严格按照开发和设计方案进行各种项目建设工作。

经营和营销。就目前而言，大多数乡村旅游开发者就是乡村旅游的经营者，但很多乡村旅游点只重建设不重管理，只重噱头不重品质，常常造成盈利能力低下和发展后继无力。在经营过程中，如何加强宣传、拓展渠道，通过营销来激发游客出行欲望，也是一项容易被忽略的难题。因此，组建更专业的经营和营销团队，实施合理的经营和营销策略，是乡村旅游资源开发流程中的重要环节。

定期更新和升级。为保持乡村旅游项目的长期竞争力，需要有计划地进行更新升级。湖州从1998年开始每隔5年左右，就在市场和政府的双重引导下，进行一次乡村旅游产品的全面更新，其发展阶段不断提升，目前已经由"农家乐"到"乡村旅游"再到"乡村度假"和"乡村生活"，被称为"中国乡村旅游第一市"，就是因为其始终领先竞争对手一步，进行乡村旅游产品的优化与提高，不断增强新的生机和活力。

四、乡村旅游资源保护的举措

对乡村旅游资源的保护有主动式保护和被动式保护两种，它们之间的关系也就是通常所说的防治和治理之间的关系。明显地，我们在对乡村旅游资源进行保护时应当以"防"为主，以"治"为辅，"防""治"结合，运用行政、经济、技术、法律等手段，进行管理和保护，实现乡村旅游的可持续发展。

（一）实施规划统筹，适度留白

对于开发建设因素可能带来的危害，在开发者进行开发前就应当采取必要措施进行预防。例如，湘西老司城遗址在开发之初便设立了相关的保护条例，要求开发利用遵循对文物原样保护，并在设定的保护范围内不得有任何破坏老司城遗址、危害文物安全的事物和行为产生，从而降低开发不当可能带来的破坏。像这种开发前实施规划统筹，对旅游资源利用设立"开发红线"，实行适度留白的策略，是乡村旅游资源开发的前提，同时很好地保护了资源附近的生态文明建设。要控制资源开发的质量和数量，有步骤地、遵循自然规律地进行开发。现代流行的民宿建设要注意防范破坏周边环境,尽最大可能削弱对环境的破坏。在旅客进入观光区前也要进行入园教育,不要用商业化标准化的眼光要求乡村旅游产业,真正实现自然化、古朴性,满足游客的心理需求。

(二) 落实经济扶持,切实保护到位

经济既是发展的目标,也是发展的基础,经济与政策的倾斜是乡村旅游发展的保障。2005年,全国有代表性的古村落有5000多个,到2012年只剩下不到3000个,而且还在以每月1个的速度消失,情况不容乐观。浙江已安排专门的建设拨款,首批43个重点文化古村落拨款500万~700万元。217个普通村庄拨款30万~50万元进行内部建筑的重塑。经过十年的实践,浙江成为我国历史文化村落保有量较多的省,并且走在了旅游产业乡村试点的前面。充足的资金支持能使资源开发既环保又可以实现经济效益的最大化。农村基础设施也能得到更好的建设,交通可以很好地得到改善,而这些也能更好地激励当地居民参与到保护中,实现乡村旅游资源的可持续利用。

(三) 促进当代价值活化,收益反哺

我国传统文化源远流长,有很深的民族特色,在乡村文化中诞生了如戏曲、传统手工艺术等地方性民俗文化,这是当地风土人情所独有的特点。有地方性博物馆对这些古典文化进行记载,也有一些地方通过举办活动的方式展示,可谓是活化这些地方传统文化的当代价值。通过这些有效措施既有利于扩大知名度,又有利于延续地方文化传统。位于滇西北"三江并流"的普达措森林公园,在评选为世界自然遗产之后景区收益显著增加,为了更好地保护自然生态环境,政府从景区收入中拿出一部分补助牧户,并给村民发放了森林生态效益补偿金和生态旅游补偿金,以此调动村民保护生态的积极性,从而使得景区在遗产申报评定中获得好评,这种收益反哺的举措可谓是一举多得。显然,通过举办地方文化节庆活动等举措,活化传统文化资源的当代价值和收益反哺,实现遗产申报等资源保护措施,能有效地防止乡土文化丧失,促使自然生态良好,乡村旅游资源永续利用。

(四) 加强技术创新，节能减排

在劳动人们的智慧和辛勤劳作下，乡村地区很好地演绎了人与自然的和谐。被称为神秘"东方古堡"的理县桃坪羌寨，从建立至今已有2000多年，人们在感叹其就地取材的绝妙和建筑艺术的精湛的同时，更惊奇其完善的地下水网，它是无管道的"自来水"，是最便捷的"消防灭火装置"，是最环保的"空调加湿器"，甚至还是逃生的"诺亚方舟"。像这种天然的低碳社区，可以在适当的地区因势利导地开发旅游，不仅保护了原有的旅游资源，也增添了当地的资源魅力。除了发掘古人的智慧中的技术在现代旅游开发上的运用，还应引入现代先进的科学技术，如广泛地推广和应用清洁能源技术，安装先进的排污系统等。某些乡村地区开展旅游业的同时发展畜牧业，不仅增添了旅游吸引力，同时利用畜牧业可能的粪便污染进行沼气发电，实现"变废为宝"。技术的引用可以有效地保障乡村旅游发展的社会、经济、环境效应，自然也就能更好地保护我们的乡村旅游资源了。

(五) 强化立法，严格执法

现在，越来越多的国家会通过制定相关法律法规约束旅游产业旅游人员和提供旅游产业的从业者，主要是为了保护当地的自然资源环境，保护当地风光面貌不受破坏。1872年，美国通过立法确定保护黄石公园。日本也早在1963年就颁布实施了《旅游基本法》以保护生态环境。我国从20世纪50年代开始制定相关法律法规来约束保护当地生态，但工作实施情况并不全面，而具体落实在乡村地区的尚属空白。关于乡村旅游及其资源保护的立法需相关部门提上日程。而通过政策的颁布可以在某种程度上约束居民的行为，提高群众意识，所以是很重要的。在此过程中，要积极规范当地行政监察体制，组织基层监督人员的培训，联合多方面力量进行集中检查。对各类接待单位进行安全排查，不断提升服务质量。同时，要提高安全服务意识，保护好游客的安全。

我们无论是采取规划手段，还是技术手段，抑或是法律手段解决可能导致乡村旅游资源破坏和损害的问题，关键都在于在乡村旅游发展过程中相关利益群体能否群策群力,落实保护的决心和承担相应的责任。强化政府管理职能,做好立法监督,严控开发建设,引导政策扶持,同时结合市场手段以利用促维护,保护自然资源的绿色永续发展。目前,乡村旅游产业还处于发展阶段,如何把工作落到实处,将是乡村旅游资源保护工作取得成功的关键。

第四章 乡村旅游规划

第一节 乡村旅游规划概述

强调对乡村旅游资源的科学开发与保护就要对旅游资源进行合理规划。随着全面建设小康社会进程的加速,改善农村人居环境、提升农民人均收入以及建设美丽乡村的任务更加迫切,因此需要通过旅游规划引领好、发展好、带动好新农村建设。

一、乡村旅游规划的意义

对旅游产业在农村地区合理规划的意义主要体现在三个方面:一是乡村旅游规划一般具有前瞻性,能够基于当前的发展,进行适度超前谋划,明确发展目标,制定合理蓝图,充分发挥引领作用,统一认识,形成乡村旅游发展的合力。二是对于旅游产业的规划需要进行理论学习,所以形成了新的理论内容和艺术审美,既有市场学、地理学、历史学、建筑学、环境学、社会学、经济学和规划学等基础理论支撑,也有色彩、透视、美学和设计等艺术科学的融入,因此乡村旅游规划能够软硬兼顾,科学而柔性地美化乡村环境。三是乡村旅游规划一般具有内容的专业性,包括产品、品牌、空间、线路、生态保护、旅游容量、社区营造及开发序列等专业内容,能够为乡村旅游发展树立品牌形象,带动招商引资,保护和改善环境,促进社区和地区的整合,因而,科学而落地的内容谋划能够为乡村旅游健康有序发展提供更强的助推力。通过上述内容分析可知,对于旅游产业在乡村的规划是加强资源保护、促进产业有序协调绿色前进的有效途径之一。

二、乡村旅游规划的主要类型

在我国，旅游规划起步较早，自改革开放以来便伴随着旅游业的发展而存在，并经历了资源导向、市场导向、产品导向以及生活导向规划思想的转变，文化和旅游部也出台了《旅游规划通则》（GB/T 18971—2003）规范旅游规划的类型和内容，并对规划编制单位和规划编制流程进行了规范和约束。2013年旅游发展规划在《旅游法》中被纳入国家法定法律，其社会地位也到了提升和保障。

对于乡村旅游产业合理布局起步较晚，集中出现在乡村旅游快速发展时期（见表4—1），因而乡村旅游规划发展时间较短，尚处于起步阶段。通过梳理全国各地乡村旅游规划，结合《旅游规划通则》对旅游产业的合理布局大致有如下分类：一是对于旅游产业在乡村发展的合理布局，要根据市场需求和当地历史资源文化实际情况进行布局，在不破坏当地稳定生活环境的前提下进行旅游产业总布局。按行政管理层级从省级到市级再到县级和镇村域乡村旅游发展规划。二是乡村旅游区规划，主要目的是合理利用和开发、保护当地自然资源，既发挥旅游产业的经济效益，同时又不破坏当地环境，进行合理化、要素化布局。按规划层次分总体规划、控制性详细规划、修建性详细规划等，其内容涵盖对度假景区、观光景区、产业示范园区等的规划布局。三是对旅游产业在乡村发展所进行的某一产业的专门的布局，内容有投资融资总布局、专项景点开发利用总布局、规划用地总布局、基础服务设施的布局、新型农村政策、新型农村建设总规划、下乡助农等规划布局。

表4-1 国内部分乡村旅游规划及其编制年份

地区	年份
海南省乡村旅游总体规划	2014~2020
湖北省乡村旅游发展规划	2016~2025
陕西省乡村旅游发展规划	2017~2020
黑龙江省乡村旅游专项规划	2013
江西省乡村旅游发展规划	2013~2017

续表

地区	年份
安徽省乡村旅游发展三年行动计划	2013~2015
江苏省乡村旅游发展规划	2016~2020
三亚市乡村旅游发展专项规划	2014
青岛市乡村旅游专项规划	2015~2020
重庆市乡村旅游发展规划	2013~2020
泉州市乡村旅游专项规划	2010
赤峰市乡村旅游发展实施方案	2016~2020
湖州市乡村旅游发展规划	2011~2015
平顶山市乡村旅游发展规划	2016
江北区乡村旅游发展规划纲要	2008
重庆市长寿区乡村旅游总体规划	2016~2025
湖北省十堰市岩屋村旅游发展总体规划	2016
湖州市旅游交通建设专项规划	2016
湖州市旅游产业用地专项规划	2016
三亚旅游导向型新农村发展概念性规划（台楼村）	2015
和龙市光东民俗旅游村修建性详细规划	2013
张家界市乡村旅游暨旅游扶贫专项规划	2016
凤凰县老洞村旅游扶贫发展规划	2015
阜平县国家旅游扶贫试验区总体规划	2013
巴马县平林村旅游扶贫规划	2016
婺源国家乡村旅游度假实验区总体规划	2013
湖州市乡村旅游集聚区产业发展专项规划	2015
北京特色民俗村规划设计等	2011
保亭美丽乡村试点村建设规划	2015

三、乡村旅游规划的流程

对于旅游产业在农村的合理化运行必须要分阶段、有步骤地进行，实践的前提是进行合理的布局。对于旅游产业在乡村的总布局可以分为五个步骤：确定计划和实施、调查分析、确定思路、制定规划、组织实施。

1. 确定计划与实施

确定计划与实施的工作内容如下：一要确定布局的范围和步骤，二要确定方案的执行者和负责人，三要成立执行小组确定参与人员，四要构建乡村居民参与体系，五要制定合理有序的保护政策。这些条件相互配合才能做好对旅游产业的规划。但特定地区可以根据当地的实际特点、行政规划、部门结构等有选择地跳过其中几个步骤进行发展。

2. 调查分析

主要工作是对要进行旅游规划的地区进行现状分析，充分考虑到当地的地理地形条件和经济发展水平等因素。对游客进行问卷调查，找出游客的心理诉求，通过数据调查使结论更具普遍性和适用性。对旅客流量进行分析，分析旅游的主要居住地和心理层面诉求等，更好地进行市场规划和建设市场。对于旅游业在乡村的发展可以使用SWOT模式进行分析，在进行上述调查研究的基础上，可以对旅游产业在农村的发展做出合理的规划，找到新的机遇和发展方式，趋利避害。

3. 确定思路

确定思路主要指对旅游产业在乡村发展和实际情况进行合理化、整体性布局。根据文化、政治、经济、环境等实际情况进行分析，确定最终实施方案。从宏观层面对乡村规划进行把握，明确未来发展方向和重点发展项目，保留地方特色。

4. 制定规划

这一阶段是旅游产业在农村进行布局战略的最主体的一部分，是整个过程的中心所在，就是运用之前阶段制定的结果，根据总布局颁布一系列最适合当地产业发展的措施，但是在制定过程中要充分考虑到农村居民生活环境和当地资源条件。

5. 组织实施

根据以上几个阶段的分析，结合当地具体的生态环境，切实落实好规划的每一个方面的工作。根据实际的经济效益、社会效益和环境实际对战略总布局的规划进行较为全面的分析,做好信息的记录和分析,以在未来的工作中总结经验、不断提升。

四、乡村旅游资源规划的关键

1. 注重理念引领

乡村旅游发展的最大优势在于原真性的乡土文化和原生态的乡村环境,因此乡村旅游规划要以天人合一的理念为引领,在具体的实施办法、实施内容上贯彻执行。

引导乡村生态发展的原真性。在工业化和城市化急剧扩张之后,人们开始抛弃以往对现代性的要求,形成一种后现代语境下的"新乡村主义",亟待去乡村寻回正在逐渐消逝的原真性。因为一部分古村落并没有完全作为文化遗产得到保护,所以让其保持最本真的状态并不是必然要求。尽最大可能保持自身原生态,尊重当地风俗习惯,不改变其中原有的建筑结构和生活结构。关注原住房、原生活及原生产等原真性核心吸引物,同时要融合时代发展特性,做好传承和创新。

引领乡村旅游发展的原生态。原生态的乡村环境强调人与自然的和谐共生,在规划中应强调生态环境保护,比如应规划好山林、水系生态系统的保护,规划好生活垃圾的分类、排放、处理;规划应注重对乡村旅游资源环境承载能力的评估,制定合理旅游发展规模;在规划设计中需要融入环保理念,在建筑与景观的修复、构建中,优先采用当地乡土材料、乡土植被,利用本地手工艺人的建造工艺,在设计细节上体现原乡性与环保性。如湖州的裸心乡民宿,其房间没有空调、煤气,夏天靠电风扇,冬天靠火炉,烧的是本地废木料、木屑压制成的柴火;门前有蓄水池承接雨水,循环使用;垃圾要分类,树叶、苹果皮要埋在地下;把村里拆房剩下的雕花木梁、石墩、马槽回收上来,用作装修材料;不仅充分体现了环保意识,同时创造了有新意的民宿空间。

2. 注重把握重点

乡村旅游发展与一般意义上的旅游有着很大不同,因而规划要注重把握四个重点:一是乡村旅游的发展定位,也就是要做什么样的乡村旅游产业与产品，适合所在区域和经营者的特点；二是乡村旅游的空间布局，要在保护生态的前提下，对产业和产品进行科学合理的布局；三是乡村旅游的项目安排，在战略定位和科学布局的基础要求下，准确确定开发的项目，以好项目引导好产品，以好产品引导好产业；四是乡村旅游的产品特色，在产品上，乡村旅游一定要有差异性，形成自己的个性。

3. 注重统筹兼顾

乡村资源商业化开发考虑的因素更为多样，包括教育、人文、地产、建筑等多个方面，涉及文化、生态、水利、农业、交通、土地等多个部门，还涉及政府、企业、协会、农民、专家、规划团队等多个主体，因而需要综合考虑、统筹兼顾。

统筹各单位力量。旅游产业的发展不能仅仅依靠政府部门，同时需要每一个村民的配合，这不仅是经济发展方式，同时也是社会行为。要协调各方面力量，协调社会、各级领导、各产业部门投资方的力量，实现规划效益最大化。构建开放民主的计划措施，允许多方面力量共同商讨，虚心接受各方建议，建立合理完善的意见反馈机制。

推进多规合一。旅游发展规划要求与土地利用总体规划、城乡规划、环境保护规划以及其他自然资源和文物等人文资源的保护和利用规划相衔接。2013年出台的《旅游法》第十九条作了非常明确的规定。同时，第二十条指出，各级人民政府编制土地利用总体规划、城乡规划，应充分考虑相关旅游项目、设施的空间布局和建设用地要求。这对旅游产业在乡村的用地规划做出了明确的计划，并不是单纯制定一个计划就可以解决的，而要根据各地区的具体情况，结合国家政策具体执行。要实现与城乡一体化相衔接，与绿色生态环境相联系，与人文历史因素、社会事业等相联系。保障各参数和空间的协调一致发展，实现空间保护最优化。在实际操作中，可尝试在乡村旅游产业发展计划中借鉴其他产业发展规划，保障各个政策纲要落到实处。同时，也不能忽视主题诉求，实现人民的需要和政策间的协调一致发展。

4. 注重规划落地

"规划规划，全是鬼话，嘴上说说，墙上挂挂"，这是很多人对旅游规划的评价，这说明规划的落地性不强，没有真正实现"画得好才能建得好"。旅游产业的发展不是一句空话,而要在具体的土地上实施。所以说,最初的规划在编制前期就应当考虑落地性问题,可尝试由原先的教科书式规划向操作手册式规划转变,编制落地导向计划。根据实际土地使用情况规划建设状况,实现当地产业和其他外资企业相结合。考虑当地农户的需求,不侵犯农户的合法权益。考虑到哪些设施的建设需要政府的扶持,哪些设施的完善依靠基层群众可以完成,提出切实可行的政策。结合现有的资源实现与外资企业的融合,与运营管理商进行投资建设和经营管理,让规划设计的产品项目真正落地生根。

乡村旅游规划应该成为切实可行的、行之有效的、造福当地百姓的计划,避免错误的、不切实际的规划造成大方向的偏失。

5. 注重动态调整

旅游产业在农村进行建设的规划不是一个简单的静态图纸设计,而应是根据变化发展的实际不断扩充其中内涵、不断发展的一个计划。对于规划实施的动态调整可以从两个方面入手:一是进行规划修编,即针对实施后空间布局的不适宜,产品的不合理等问题进行适时修编,动态调整;二是进行全程规划服务,即在规划初始就明确规划团队从规划设计到规划落地到跟踪服务的全程服务内容,能够及时发现问题,及时调整,保证落地效果。

第二节 农业园与古村落旅游规划

一、休闲农业园旅游规划

(一) 休闲农业园发展概况

自2014年中央一号文件发布以来,农业与乡村旅游迎来发展的大机遇。近两年,国家先后从不同角度强调支持旅游产业在农村的发展。可以看到,经过这些年的实验和规划,旅游产业不仅没有破坏当地的生态环境和居民的生活结构,而且在促进农民增收、企业融合,带来新的思想和文化方面有很多益处。对于摘掉贫困的帽子,促进产业的升级换代,实现村民自治有很强的推动作用,部分试点发展已经相对较为成熟。取得的成绩被越来越多的研究人员关注,更多的人才进入农村贡献自己的力量。我国旅游产业在乡村的发展日趋成熟。

休闲农业园发展涉及第一、第二、第三产业,既能够提高农民收入,也能够为保护乡村生态、加强文化建设提供便利,由单纯的田园观光转变为娱乐、休闲、服务、领略风俗文化等相结合的方式。很多产业园区将多个功能结合在一起,转变了过去的传统方式,改变了单一化经营的思想,促进了服务业和农业、手工业等多种行业的融合,融入了新的发展思想和发展理念。从这个方面来看,乡村是在不断进步的。

这种现象推动了我国北京、南京、上海、广州、武汉等地区相继投入到旅游产业的发展中,建设了大量新型农村,也取得了一定的效果。代表有北京的锦绣大地、上海孙桥现代农业开发区等,山东枣庄的石榴园采摘服务、莱阳梨采摘项目也取得了很好的成绩。

(二)休闲农业园的类型

由于休闲农业园坐落的地区不一样,自然地理条件、经济条件、风土民情不同,所以休闲旅游产业的发展规划也不太一致。呈现出多种风格模式,细分的种类也更为复杂。可以通过开发内容、功能定位、旅游者活动进行划分。

1. 依据开发内容划分

(1)参观庄园。这是采摘园的新的扩充方式,在城市的近郊附近开设特色果园、茶园、垂钓场等亲近田园的景点。旅客可以通过采摘果实或者旅游观光的方式完成一项旅游活动。

(2)休闲农园。这是一种以本地区风俗特色为主要载体的多种休闲方式并存的农业园区。游客不仅可以欣赏到田园风光,也可以参与农业生产活动,了解当地百姓的生活状况,体验当地的风俗特色。同时还有休闲、住宿、娱乐等多种方式。一般景区内提供的服务有自然生态环境游览、农业生产活动体验等。

(3)农业科技园。这是把新技术和旅游产业进行结合,融合了农业因素和科技因素，在农业平稳运行的同时实现科技带动发展的方式。游客在其中可以感受到科技带来的力量，上海孙桥农业开发区就是一个很好的例子。

（4）租赁农园。农民将土地出租给非农业居民种植粮食、花草、瓜果、蔬菜等，让市民体验农业生产过程，享受耕作乐趣，以休闲体验为主，而不以生产经营为目标。租用者只是节假日到农园作业，平时由农地提供者代管。

（5）田园景区。主要是以自然农业为重点，利用当地独有的自然条件进行园艺设计、绿植播种，利用水资源进行养殖等，美化当地自然环境，把自然、村落、建筑、绿色融合成为一个大的旅游发展整体，借此提供实习、休闲、服务等职能。既让旅客参观到其中的景色，也方便非农户劳动者参与农民的生产生活，丰富课余活动。这种发展模式大多出现在城市近郊。

（6）教育农园。这是将教育融入农业种植过程的一种旅游形态。其中的植物和动物都富有强烈的教育意义。比如法国的教育农场和日本的学章农园、中国台湾地区的自然生态教师和北京的少儿农庄。

（7）花卉植物园。汇集多种奇花异卉、经济植物和观赏植物，保存野生植物资源和珍稀濒危植物，引进国外重要植物种类合理配置，结合林草等优美景观的相间布局，使之成为物种资源丰富，园林景观优美，集观赏游览、科研、教育功能为一体的场所。

（8）森林公园。是一个以林木为主的大农业复合生态群体。在树种结构上，针叶树、阔叶树与果树树种相结合。在土地资源利用和空间布局上，林、果、渔、菜、花相结合，实行乔灌草立体绿化，并以森林风光与其他自然景观为主体，配备一定的服务设施、必要的景观建筑、合理的旅游路线。此外，为丰富娱乐内容和调节旅游淡季，可在适当位置建设狩猎场、游泳池、垂钓区、野营地、野炊区等。还可驯养野生动物供游人参观，以增加森林的原始情调。结合房地产开发，建别墅、度假村，使森林公园成为可观光、娱乐、游览、休息、度假的多功能场所。

2. 依据活动方式划分

（1）旅游农场。把旅游景点寓于其中，使旅游者不但享受自然景色、人文历史、风土人情，还可使旅游者在观光中了解农业，品尝特产风味食品。

（2）自助式农场。在这种开放式的农场中，旅游者可根据自己的意愿采摘喜爱的蔬菜、花卉、果品，按价付款。在瓜果成熟季节，旅游者亲自采摘，体验丰收的喜悦。

（3）休闲式农场。由旅游者到农场租种少量土地，种植自己喜爱的农作物。出租者提供日常管理，供应种苗、农药、肥料、小型农具和进行技术指导。

（三）依据地域分布划分

（1）依托自然型。距大中城市30千米以外，交通便利，以多个大中型城市为目标，农业基础较好，传统民俗地道，地貌类型齐全，能以独立完整的农业自然景观为依托，范围广阔。

（2）依托城市型。距大中城市30千米以内，主要以一个大中城市为目标市场；主要通过人工构造农业景观，园区内建设用地所占比例较高，园区规模较小。

（四）休闲农业园发展规划

1. 休闲农业园规划策略

（1）品牌策略：一园一品，突出主题特色。民族的，才是世界的。一园一品，优化主题形象设计是休闲农业园品牌发展的核心策略。休闲农业园区一定要有自己的特色主体农业。我国农业种类繁多，在不同的地方有不同的农业特色，比如平原地区适合种植业、江南水乡适合渔业等。同一地点也可以种植不同的农作物，比如在平原地区，可以种植农作物，也可以种植花卉。所以，休闲农业在开始的定位上有很多种选择，一定要根据自己的优势来选择特色产品。此外，特色还体现在休闲农业园区的服务、风格、设置的活动等方面。

（2）景观策略：乡土文化，维护田园生态。休闲农业园规划设计中应充分考虑场所中各种地形、地貌和地物的特点，尽可能利用建设基地原有的山川、树木等自然资源，创造出建筑、人类活动与自然环境和谐一致、相互依存且富有当地特色的农园环境。

（3）产业策略：四季搭配，延伸产业链条。休闲农业园的季节性强，以度假休闲、游憩教育为主营方向的休闲农业园活动项目较单一，例如园区的采摘都是传统农业链的边界延伸，但如此旅游者滞留时间有限，并且受季节限制很多，不能形成长期、定向的供给线。同时由于农产品的季节性，单一的经营模式会导致旅游淡旺季分明，加上蔬果等作物成熟的时间短而且集中，使淡季长、旺季短的情况加剧。

休闲农业园要培育可持续的产业链条，需要优化产业结构，将农业生产作为基础产业，依托农业优势资源，进一步开发延伸产业和支撑产业，将农业从第一产业向第三产业延伸，即在农业的生产、供应、销售等全程中建立良好的市场关系，打造"共生产业链"。根据各地的资源、区位和市场条件，因地制宜地对农业资源进行整合和综合开发，围绕农业发展旅游业、餐饮业、加工业、配送服务业等。农产品的观光、体验和度假是支撑产业，是维持整个休闲农业园休闲产业合理运转的核心，它们将园区的农业资源有效地转化为商品优势，吸引人流和资金。发展农产品精加工、订单农业、生鲜农产品作为延伸产业，可拉长园区的产业链条，形成园区稳定、持续的经济收入。三种产业的协调合作、资源互补，既能满足观光旅游需求，也能促进农业自身产业结构的升级。

（4）游憩策略：满足市场，融入市民生活。产业规划是以市场的需求为导向的，市场的需求决定了产业的发展方向。休闲农业园在结合区位优势和资源优势的基础上，通过前期市场分析，可以选择适宜的产业来发展，选择重点行业、重点领域、重点产品专业化开发，从而避免休闲农业园产业的同质化，基于市场需求出发的产业定位也更有发展力和竞争力。

休闲农业园具有综合性的特点，由观光、体验、科普、运动、品尝、住宿等元素构成。规划应系统考虑不同景点的特色，根据旅游者不同的旅游心理，设立不同的景点主题，并在游线组织中大力强调旅游感受的差异性和旅游活动的连续性，注重整体旅游线路的节奏感和景点间的连续性，同时强化旅游线路和交通方式的选择性组合。另外，应依据景观特征、游赏方式、游人结构、游人体力与游兴规律等因素，精心组织多样化的游线，还可以结合当地传统文化节日策划相关主题活动。

2. 休闲农业园发展规划内容

（1）总体定位。对园区项目进行总体定位，是休闲农业园规划设计的首要步骤，应从市场定位、发展模式定位、发展目标定位三个方面进行考虑。

1) 市场定位。市场定位是在资源综合评价的基础上，分析客源市场，从客源构成、客源流向、消费结构、消费水平等方面进行分析评估，从而确定休闲农业生态园的发展目标和建设规模。市场定位不仅要分析目前的市场状况，更要研究未来的市场变化，合理划分发展阶段，并选择适应不同阶段需求的建设项目。

2) 发展模式定位。确立合理的园区发展模式在休闲农业园规划设计过程中至关重要，应根据园区所在地的实际状况和发展需求，选择适当的发展模式。此外，发展模式不是一成不变的，需根据实际情况变化做出灵活的调整，甚至可能立足于地区的特殊情况，在科学分析的基础上，创造出新的休闲农业发展模式。

3) 发展目标定位。根据确立的项目发展模式，结合本地区的经济社会状况，对项目发展前景做出预判，制定切实可行的发展目标，以保证项目建设的正确方向和检验规划设计效果。

（2）空间布局规划。根据所选择地址的地形、地貌，合理确定农业用地，园林绿化、道路、广场、农业生产用地、建筑物的合理布局，并与当地大环境相融合。在园区功能上确定展示区、采摘区、生产区、加工区等相关功能区，在此基础上配以相应的品种类型与先进的生产设施和现代栽培模式。休闲农业园规划基本框架可因地制宜，多景点、多主题进行规划。在园区产业布局、功能布局及园区土地利用规划上，可在围绕农作物良种繁育、生物高新技术、蔬菜与花卉、农产品加工等产业进行规划的同时，加强观光旅游、休闲度假等第三产业在园区景观规划中的决定作用。

（3）分区规划。园区功能布局要与产业布局结合，充分考虑旅游者观光休闲的要求，确定功能区。本着因地制宜、节省投资的原则，可以现有的区内道路和基本水系为规划基准点，按照服从科学性、弘扬生态性、注重艺术性以及具有可能性的要求进行分区。典型的休闲农业园分区布局主要包括如下六个部分（见表4-2）：

1）农业生产加工区。农业生产加工区通常选在土壤、气候条件良好，有灌溉和排水设施的土地上，占园区总规划面积的35％～45％。生产区内主要的经营项目有：农作物生产，果树、蔬菜、花卉园艺生产，畜牧业，森林经营，渔业生产等。生产区主要让旅游者认识农业生产的全过程，让旅游者在参与农事活动的过程中体验农业生产的乐趣。

2）农业科技展示区。与农业生产加工区一样，农业科技展示区应该选在土壤、气候条件良好并且有排水和灌溉设施的地段，占园区总面积的10％～15％。可以开展生态农业示范、农业科普教育示范、农业科技示范等项目，通过浓缩的典型科技农业和农业传统知识的推广，向旅游者展示农业独具魅力的一面，增强旅游者的农业意识，加深对农业的了解。

3）农产品销售区。农产品销售区在园区的位置要在交通便利、位置明显之处，一般要坐落在主干道两侧，如有条件最好能够邻近园区外道路，这样既可以争取园内旅游者消费，又可以兼顾园区外过客的采购需要。农产品销售区大概占园区总面积的5％～10％，在经营项目上不仅包括特色农产品，还包括民间工艺品、特色民俗纪念品、园区旅游纪念品等。农产品销售区的建立，可以提高园区经济效益，增加当地农民的收入，促进乡村经济的发展，更可以通过特色旅游纪念品的销售，达到宣传农园的目的。

4）农业观光区。农业观光区通常位于地形丰富多变，原有景观资质良好的地段。占总面积的30％～40％，农业观光区内可以设置观赏型农田、瓜果园，观赏苗木、花卉展示区、湿地风光区、水际风光区等。农业观光区可以使游人身临其境地感受田园风光和自然美景，是游人放松身心、体会农业魅力的理想场所。

5）体验休闲区。该区位于地形丰富、气候良好的地段，占地约为全园的15％～20％。体验休闲区内可设置的项目有：农家风情建筑（如别墅、特色居所等）、乡村风情活动场所、渔家垂钓区等。体验休闲区的开发使游人能够深入农村特色的生活空间，体验具有乡村风情的活动，享受农业休闲带来的乐趣。

6）综合管理服务区。综合管理服务区是园区管理与服务机构开展各种管理、为游客提供服务的区域，其职能主要是管理园区事务，为游客提供各种旅游服务，保障后勤供给，包括宾馆、商业、市场、餐饮、交通、服务等多元功能，于繁密林间穿插点缀着包括会议中心及餐饮、服务、商业等功能在内的有限设施，大概占园区总面积的5%～10%。游客服务中心需要设置售票处、咨询处、医疗室、导游部、保安处等，应设在中心广场旁边或园区入口附近。

表4-2 休闲农业园典型功能分区

功能分区	面积所占比例（%）	用地要求	构成系统	功能导向
农业生产加工区	35～45	土壤、气候、水资源良好，有排水、灌溉等基础农业设施	农作物生产基地，果树、蔬菜、园艺生产，森林经营区，畜牧业养殖基地，渔业养殖区基地，农产品加工基地	为园区提供农业景观，提供需要的农产品，作为农业运转的一个稳定收入来源
农业科技展示区	10～15	土壤、气候良好，有排水、灌溉等基础农业设施	农业科技示范生态农业示范农业科普教育示范	以浓缩的典型农业或高科技模式，传授给旅游者系统的农业知识和高新农业技术
农产品销售区	5～10	邻近园区外主干道	乡村集市可采摘的直销果园民间工艺作坊	让旅游者参观各种农特产品，享受自己动手的乐趣，并购买所需产品
农业观光区	30～40	景观资源丰富、自然环境好、易于营造和组织景观	观赏型农田、瓜果园花卉、苗圃珍稀动物饲养场	使旅游者身临其境感受自然风光和田园野趣
体验休闲区	15～20	拥有较平缓开阔的场地、交通便捷、气候条件好	农村劳作区渔家垂钓区乡村活动场所	使旅游者体验乡村的民俗风情、参与乡村的生活劳作，愉悦心情
综合管理服务区	5～10	交通便利、位置明显	乡村度假设施乡村餐饮设施管理设施	为园区经营管理者和旅游者提供餐饮、购物等旅游配套服务

（4）基础设施建设布局。

1）园区设施建设。拟建设规模园区应建设现代化连栋温室、智能温室、工厂化育苗温室、蔬菜生产大棚及沼气池等，配以现代化喷滴灌系统。要根据当地气候特点，利用地形合理布局园区内作物，一般设施面积占园区面积的1/3。

2）水路的规划布局。道路是园区的动脉，道路的等级、布局关系到人流的畅通和休闲农业线路的导向，要根据农业生产和休闲活动的需要统筹规划。在规划设计中，要求标明一二级干道及支道路的位置、走向、宽度、长度、建造等级和适宜的交通工具类型。给排水工程中的供水与污水处理及配套设备，水系要标明水面、河沟或暗管的位置、范围、宽度、长度、深度，要与自然山水的地面径流量和农业用水排灌体系相适应。同时合理布局供电通信系统及设备。

3）服务设施的规划布局。园区的出入口、停车场、管理中心、商业网点、休憩地、餐饮部、洗手间、娱乐场所、农业参与性活动场所和住宿区等，其布局要以方便游闲人士为原则。

4）园区的绿化。园区的绿化应具有农业绿化的特色，一般采取经济绿化物种，使其既有造景和遮阳作用，又有生产和经济价值。基地开发后要注重植被保护，防止水土流失，显示生态农业美景。绿化安排应综合考虑、统一规划，形成丰富层次的观赏景观。主次道的行道树可选择既有观赏性又有经济价值的树种，还可利用部分果树间隔地间种中草药、绿肥，既有原始山村风格，又可按生态要求还原自然。

5）建筑设计。建筑设计应保持生态环境的农业生产模式，尽量保持与当地农家风格相似的设计形式。旅游观光设施就地取材，可用木材、土砖、青瓦、稻草和钢筋、水泥结合安排，显示出农村田园古朴、清新的风格，使之与自然融为一体。

（5）环境保护规划。旅游产业在乡村的发展或多或少都会造成环境的损失。因为部分旅游资源是不可再生的，所以保护环境就是保护生态。要引导当地居民和游客保护好生态多样性，不破坏环境，对有些重点保护项目着重进行保护。不得随意改变其中的形态。遵循自然生态发展规律，切实保护好当地居民的生活环境。

1）生态环境保护。旅游度假区的环境质量包括空气、水质、卫生、噪声等方面。为了保持旅游空气质量，对于旅游区内的接待服务设施和其他人居地区的取暖供热、饮食制作，应用低硫煤做燃料，要求配置高效消烟除尘设备，严格控制烟尘的排放。交通工具要尽量采用电气机车、人力或排污率低的车辆，严格控制有害气体的排放。如有水岸边际原有建筑搬迁、拆除，严禁取沙，砍伐植被，尽可能恢复其自然景观。对规划区内所有裸露地面，宜种植花草树木，进行全面绿化、美化和香化，做到黄土不露天，减少尘土飞扬。在重要景区建立复合型绿化噪声屏障，有效减少噪声污染，创造宁静、温馨的气氛。旅游区内不得使用高音喇叭广播，进入车辆严禁高音鸣响，全面减少噪声。区内的宾馆、疗养院、饭店等生活污水、垃圾等，必须有净化消毒设施。区内农田不能使用农药、化肥及污水灌溉；对交通不便的景点旅游垃圾，采用设置焚烧炉就地处理的方法，焚烧炉采用气化焚烧炉，气化焚烧炉可低温气化垃圾；在景区每300～500米设立水冲式公厕，生活污水、公厕排污要分别处理后排放，实现污水的资源化、封闭化和无害化；在主要景区、景点建立污水排放系统；对固体废弃物，如塑料、玻璃、易拉罐等废弃物要有效控制，实行统一处理；在旅游区外选择设置封闭挤压式生活垃圾站一座，在景点、游憩点和旅游线路一定距离内设置废物箱。

2) 景观资源保护。景观资源保护包括对自然与人文景观的保护。旅游区内一切景物和自然环境，必须严格保护，不得损毁、破坏或随意改变。旅游区内的各项建设都应与景观协调，在旅游者集中的游览区内，不得建设大型工程设施，同时根据景观审美原则，合理地改善植物品种结构，使得森林景观更加丰富。对景区的重要景物、古树名木，要有计划地进行调查、鉴定，并制定具体保护措施。改善交通、服务设施和游览条件，按照规划确定游览接待容量，有计划地组织游览活动，不得无限制地超量接纳旅游者。加强安全管理，保障旅游者的安全和景物的完好。

3) 生物资源保护。生物资源包括动物资源和植物资源两大部分，旅游区内的一切生物资源都是重要的旅游资源。对生物资源要坚持保护、培养、合理利用相结合的思想，从而实现生物资源可永续利用的目的。保护森林动植物资源，不仅可以保护景观资源，而且可以维持生态系统的平衡。应监视、监测旅游区内环境对野生动物的影响，尽量为野生动物创造生息繁衍的好环境，如挂鸟巢，安放水槽、食槽，帮助鸟兽应对恶劣的气候，使其长居于风景区内。在开发建设的过程中，不要破坏或影响自然植被和物种的生长、繁衍环境，特别要保护好珍稀植物和古树名木。要保护好野生动植物，必须要全面、深入、持久地开展野生动植物保护法的宣传教育工作，使人们自觉遵纪守法，并能与违法行为做斗争。旅游区内禁止开荒，杜绝火灾。要确保旅游区的生态平衡，必须配备一定数量的专业人员，实施管理与保护；可开展观鸟旅游活动，增建服务设施，其收入用于保护建设。旅游区内严禁盗伐，配备少数人员巡逻是完全必要的。另外，可以给旅游者提供一定的场地，使之与动物进行交流，达到陶冶性情、培养爱心的目的。

4）植物病虫害防治。在对植物资源进行保护的同时，应做好病虫害的防治。要建立预测预报制度，查清病虫害的种类、危害程度、地点、规模，做到早预防、早发现、早防治，以生物防治为主、化学防治为辅，尽量防止环境受到污染；对改进的各种观赏树种及绿化树种必须严格检验，防止外来病源入侵。

5）绘制园区规划图。规划文档中，一般要插入一些附图，如区位图、平面图、功能分区图和效果图等。附图比较直观，易于读者理解，便于审视各功能设施布置得是否合理和领导部门审查。

二、古村落旅游规划

古村落旅游作为乡村旅游中知名度高、吸引力大的旅游类型，以其独特的建筑特色、浓厚的文化底蕴，以及别具一格的民俗风情逐渐引起都市旅游者的兴趣，成为乡村旅游中的重要部分。古村落的旅游发展既满足了现代人崇尚自然、回归自然的旅游需求，也给古村落的整体发展带来了很好的契机。如北京门头沟爨底下村，安徽黟县的西递、宏村，江西婺源县的李坑、理坑等都是著名的历史文化古村，吸引了无数游客争相前往。随着文化旅游的快速发展，古村落成为旅游的热点，但同时也给古村落带来破坏性的危险。因此，保护好古村落风貌的真实性和完整性是可持续旅游的前提条件。

（一）古村落旅游资源构成

村落是一个特殊的旅游客体，与一般旅游资源相比，具有其自身特有的性质。从旅游资源角度出发，古村落旅游资源是以古村落的各种建筑实体为载体，包括存在于古村落这种空间内的能够吸引旅游者的一切人类物质和精神文化的成果。古村落中能够被旅游者所感知的有形和无形文化现象主要包括三个方面的内容。

1. 古村落建筑文化

我国古代建筑文化博大精深，多姿多彩，在我国旅游资源中占有重要地位。而我国古村落的建筑文化因其类型多样，成为我国古代建筑文化最重要的组成部分，同时也是构成古村落旅游资源的主体。中国的传统聚落大多立意构思巧妙，从自然现象的概况中寻求象征吉祥的抽象概念，创造出有激情和想象力的乡土环境的独特意境，充分体现了中国古代耕读社会文化的形态特征。古村落各种建筑在建筑文化方面追求天人合一，讲究风水，尊重封建礼制，经过了长期与环境、社会、文化的适应，在建筑特色上全国各地各有不同，多种多样。因此，我国古村落建筑文化具有很大的旅游吸引力。总的来说，我国古村落建筑文化作为古村落旅游资源主要构成部分，主要通过显性的物化古文化景观和附属于古文化景观的建筑文化内涵来体现。

2. 民俗风情文化

目前在我国古村落旅游资源的认识及开发方面，人们通常重视有形的文物建筑，忽略了无形的人文资源。古村落之所以有价值，不仅在于其留下的独特的地面文物建筑，而且在于它所包含的丰富的原汁原味的中国乡村民俗文化和伦理宗教资源。民俗文化也是古村落旅游资源的重要组成部分。

村落民俗文化是根植于本地本族、依赖本地本族存在的民间文化，它是村民心理的折射、习俗的汇集、愿望的表达和智慧的凝结。因此，村落文化有着浓郁的乡土气息和鲜明的个性，主要具有地域性、自发性、传承性、适应性等特征。相对于其他现代村落，古村落保存了更加真实的民俗文化特征。根据民俗文化在旅游活动中所处的地位和发挥的作用，以及民俗文化的各种表现形态，可将其分为节日文化、游艺文化、礼仪文化、生活文化、工艺文化、制度文化、信仰文化等。总之，古村落的民俗风情文化主要通过饮食、服装、戏剧、婚俗、礼仪、民歌、节日、茶文化、传统制造加工、传统家具、民间神话传说、民俗等具体表现出来。

3. 名人文化和历史事件

由于古村落建村历史时间较长，重视文化教育和商业，因此在古村落的发展过程中，会或多或少地出现一些历史名人，这些历史名人都会由于其影响力，给古村落的历史增添较大的光彩。根据名人影响力的大小，可以分为世界级名人、国家级名人、区域级名人和地方级名人，如孔子和毛泽东，由于其巨大历史影响力，曲阜孔府和毛泽东故居都成为闻名于世的旅游资源。因此我国许多古村落的历史名人也是古村落旅游资源的有机组成部分，对古村落旅游影响力和提升知名度有很大作用。浙江诸葛村是诸葛亮的后人聚族而居的村落，因此诸葛亮的名人效应也有力地宣传了该村，其村内祭祀诸葛亮的祠堂是村内的标志性建筑。此外，在一定范围内发生在村落内部的各种历史事件，对提高古村落的知名度和旅游文化内涵也有较大的作用。

（二）古村落景观意象、标志及保护内容

1. 古村落的旅游景观意象

我国古村落景观所具有的基本意象可概括为以下几个方面：

（1）山水意象。我国古村落从选址到布局都强调与自然山水融为一体，因而表现出明显的山水风光特色。中国传统哲学讲究"天人合一"的整体有机思想，把人看作大自然的一部分，因此人类居住的环境特别注重因借自然山水。

（2）生态意象。中国古人对理想居住环境的追求包含对满意生态环境的追求。中国古村落绝大多数都具有枕山面水、坐北朝南、土层深厚、植被茂盛等特点，有着显著的生态学价值，如枕山既可抵挡冬季北来的寒风，又可避免洪涝之灾，还能借助地势作用获得开阔的视野、良好的植被，既有利于涵养水源、保持水土，又可调节小气候和丰富村落景观。总之，中国绝大多数古村落环境都表现出鲜明的生态意象。

（3）宗族意象。中国古代社会是一个典型的以血缘关系为纽带的社会，表现出强烈的宗族意识。村落空间布局多表现为以宗祠等祭祀建筑为几何中心的"心理场"中心展开布局。宗祠成为村落景观的醒目标志，多数古村落都有着令人印象深刻的宗族意象。

（4）趋吉意象。人类生存环境首先讲究的是一种趋吉避凶的理想环境。因此，中国传统村落与传统城市一样，特别注意选择和营造一个趋吉避凶的人居环境。中国古村落趋吉避凶意象有着独特的景观价值。

（5）地文意象。地文意象即地理文化意象，我国从南到北、从东到西，乡村和古村落都有明显的地理文化意象，如徽派建筑、干栏建筑、四合院、窑洞等无不代表着区域性的地理文化特征。

2. 构成古村落意象的标志

古村落意象构成往往凝结在村落的具体形态上，构成古村落意象标志，这些标志主要有以下几种：

（1）宗祠。我国先民崇敬祖先，有着"求神不如敬祖"的理念。不管生活再穷再苦，作为祖先崇拜的祠堂必不可少，而且必定建造得富丽堂皇。古村落中的祠堂往往都处于村落的核心地带，并且是全村族人的精神中心。宗祠在长江以南古村落景观中特别常见。祠堂分为家祠、宗祠、神祠三种类型。后来一般又发展成开办私塾学堂、家族聚集议事、进行娱乐庆典的地方。

（2）牌坊。牌坊也称牌楼。传统文化中的伦理纲常在建筑上的体现是多方面的，牌坊是传播礼制思想的重要纪念建筑，通常用作纪念某人或某事。人们不惜重金兴建了大景牌坊，来旌表那些忠臣、孝子、义夫、节妇，以嘉奖前人、效法后世。有时牌坊也作为村落的大门或标志安放在村落的入口或中心地带，通常采用石料或木材做成，规模大小视空间形态而定。牌坊的主要类型有功名坊、功德坊、节孝坊等。牌坊在皖南古村落中最多，构成古村落比较独特的景观。著名的牌坊如安徽徽州棠樾牌坊等。

（3）书院。书院也是一种封建礼制建筑，主要作为村落中的族人子弟读书和讲学之处。书院建筑格式多样，一般建筑规模较大，在一些村落由于经济原因建不起专门的书院，祠堂往往也作为书院使用。

（4）水塘和水口景观。在南方地区，非常重视对水的运用，开设水塘和水口，从文化意义而言，具有贮气运、聚财富的寓意；从景观角度讲，具有传统园林的构景特点；从生态角度讲，能调节村落小气候。因此水塘的标志作用除了水体本身之外，还是一种具有历史联想和文化含义的环境标志。如皖南黟县宏村中心部分的半圆形水塘"月塘"，成为宏村的重要标志，也是留给外来人印象最深刻的地方。

(5) 寺庙。在民间村落自建的寺庙不同于官庙,它不仅有佛庙、道观,还包括大量供奉各路神仙的庙堂和神龛,或供佛祖观音,或拜土地龙王,也有各种祭祀行业宗神的寺庙。因而其建筑不拘形式规模大小,风格异彩纷呈,有独特的艺术魅力。

(6) 塔。塔最初是佛教专有的建筑,但流入民间之后,其价值和作用产生了转化。在古代村落中,塔往往是调节"风水"的"风水塔",而以今日的眼光看,其在景观构成上,成了点景、借景作用的"景观塔",还有为纪念名人或大事记的"纪念塔"。此外,在以耕读为主要生活方式的古村落,根据民间传说中的魁星主宰文运而建造"文风塔"。因塔的功能价值的不同,产生出各种造型丰富、用材考究、做工精致的塔式建筑。塔在少数民族村落也较多见。

(7) 古桥。古村落中的桥可谓一大景观建筑,不仅有江南水乡的石拱桥,还有山地村落中的木桥、索桥,更有在多雨地区用以遮风避雨的廊桥、屋桥等,它们不仅是联系两岸的交通设施,有时还是调节风水的重要建筑。过街楼在江南村落中常见,利用高空又不阻碍交通,使楼两边的房屋连成一家;造型上也使单调狭窄的巷道产生变化,增加空间层次。

(8) 防御建筑。从防卫和安全的角度出发,许多古村落在整个村落周围建起寨墙、留有寨门,构成了独特的景观。这种景观在以前战争较多的地区如山西、福建沿海和少数民族如藏族、侗族等村落中较为常见。

此外,还有古井、商业街巷、店铺和乡村园林等建筑景观。各地村落景观各不相同,多少不一。

3. 古村落保护的主要内容

文物古迹众多,内容丰富,形式多样,风格迥异。其保护内容主要如下:

(1) 保护古村落整体格局。古村落的存在是与其自身及周边的整体环境密不可分的。保护其整体格局及环境风貌,就是保护古村落本身,而历史文化遗产环境具有更加重要的地位,它的存在就是历史无言的描述,失之,那么一切将无从谈起;同时,与重要历史有关的地形地貌、山水田园、一花一木都要尽可能加以保护,使其保持原样。

（2）保护古村落脉络形态。重点保护古村落内历史街、巷的整体格局，道路骨架、平面布局，方位轴线关系，水系河道等。尽量尊重原始布局，不要破坏原始格局；尽量采用当地原材料，而不是用钢筋水泥来简易修补。

（3）保护古村落遗产资源。古村落遗产资源丰富，有自然地貌、文化遗迹遗址、古建筑、古树名木等。保护这些主要元素，才能做好古村落保护工作。

（4）保护特色民俗文化。古村落经数千年的发展，已形成了各具特色的民俗文化，如地方方言、节庆礼仪、传统戏曲、传统工艺及宗教信仰等，只有保护好古村落的民俗文化，才能体现出古村落乡土人文气息氛围，古村落才能得以完好保存和传承延续下去。

（三）古村落规划的基本思路与内容

1. 古村落旅游规划原则

（1）真实性、整体性、完整性原则。古村落是一个完整的、最基本的居住单元，是以居住为主要功能、以家族为纽带的聚落。塔顶、祠堂、牌坊、社屋、廊亭、民居以及周边自然环境都是村落构成的最主要的要素，因此古村落旅游规划首先要从保护整体环境以及构成古村落环境各个要素的外貌特征入手。

（2）动态保护原则。古村落具有一系列的二重性：既是文化遗产，也是一个社会古村落，还必须是"新农村"；古村落里的村民既是古村落保护的主体，也是古村落保护的客体。保护方法不是迁出居民实施静态保护，而是营造以古村落为实体环境、以居民生活为主的社区环境，在规划保护物质实体环境的同时，更重要的是保持社区的稳定和居民生活的正常秩序，保持古村落的历史文化传统，保证村民居住环境的改善和居住水平的提高。

（3）公众参与原则。古村落内的建筑物是村民祖上传下来的遗产，属于私人房产，因此，古村落旅游规划应当寻求村民们的理解和积极参与。村落中古建筑产权所有者以主人翁的姿态参与村落保护规划管理，在规划实施过程中才能减少村民对旅游的反感情绪和冲突行为，有利于引导旅游业走向健康发展之路。现在许多古村落的村民都自发组织"古村落保护委员会"，积极参与古村落的依法保护整治管理工作。

（4）效益并重原则。经济效益是发展旅游业的直接目的和强大动力，社会效益是发展旅游业的根本宗旨和最终目的，生态环境和自然资源是旅游业生存和发展的先决条件。因此，在古村落旅游业开发的过程中，不能只注重经济效益，不顾社会效益和环境效益。

（5）改善生活原则。古村落中有将近八成的古建筑仍在继续被居住使用，因此改善古村落的居住环境，包括改善基础设施条件，改善传统建筑的居住条件是古村落旅游规划要解决的现实问题之一。不能仅强调保护而忽视村民的生活需求，古村落的规划在进行分级保护的基础上，对大多数非文物建筑应允许村民在保留历史风貌的前提下，改善其内部使用条件，满足现在居住生活中的采光、通风、保暖、卫生等的使用功能需求。

2. 古村落规划基本思路

（1）保护为主，兼顾发展。古村落的核心是"古建、古色、古风"，没有了这些元素，就没有了旅游的吸引物，也就没有了游客。因此，古村落旅游产品的开发要处理好保护与发展的关系，以旅游产品的升级完善为主，适当开发新的旅游产品。对有文化价值的产品要加以保护，对有破损的加以修缮，对那些风格与环境不协调的新建筑要加以取缔，使整个村庄和谐统一。"整旧如故，以存其真"才是古村落发展和保护的真谛，要把真东西留下来，将我们的优秀文化遗产留存，而不是让现代的旅游者看到虚假和充满着商业气息的"赝品"。

（2）动静结合，融入生活。古村落的旅游产品比较单调，缺乏动态的产品和生活元素，游客来此多以观光为主，景区与游客难以产生互动，游客无法更好地体会古村落的民俗风情和历史文化。因此，将动态元素、生活元素融入旅游产品成为古村落旅游开发的方向之一。

（3）休闲时代，体验之旅。中国旅游市场正面临着由以观光旅游为主体向以观光旅游和度假旅游为主体的转变，而且单纯的观光旅游给旅游者留下的印象也比较浅，且存在停留时间短、重游率低、独特性少、吸引力差、竞争力较弱、经济效益不太好的缺点，因此，观光式旅游产品开发古村落的做法必将逐步让步于休闲体验式的产品综合开发模式。

（4）全局统一，突出个性。旅游产品的开发应统筹全局，注重整体性和连续性，充分考虑到地方的自然和文化特性，但也要注重特色的发掘，突出古村落的个性，将最能体现古村落旅游资源特色的东西展示出来。

3. 古村落规划编制基本内容

（1）文本部分。文本部分应包含以下几个要点：①村落概况，区位环境、历史沿革、土地、人口、文物古迹等。②现状分析，特色、存在问题。③历史文化价值概述，资源普查、分析、评价、价值体系。④保护目标和原则。⑤保护性质与保护范围的层次划定，确定保护内容与保护工作的重点。⑥保护措施。⑦对重要历史文化遗存修整、利用和展示的规划意见。⑧重点保护、整治地区的详细规划意向方案。⑨保护规划实施的保障措施。⑩相关法规、政策、条例制定的参考意见。

（2）图纸部分。图纸部分应包含以下几个要点：①文物古迹、传统街区、风景名胜分布图。②古村落保护规划总图，表现各类保护控制区域范围、各级重点保护单位、风景名胜、保护区的位置及范围和保护措施图。③保护区域界线图，标示出重点文物、历史文化保护区、风景名胜保护区的保护范围和控制地带的具体界线。④重点保护整治地区的详细规划意向方案图。

（3）附件部分。附件部分包括规划说明书（分析现状、论证规划意图、解释规划文本等）和基础资料汇编。

第三节　乡村旅游带规划

"沟域经济"是北京创新提出的一种京郊旅游产品形态。它是以山区自然沟域为单元，在充分发掘沟域范围内的自然景观、历史文化遗迹和产业资源的基础上，打破行政区域界限，对山、水、林、田、路、村和产业发展进行整体科学规划，统一打造的旅游产业经济带。

一、乡村旅游带状发展理论

在乡村旅游带的发展中，以旅游景点为发展极点，将沟域串联成线，再以公路、流域、峡谷作为发展轴线，通过对人口、产业的吸引力，集聚轴线两侧的旅游产业，多个点轴发展，形成点轴系统、面状格局，呈现沟域经济立体发展的结构态势，充分发挥资源环境优势，壮大产业规模。

乡村旅游带是以特定的山区沟域为地理空间，依据地域特色，融合其地理位置、历史人文、旅游资源等，形成各具特色的带状旅游线路，产生巨大的经济效应，从而实现山区增长极发展的一种经济形态，属于区域经济范畴。并不是所有区域会同时出现经济增长，而是首先在一些增长点或增长极上，呈现不同的增长强度，其次通过不同渠道向外扩散，进而对整个经济产生不同的影响。这种扩散作用是由于增长极地区经济的快速发展，再通过产品、资本、技术、人才、信息、游客等的流动，对周边区域的发展发挥辐射和带动作用，使之拥有更高的科技水平和更好的智力支持，提高边际劳动生产率和消费水平。实践证明，乡村旅游带的存在、发展乃至壮大，就具备这种增长极的作用。以往通过城镇带动农村经济发展的形式具有局限性，而通过农业内部的经济增长极带动周边农村经济的发展的形式，更加有效率，带动辐射效用更加明显。

二、乡村旅游带的基本特征和发展模式

（一）乡村旅游带的基本特征

1. 相对封闭的区域

乡村旅游带的形成往往以一个可度量的相对封闭的沟域作为地理特征基础，在环境容量允许的范围内进行旅游经济开发。因此，旅游带的可度量特性，使进一步估算旅游带的生态承载力、旅游承载力等经济空间开发限制指标变得可行和必要，而且封闭旅游带还是一个可度量的经济主体，有沟域的GDP、人均收入、经济增长速度等考核指标。通过这些指标可以衡量整个旅游带经济发展程度、上下游发展差距，打破旅游带上的行政区划限制，优化配置资源，提高沟域整体协同作战能力，发挥经济以点带面、以点带线效用，协同发展。

2. 旅游带具有公共物品属性

旅游带内拥有的森林资源、野生动物资源、洁净的空气、优质的水资源、

交通道路等，都是跨行政区域、不可分割的共有资源，这决定了旅游带是不具有排他性的公共物品。旅游带内的每个企业和个人从追求自身利益最大化出发，均非排他性地使用旅游带内的共有资源。当一个区域使用了共有资源，就减少或影响了其他区域对共有资源的用量或使用的可能性。对于这些公共物品，市场"无形的手"在资源配置方面是无效或者低效的。因此，需要政府发挥"有形的手"的宏观调控作用，对旅游带内共有资源进行合理配置。

3. 旅游带经济具有很强的外部性

外部性指旅游带内的旅游经济活动对他人和社会造成的非市场化的影响，分为正外部性和负外部性。旅游带经济的正外部性表现为沟域内生态治理和碳汇经济得到发展，改善区域生态和保护城市环境，享受优质环境的人们无须为此支付费用。旅游带经济的负外部性指带域资源（矿藏、景观）的过度开发造成的生态破坏、水体污染等，影响到下游人类的生产生活，也增加了社会边际成本。通常山区旅游带地区为国民经济所做的贡献和牺牲很难进行科学的核算，往往难以得到承认和补偿。由于旅游带经济发展对自然资源合理开发和生态保护有很强的依赖性，因此旅游带经济发展研究的一个关键问题是要科学认识经济活动的外部性，正确处理治理、保护与开发的关系，考虑对其给予合理补偿以克服负外部性，发挥正外部性，实现生态效益和经济效益、局部效益和整体效益协调的发展战略。

（二）中国乡村旅游带发展模式

1. 龙头景区带动模式

以国家认定的景区为龙头，加快推进旅游项目建设，提升休闲旅游业发展水平和产业培育层次，带动周边地区产业发展，形成辐射面较大的经济区域。如广西环大明山乡村旅游带，是以大明山景区为旅游吸引物，通过环大明山周边四县，以及南宁市区部分处于环大明山旅游带上高品质的旅游资源的有效整合和相互补充，构成一个具有山、水、林、泉、洞，文化、民俗资源相辅相成的乡村旅游带。

2. 文化创意先导模式

通过创新思维改变人们现有的消费理念、方式和途径，依托自然、历史、文化资源开发文化创意产业，打造新的经济增长点。如北京密云汤河沟域"紫海香堤"以"浪漫香花，山水长城"为定位，以现有汤河农业和村庄人员为基础，以生态农业、花草种植为基地，以周边的水域环境和错落有致的山体为依托，建设集养生、度假、休闲旅游为一体的长城脚下最时尚浪漫、国际型的香草庄园。目前，紫海香堤艺术庄园直接吸纳劳动力300多人，带动至少340户致富，人均增收500元。

3. 都市农业驱动模式

现代都市农业驱动模式是以建设都市型现代化农业为核心，以科技创新和文化创意为动力，驱动高度关联的三次产业不断融合，建设农游结合的旅游沟谷带。采取这一发展模式的沟域，具有广袤的坡地，特殊的气候条件，洁净的空气、土壤和水资源，是生产绿色果蔬、粮食、畜禽、水产的绝佳场所。如果这些资源规模相对集中，经过合理整合就可形成规模经济效益，为发展现代都市农业驱动型沟域经济奠定基础。基于产业类型和开发形态的不同，可将这一模式下沟域经济划分为特色种植业、种养复合农业、文化创意农业等具体开发类型。如四川彭州北新线都市农业示范带，沿线布局了多种涉农产业形态，以中国（彭州）蔬菜科技博览园为亮点、农产品物流为支撑、田园化绿色产业示范区为重点，推进以蔬菜为主题的一三互动，形成一条条独具风情的都市农业乡村旅游景观带，打造都市现代农业示范线，使之成为成都市民郊区休闲旅游的好去处。

4. 特色产业主导模式

利用已有的特色支柱产业资源，注入科技、绿色、健康内涵，配套发展环境友好型生态产业，延伸产业链，提升产业整体竞争力，发展特色产业。如北京平谷大华山镇依托大桃产业打造桃花谷沟域经济，昌平南口镇重点发展百合花主导产业，怀柔雁栖镇神堂峪的"虹鳟鱼一条沟"等。

5. 自然风光旅游模式

依托现有自然景区，重点发展休闲观光旅游业，并带动特色林果业、农业观光园区和休闲农业等产业发展。如北京延庆千家店充分利用优美的自然环境，启动了"黑白河沿线百里山水画廊工程"，提高乡村旅游的硬件条件和接待能力，提升旅游环境档次和水平，打造出远近闻名的"百里山水画廊"，大大推进了沟域经济发展。

6. 民俗文化展示模式

依托传统民居、宗教寺庙、革命遗址等人文景观，重点发展民俗旅游、文化旅游和红色旅游，并带动特色林果业、休闲农业和农业科技园区的发展。如贵州巴拉河乡村旅游带，由沿巴拉河流域的南花、上郎德、猫猫河等9座苗族村寨群落，形成一个乡村民俗旅游体验带。

(三) 乡村旅游带整合发展的关键要素

1. 政府有为，充分开发沟域内资源

对于山区这种特殊的地理环境而言，自身会具备一些平原所没有的特色资源，具有一定的垄断性，经过合理充分的开发利用后会获得很好的经济效益，因此，政府有动力进行必要的支持。如旅游带内生态涵养区的开发，针对沟域内溪流、河塘水面进行规划，适量养殖部分水禽类动物，开展湿地旅游、水鸟观赏等；要在植树造林、小流域治理所形成的人工景观内开展旅游，深入挖掘旅游资源。

2. 结合沟域优势，调整产业结构和布局

立足旅游带内部资源和市场需求的实际情况，结合旅游带的功能定位，政府应引导进一步调整产业结构和布局，加快形成第二、第三产业与旅游带资源和功能相适应的优势主导产业。同时，按照优势互补的原则，充分利用旅游带周边地区的资源，加快发展相邻旅游带之间的合作，力争形成一定的规模。要为旅游带内产业融合创造有利条件，使产业之间相互联系，增强产业关联性，发展重点产业，使其充分发挥扩散效应，推动旅游带发展。

3. 给予资金支持，促进沟域经济发展

旅游带的发展与形成不仅需要前期大量的资金投入，而且规划不到位会存在很大的不确定性，常规的商业银行作为自负盈亏的商业机构，从自身经营角度讲，本着追求资金利润最大化原则，难以对农业进行投资支持，仅仅靠资金的自由流向无法支撑旅游带发展。此时政府应在精心规划以及可行性论证的基础上给予资金拨放，解决乡村旅游带发展的资金瓶颈问题。

第四节 乡村旅游体验规划

由于社会的发展和人们生活水平的提高,人们在消费过程中需要的不仅是一种物质上的享受,更追求一种精神上的满足。体验经济是一种新的经济形态,并已经成为发展趋势。乡村旅游不同于其他的旅游方式,不是以景区观赏为主,而是以体验乡村生活为主,这种旅游体验的效果直接决定着游客整体的旅游质量。因此乡村旅游开发必然要转向以体验为中心。

一、体验经济时代的游客特征与需求

(一)体验经济时代的游客特征

一个体验快节奏旅游的游客行为有如下特征:其一,更愿意自助游。其二,选择个性化定制的旅游产品。其三,购买"零件"自己"组装"。其四,自己发现旅游胜地。其五,"下马赏花"式的游览。其六,从"旁观"到"参与",从"领受"到"奉献"。其七,从只重视"到此一游"的结果到同时重视"结果"与"过程",从"被组织""被安排"到"自己组织""自己安排"。

(二)体验经济时代的游客需求

乡村旅游给予游客一种愉悦的、家的感觉的美好体验,其主要是通过让游客感知到新鲜感、亲切感与自豪感来实现的。

1. 新鲜感

新鲜感来自差异。新鲜感,即新奇与鲜活。乡村旅游的新鲜感来自农村与城市不同的自然风光、传统习俗等日常生活的点点滴滴。这种差异越大,对游客的吸引力越大,游客参加乡村旅游活动时体验越深刻,旅游活动结束后收获越多,记忆也会越深刻。新鲜感也来源于同类型乡村旅游产品的独特性上,在体验经济时代,个性化产品和服务越来越受欢迎。随着旅游者的消费经验日趋丰富,对乡村旅游产品更加挑剔,对"住农家院、吃农家饭、干农家活"的大众旅游产品感到厌倦,开始追求一种彰显个性的乡村旅游产品和服务。

2. 亲切感

亲切感主要指游客的情感需求，在乡村旅游中主要指"家"的感觉。体验经济时代，从旅游消费者的需求结构看，情感需求的比重增加。旅游消费者在注重产品质量的同时，更加注重情感的需求，偏好那些能与自我心理需求引起共鸣或者能实现自我价值的感性旅游产品。乡村旅游中"家"的感觉主要是通过与当地村民或者民俗接待户的交流实现的。乡村旅游者从与当地农村的接触中，特别是与当地村民的接触中，在那些受欢迎的、充满了关心和理解的热情好客的环境中消除孤独，并得到的一种满足感和亲近感。

3. 自豪感

自豪感来自赞美。体验经济时代的旅游消费者从注重产品本身转移到注重接受产品时的感受。旅游消费者从被动接受旅游产品发展到对旅游产品提出个性化需求，希望能够亲身参与乡村旅游产品的设计和制作。在这一过程中，旅游者将充分发挥自己的想象力和创造力，积极参与旅游产品（物质产品和精神产品）的设计、制造和再加工，通过创造性消费来体现他们独特的个性与自身价值，获得更大的成就感、满意感。而旅游者亲身参与制作旅游纪念品，本身就是旅游经历的一部分，这种纪念品大多融入了旅游消费者的劳动和智慧，具有了更高的价值。

游客的感知直接决定了游客对旅游产品的评价，是形成游客满意、游客忠诚最重要的因素。游客忠诚既可以表现为高回头率，也可以表现为良好的口碑和乐于对外推荐，这对于旅游地和旅游供应商而言都是至关重要的，因为这决定了其能否在激烈的市场竞争中取胜。尤其对于乡村旅游而言，其产品性质决定了游客保持较高回头率是完全可能的，因此乡村旅游游客的满意度、忠诚度对于乡村旅游经营者而言尤为关键。

二、乡村旅游体验规划的具体内容

（一）内容规划

将旅游地各种体验元素加以组合更新，提炼出合适的体验主题，并构造出具备特殊意象的体验场景和活动项目，主题来源于旅游地的各种特殊文化形态，要富有独有性和本土化特点，并且要具有感召力和实践性，使产品感知化和稀缺化，利于体验活动的开展。体验主题应该因地制宜，即必须符合乡村本身的特色。乡村在确定好体验主题后，就应该设计一系列与主题有关的活动，进行主题加强，形成鲜明的主题印象。在此过程中，要尽量让旅游者在旅游产品的情境中感觉到原汁原味。此外，在乡村旅游情景规划中的情景必须是加以"编织"的情景，即必须要讲故事。好的旅游项目，核心就是编织故事。如果说一个旅游项目能够有主题故事，就搭起了一座通向目标市场中游客较深层次旅游休闲趣味的桥梁，就形成了这个项目的核心。

(二) 功能规划

旅游活动六要素分别为：吃、住、行、游、购、娱，乡村旅游活动同样如此。通过对这六要素不同地设计和组合，可以营造出浓郁的乡村感觉和体验氛围。

1. 饮食方面鼓励原生态与多样化

(1) 食材原料和制作方法原生态。如果来自城市的游客身在乡村，却吃着和城市餐馆里一样的菜肴，那感到索然无味的一定不仅仅是嘴巴，更是精神。因此，乡村旅游中的食材应是原生态的，食物原料的种植过程要符合绿色标准，天然健康。

(2) 就餐环境原生态。乡村餐馆的外观一定要与周边环境相协调，内部的装修、家具、餐具、餐厅的设计都要与乡村的风貌相吻合，但要注意就餐环境的卫生和条件。

(3) 就餐形式多样化。中国各地的特色食物众多，制作方法也各异，在吃之前，如能够观赏到特色食物的制作过程，无异于欣赏一次艺术表演，接受一次中国食文化的熏陶，让人吃出美味、吃出文化。为了增加游客的参与度，除了展示制作，还可以让游客现场参与、亲身体验美食的制作过程，也可以让游客一边观景一边就餐。如果乡村拥有独特的景观资源，可以将餐饮与观景相结合，如在瓜架下、渔船上建造露天餐厅，让游客在如画卷般的环境中尽享美食，也可以让游客在品味美食的同时欣赏当地特色的文化表演，如昆曲、丝竹、纳西古乐等传统文化形式，但要注意防止商业化与庸俗化现象的发生。

2. 住宿方面体现乡村化和家庭化

（1）建筑设计上体现乡村化和家庭化。度假乡村住宅最大的特点应是给人营造一种"家庭"的感觉。首先，尽量保持乡村建筑的原汁原味。如果为了迎合城市旅游者的住宿需求，而拆掉原有的老建筑，建起的富丽堂皇的新楼房，总有种不伦不类的感觉。其次，空间布局和设施设备的设计应尽量居家化，保持地地道道的乡村朴实风格。

（2）游客自我服务。乡村住宅应为住客提供各项服务，却不表露明显的服务痕迹，甚至可以不设服务生，只有房主，当房主交给游客钥匙之后，就不再来打扰。当然如何提供服务视游客的需求而定，需要时及时提供，如不需要，可以让游客自己做食物、收拾房间和洗衣服，充分体验自然的乡村生活。有些住宿在农家、与农家成员共同生活的方式和租住的方式就更加凸显了这种自然的状态。

3. 交通方面突出真实性和趣味性

乡村旅游的交通分为内部交通和外部交通。对于外部交通而言，要注意通往目的地的公路两旁绿化和曲径通幽的设计，可以营造"山重水复疑无路，柳暗花明又一村"的世外桃源境界。停车场的设计，应距离核心旅游区一段距离，游客需背包自行进入，不方便的行程可由村民们提供有偿帮助，或挑担，或出租农家交通工具。

对于乡村旅游内部交通的设计，可以开辟风景优美的乡间土路、田埂小道水道，以游客步行和乡村传统交通工具为主。如木质的马车、驴车、轿子、渔船等，体现出当地特色，突出真实性和趣味性。

4. 游览方面体现多元化和线路化

（1）旅游类型多元化。农事活动类型可以开展家畜家禽饲养、成熟果实和茶叶采摘、秋季庄稼收割和捕鱼活动等。当今乡村旅游中此类活动可以以采摘园、垂钓园等形式展开，也可以以"租赁农园"的形式展开，让市民全过程地从事农业生产劳动和农业经营活动，体验农业生产过程，享受耕作的乐趣。并且由于市民在乡村拥有自己的农园，会使市民的重游率大大提高，有利于乡村旅游的发展。

(2)民俗节庆活动类型。龙舟竞渡、摔跤、赛马、射箭、斗牛、荡秋千等各种民俗活动都具有较高的欣赏价值。我国农村几千年来形成的民俗文化还包括地方上的历史人物和现当代知名人士的逸事、传奇,有特色的乡村聚落、民俗活动、宗教信仰活动,当地传统手工艺品、特色产品,还有充满情趣的乡土文化艺术,以及目的地举办的一系列游乐活动和特殊节日活动等,这是乡村旅游资源中最富魅力的成分。在美国,一些结合传统艺术的特色乡村旅游颇受游客青睐,例如"瓜果塑造""庄稼人艺术画"等。马来西亚的乡村旅游则充分体现了"花卉之国"的特色,大力发展农场花卉旅游业。

(3)学习活动类型。可学习欧美国家开设各种人们感兴趣的农业课堂,如开展骑马、捕鱼、打猎等的学习活动,并可对冠名骑马农场、教学农场、探索农场和狩猎农场等加以营销,收取的费用相比在城市中优惠得多。

5. 购物方面鼓励游客自制自购

对于乡村的土特产品,如蔬菜、茶叶等农产品及农副产品和刺绣、编织等手工艺品,让游客直接花钱购买是通常设置的购物方式。除此之外,还可以鼓励游客在乡村旅游期间自己制作,对于游客而言,在返程的时候带上一些自己制作的食物和工艺品是很有纪念意义的。

6. 娱乐方面注重创新性

乡村为了更好地满足旅游者追新猎奇、求乐求知、求健求美等需求,应尽可能地开发多种形式的娱乐休闲活动。节庆活动形式需要创新,如美国许多农场会举办西红柿节、甜洋葱节、土豆装袋节等活动。给旅游者带来极大的乐趣。这不仅丰富了乡村旅游的项目产品,而且避免了农场资源的闲置浪费。

(三) 空间规划

空间规划的关键是项目与主题的关系,在实践中,要努力做到主题指导项目、项目服从主题。可以学习景区开发的方式,将周边零星分散的地方文化和景点串接起来,开发出相关旅游线路,形成区域联动效应。在景点选择上应注意求同存异,游客在游览过程中会形成一个视线走廊,要使游客保持一个美好的视线感觉,总体来说应该是"形断神不断"。颜色鲜明的庄稼会形成较强的视觉冲击力甚至是视觉震撼。

(四) 时间规划

1. 游览时间规划

进行游览时间的规划，首先要解决的问题是游览时间从哪里开始，即到哪个地方算是进入景区。一般来说，离开干线公路，到了支线公路，就应该算进入景区，但由于普遍存在误区，所以支线公路的状况不是很好。干线要求通畅，而支线已经进入景区，对客人来说，就要求缓慢了，在规划设计方面，这条路的主要功能除了交通以外，应该是景观路、文化路、生态路，应该尽可能使旅游者感觉兴奋，这就需要在路上规划设计一些景观。设计的方式不拘一格，但相应地方必须要有兴奋点。

游览时间指以游览时间为主体，加上其他消费时间的总和。很多景区之所以摆脱不了单一的门票经济，就是在时间规划上没有下功夫。游客走马观花，行色匆匆，经营者没有其他的收入来源，只好在门票上做文章。如果增加一些综合消费项目，就会增加一些停留时间，在增加了收入来源的同时，最终也要累积到综合消费时间上。

2. 全年时间利用

对一个景区景点，需要研究全年性的利用能达到什么样的程度、季节性的利用能达到什么样的程度。北方最普遍的现象是冬季旅游不景气，有些景区，一年只能经营3个月，因此长年亏损运营。一个经营性的项目，必须考虑全年时间利用的问题，目标就是争取全年的利用时间更长。

第五节　乡村旅游基础设施建设

旅游基础设施，是为适应旅游者在旅行游览中的需要而建设的各项物质设施的总称，是发展旅游业不可缺少的物质基础，主要包括旅游饭店（宾馆）、旅游交通以及各种文化娱乐、体育、疗养等物资设备。我国的乡村旅游是伴随着社会主义新农村建设而兴起，并与之相辅相成的新兴产业。新农村建设首先是改善农村落后于城市的物质条件，乡村旅游的发展首先也要求农村具有良好的旅游基础设施。以北京为例,从 2006 年起,北京开始实施农村"五项基础设施"建设工程,即村庄街坊路硬化、供水老化管网改造和一户一表、污水处理、垃圾处理、厕所改造。目前,全市所有行政村已实现"五项基础设施"全覆盖,全市 300 万农民的生产生活条件因此得到极大改善,乡村旅游的发展进入快车道。但是,乡村旅游有其固有的发展规律,对基础设施建设有一些特定的发展要求,既要考虑到为本地的农村居民、农业发展服务,也要考虑到满足外来旅游者的需求。本节就各级政府应该承担的乡村旅游公共基础设施建设进行阐述。

一、乡村旅游公路与设施建设

(一) 乡村旅游公路

乡村旅游公路指拥有旅游景点或者直接通达旅游景点的城镇、乡村的,能够满足游客的审美要求并为其提供符合生理、心理需求的服务设施要求,且整体安全、环保、美观、管理有序的公路。"要想富,先修路",乡村旅游发展也是如此。在自驾车乡村游呈现井喷式发展的今天,通过旅游公路网规划将公路资源与公路沿线(即城郊与乡村地区)的各类旅游资源高度整合已成为当前乡村旅游交通发展的主题。

乡村旅游公路规划建设应主要把握以下要点:

1. 营造公路景观

旅游公路除了提供必要的交通功能外,更多的是将旅游公路本身作为区域景观资源的重要组成部分。良好的旅游公路作为旅游景观的一个重要组成部分融入整个旅游景区系统中,成为构筑当地历史文化氛围的桥梁和展示当地文脉的风景线。旅游公路单独成为一道风景,体现出"旅游公路"的"公路旅游"价值性,拥有道路本身的视觉、自然、历史、娱乐、文化等特色价值。乡村旅游公路两侧应该利用乔木、灌木、花草等进行绿化美化,形成富有层次、随季节变换的镇观廊道。在保证主干道畅通、安全的前提下,可因地制宜地采用多圆卵形曲线和随弯就势的连续"S"形曲线,改善线路的连续性、流畅性及公路路容景观的协调性,充分利用弯道、坡道营造出一种"曲径通幽""柳暗花明"的效果，而不是过分强调道路笔直。村庄内部道路应顺应地形而建，做到不推山、不填塘、不砍树，以现有道路为基础，配合现有村庄格局和建筑肌理，延续村庄乡土气息，传承传统文化脉络。

2. 建设旅游公路网

走"回头路"是旅游线路设计之大忌。在一定区域内，旅游公路要成为环线，形成网络，合理地沟通连接区域内重要的乡村旅游点。要建设以旅游服务为主的干线公路（城市枢纽—景区旅游公路）和依托于干线公路的其他旅游公路（景区—景区旅游公路和景区内部旅游公路）。合理的旅游公路网应具备如下几个条件：第一，具有必要的旅游资源通达深度和里程长度。第二，具有特定的旅游价值。第三，要有与旅游资源和旅游交通相适应的道路技术标准和内在品质。第四，具有经济、合理的平面网络。

3. 生态保护优先

一般来说，乡村地区的自然生态环境均处于一个较好的水平，在乡村旅游公路网规划修建的过程中，环境问题一旦把握不好，势必会对乡村环境造成一定的影响，极有可能破坏乡村旅游的可持续性发展。环境遭到破坏是旅游资源的无形消耗，旅游资源的耗尽意味着区域旅游经济的崩溃和旅游公路网旅游经济功能的瘫痪。因此，乡村旅游公路要与周边环境协调，绿化方案根据公路所在的不同生态区进行分段设计，要最大限度地减少边坡的开挖，保护原有植被，路线布设上尽量使路基不伤及原有边坡，对开挖的边坡要采取铺挂植被网和铁丝网进行生态防护或栽种乔木进行掩饰。

4. 构建指示系统

自驾游已经成为乡村旅游的主要出行模式，因此乡村旅游公路的建设一定要注重指示系统的构建。原则上讲，旅游标志设置的地点一般在公路出口前方的适当位置，每个出口处设置一块旅游标志，内容不超过2～3个景点，文字必须中英文对照，但不得影响其他公路标志的效果。在设置安排上，先重点、后一般，其中国家级风景旅游景点可设置在高速公路上，省级重点旅游景点设置在国道、省道上，并严格控制，防止过多过滥。县、乡道路可以适当多设置指示标志，包括区域内所有的乡村旅游点，并且应该采用突出区域特色的个性化设计方案。

(二)道路设施建设

道路设施包括道路绿化、道路排水、停车等。一般情况下，村庄主、次道路绿化带在道路两侧种植乔木，树下不做维护，野草自然生长，富有趣味。可在乔木之间种植常绿小乔木、灌木和地被植物，以减少土壤裸露和道路污染，提高防护功能，加强绿化效果。道路两侧绿化布置以简单、实用、大方为主，也可在不妨碍通行的地方种植绿叶阔叶树种，起到为村民提供遮阳、纳凉和交往空间的作用。宅前道两侧可考虑统一树种，统一各家门前植树位置，形成一街一树、一街一景的特色。对于道路一侧的开阔地带，可种植一些观赏大树，布置少量座椅，形成村民纳凉、聊天的场所。对于村民宅前屋后的空间，在统一绿化的同时添加村民自主种植的蔬菜，乡土特色会更为明显。

一般情况下，道路紧邻建筑时，路面应适当低于周边地块，利于周边地块雨水排放。道路两侧为农田、菜地时，路面宜高于周边地块，有利于将道路积水漫排至农田、菜地。村庄停车有集中停车和路边停靠两种方式。集中停车可结合村庄入口或主要道路，设置机动车集中停放场地，减少机动车辆进入村庄内部对村民生活造成干扰，在发展乡村旅游的村庄应根据旅游线路设置旅游车辆集中停放场地。路边停靠一般沿村庄道路，在不影响道路通行的情况下，选择合适的位置设置路边停车位。

二、民居立面改造与文化墙建设

(一)民居立面改造

村落景观是乡村旅游资源的有机组成部分，构成了乡村旅游区的重要特色。在我国广大乡村，建筑多为当地居民自己搭建，不仅缺乏建筑的美感，同时也存在安全隐患。造成大部分地区建筑风格类似，但与周边环境和当地人文历史风俗不相符，破坏了整体的美感。农村居民自己建盖的民居大多选用瓷砖、板材等材料，不仅缺乏地区特点，同时也失去了当地文化底蕴。造成南北农村景观大体相同的局面，陷入了"千街一面""千村一面"的境地。

这种丧失民族地区特色的建筑风格往往会给当地风土人情造成同化，历史人文得不到传承和发展，缺少旅游的亮点。

新农村建设为农村民居的改建提供了良好的契机，乡村旅游的大发展又为农村民居的改建提供了方向。新农村住宅社区的造型设计和风格取向应与当地自然、天际轮廓线及周围环境的景色相协调，还要体现当地历史、文化、心理与社会生活等地域文化和文脉，以传统文化要素为切入点来探求农村民居立面改造手法，把村庄当作景点来改造提升。

1. 确定整体风貌

根据本地区的历史文化传统，或者乡村旅游发展规划中希望打造的总体目标（如法兰西风情小镇、荷兰村等）确立整个村庄的建筑风格。在开展乡村旅游的村庄，不同类型的"农家乐"可采用不同类型的建筑和装修，根据展开的活动和服务增加相应的设施，但总体来说，要保持乡土特色，体现出爱乡爱土的责任感和使命感，同时注意建筑布局的科学合理，建筑风格、活动区域的地面处理、墙面处理以及建筑外观等都应该与乡村环境相协调。

2. 保留传统符号

立面改造中，要提取传统建筑符号（如坡屋顶、马头墙、穿斗拱等），组织建筑元素，符合整休建筑风貌形式特色要求，结合环境特征，形成具有地方特点的新农村民居。

3. 注意细节处理

对于建筑的设计和选择要根据当地的风土民情进行选择。在立体造型和细节上多加处理，利用房屋建筑的特点如顶层、底层、拐角、楼梯间等设计进行整合。简单实用的前提使乡村建筑更为立体。

4. 注重社区参与

民居改建涉及村民自身利益，一定要充分尊重当地村民的意愿，根据当地村民发展乡村旅游的需求进行设计、施工。

（二）文化墙建设

文化墙是农村精神文明建设的重要载体和阵地。在乡村旅游发展中，也应该成为传播乡风文明、传递历史文化的风景。文化墙上的语言应该亲切自然，避免喊口号。文化墙上的内容，应该突出本地的历史文化，反映乡村民俗。在表现手法上，可以利用当地的农民画，也可以采用浮雕、砖雕、彩绘等形式。

三、给排水设施建设

水在村庄宜居要素中扮演着重要的角色。我们的先人在村庄给排水设施上有着丰富的经验。通过分析我国村庄的水利方面建设，可以发现都有很多类似的地方。比如在给排水设施建设、水源地的规划、雨水过滤系统等方面都有体现。在乡村旅游开发中，给排水设施建设应当遵循以下原则。

（一）优先实施区域供水

区域供水要求聚集地更为集中，在底下形成一个水源网络。协调统筹各地区的供水，保障居民的日常生活，这是居民生活必须进行的基础工作。在离城市较近的乡镇进行区域化集中供水，推进水管入户进村建设。在测算用水量时，应当考虑旅游接待旺季时的需求。

（二）保障饮用水安全

对于远离城镇的乡村无条件进行市区饮用水供应的地区可以采取单村供水的设施，实行村与村之间连片运行方式，使用小型压水机或者水泵。应该保持周围环境清洁，保证饮用水资源不受污染。给水厂站生产建筑物和构筑物周边30米范围内应无厕所、化粪池和畜禽养殖场，且不得堆放垃圾、粪便、废渣和铺设污水管道。供水管材应选用聚乙烯（PE）等新型塑料管或球墨铸铁管，使用年限较长、陈旧失修或漏水严重的管道应及时更换。原水含铁、锰、氟、砷和含盐量以及藻类、氨氮、有机物超标的，应相应采取特殊处理工艺。

（三）排水沟渠雨水收集

根据地形实际情况进行管道改建，实现雨水处理与道边沟道相结合。充分利用自然优势将雨水排放到池塘沟渠等地区。在沟渠的修建上要使用梯形或者矩形的设计模式,用鹅卵石、砖石、混凝土等本地材料进行修盖。采用管道收集雨水时,采用混凝土管、硬聚氯乙烯塑料管、高密度聚乙烯塑料管等,管径一般为300~400毫米,每隔20~30米设置雨水检查井。排水沟渠应加强日常清理维护,防止生活垃圾、淤泥淤积堵塞,保证排水畅通。

(四)污水处理

乡村旅游的发展,为农村带来大量的人流,也带来了污水和垃圾。地处近郊地带的村落,应和中心城区连接一个大型污水处理站进行污水集中处理。对于人口集中分布的村庄应该加盖处理站进行集中处理。对于地理地形相对复杂、人口居住分散、污水不易收集的地方,应当采取分散的处理方式。小型污水处理设施应注重效率和环保,选用"厌氧池—自流充氧接触氧化渠—人工湿地""厌氧池—脉冲生物滤池—人工湿地""厌氧池—风帽滤池—人工湿地"等工艺;有条件的村庄也可选用"水解酸化—好氧生物处理"等处理效率较高、运行费用较高的传统生化处理工艺。位于环境敏感区域并对排放水质要求高的村庄,可选用膜生物反应器等工艺。

四、环境卫生设施

景区客流量的增加也给生态环境带来了一定的压力,出现了环境污染等问题。乡村旅游发展地区应该率先实施"户分类、组保洁、村收集、镇转运、县处理"的垃圾收集处理体系,对垃圾进行治理分类。从源头上解决污染问题,实现资源的可持续发展。垃圾收集站的建立包括保洁服务和采集分类垃圾两部分。

(一)配置收集设施

实施垃圾分类的措施如下:确定固定的垃圾收集人员进行垃圾分类之后送到乡镇大的垃圾处理站进行运转。同时,在农村合理的位置规划放置垃圾桶,5~10户居民之间放置一个专用的垃圾收集箱,每个垃圾箱之间距离有固定的数值,服务辐射半径不超过70米。垃圾桶的容积由实际投递垃圾数量决定,数值控制在200~500升最好。合理的位置应该根据居民活动决定,在主干道和次要道路位置合理安放垃圾桶数量。同时安排合理的垃圾运输车辆。在选择机械化处理的乡村，配备原则是，3000 人以下的村落配置 1 辆垃圾车，居民数量在 3000～5000 人的配置两辆，在 5000 人以上的配置 3 辆垃圾车。如果选择人工收集垃圾的村落则要在实际情况下加派垃圾运输车，主要的硬件设施有人力收集车辆、三轮机动收集车辆和运输汽车等。

（二）建立保洁机制

在乡村大力推广有运输车辆直接收集垃圾的清运方式，逐步缩减人力收集垃圾采集点设置。节约了资源的同时可以保证垃圾更完整地被回收，避免了资源的二次污染。

对农村居民进行垃圾分类教育，从源头上解决垃圾污染问题，进行资源合理化运用，实现耕地无污染。通常垃圾分为可回收、有机、有毒有害和其他垃圾四种类型，简化来说，可以分为干垃圾和湿垃圾。书籍、塑料和一些金属器物可降解的在分拣后进行重新利用。有机垃圾通过生物分解结合秸秆、污泥等无污染的废弃物进行分解利用。处理方法包括沼气处理、堆肥处理、生物转化等。设置人畜粪便制沼气的村庄，可将有机垃圾粉碎后与畜禽粪混合加入，增加沼气产量。砖、瓦、石块、渣土等无机垃圾可作为建筑材料回收利用，或在土地整理时回填使用。

第六节　美丽乡村建设

新型乡村规划的目的是建设美丽乡村，这是发展过程中不能抛弃的主基调。要达到四个目标，"规划科学布局美、村庄整治环境美、创业增收生活美、乡风文明素质美"。旅游产业在乡村的发展无疑具有很好的助推作用。

一、乡村旅游与美丽乡村建设的关系

旅游产业的发展和农产品行业发展是相辅相成的，同时可以衍生出很多新的产业，比如农副产品、交通运输产业、房地产等产业的发展。以工代农的方式提高了农民的收入，乡镇企业家这一新兴身份的出现，拉动就业，提

高了农民收入。就业渠道更加广泛，不论是办参观还是加工纪念品等，都可以得到相应的报酬收入，村民还可以通过入股的方式得到分红。

乡村旅游对农村居民的整体文化水平和素质也有一定拉动作用。新思想、新文化、新理念对农村居民产生了潜移默化的影响。学风建设得到了良好的提升，村民开始大批学习普通话、电脑技术等。知识的力量为农民的增收提供了新的途径，也促进了旅游产业的发展。

只要旅游产业构建合理，生态资源是可以得到保护的。农村居民产生了更强烈的环保意识，身体力行地保护环境，促进了当地资源可持续发展。

二、美丽乡村建设中存在的问题

美丽乡村建设是一个庞大的、具有结构性的工程，需要多方面的协调配合，也需要资本和人才的支持。但目前的发展过程中存在部门不协调的现象，很多资源没有进行统筹考虑，部分想法重复，致使美丽乡村建设得不到统筹推进。

（一）村庄整治过程中未能很好地保护古村古建筑

村庄整治以农办和建设部门为主，按照建设部门的政策要求，农村建房必须将原有建筑进行拆除，全部盖上清一色的新房屋，每一户只允许盖一处房子，所以导致一部分很有历史研究价值的老房子遭到破坏。即便有保护得很好的老房子也被包围在里面，丧失掉本来的意义。在拆除旧房屋的过程中，一部分村庄因为人口过少的原因出现了向中心地区整体搬迁的情况。

（二）新村环境整治过程中未能很好地考虑旅游元素

在进行旅游产业建设的时候没有充分考虑好当地的实际情况，没有系统整合旅游资源，造成资金的浪费。

（三）城乡一体化推进过程中未能很好地保留农村原有韵味

在城乡一体化建设过程中要根据具体实际进行规划。目前这方面发展较为薄弱，建筑风格也没有明确的区分。"走过一村又一村，村村像城镇；走过一镇又一镇，镇镇像农村"的现象还没有根本扭转。同时，在这个过程中，资本和文化的侵蚀涌入对当地的硬件基础设施建设造成一定冲击，逐渐带有商业化气息。比如，农家乐办的星级酒店，厨师也专门进行培训，这和之前的想法就南辕北辙了。

三、美丽乡村建设的对策

要想实现新型农村建设，实现美丽乡村的建设目标，发展旅游业会是一个非常好的选择。当一个乡村在充分分析自身优势后有能力将旅游产业放到突出位置时，就应该贯彻执行一系列政策措施。在推动乡村经济效益提升的同时也促进旅游产业的发展。

（一）突出地域特色，体现差异性和多元化

人们之所以向往田园生活，正是因为当地独有的田园景色和自然资源。如果每一个乡村都按照标准化发展也很容易出现缺少活力的现象。所以说，要根据当地实际情况进行旅游产业发展，保护当地自然资源，凸显当地的风土民情。如果一个地区的旅游资源非常丰富，那么就可以扩展到整个市区变成一个大型景点进行发展，把乡镇作为其中一个小的功能板块进行管理，再进行细分，把一个小的村庄变为一个小的景点，每一个农户都是旅游管理者。用独特的眼光看待当地风土民情，看待当地独有的文化特色，让中华民族优良的传统文化得以继续发扬。也可以另辟蹊径，从当地农业产业发展入手，从建筑围护入手，实现一个村落就是一个景点的效果，展现本村落的文化底蕴和风景特色。

（二）加大资金投入，做好各渠道项目建设的整合

每一项产业的发展都离不开资金的扶植，旅游产业也是如此。通过加强前期基础设施和硬件设施建设，可以实现农民生活基础设施共享的局面。各地领导干部要利用现有资源实现设施与资金方面对接，争取实现上级领导干部的支持。

(三)突出农民主体,注重调动农民建设积极性

农民是乡村的主体。要让农民树立主人翁意识,积极调动农民积极性,鼓励农民参与到乡村建设中来。要在基层实施民主决策、民主管理等措施,让他们真正体会到主体性地位,自觉投身到民主管理和民主建设中。从心理层面调动农民的自觉服务意识,提高建设乡村的积极性。

(四)强化记忆乡愁,让美丽乡愁成为品牌塑造的标签

"乡愁"是忧伤的,也是温暖的;是怀旧的,也是美丽的。"乡愁"是乡村旅游最重要的文化体验,没有文化的旅游是没有灵魂的。乡村旅游品牌的塑造,来源于特色"乡愁"的挖掘。只有这样才能从"低、散、小",走向"新、聚、大",才可能从产品创新走向业态多元,进而实现产业融合。

第五章　乡村振兴与乡村旅游

第一节　乡村旅游对乡村振兴的促进作用

一、乡村旅游是落实乡村振兴战略的重要组成部分

2018年3月，在第十三届全国人大一次会议山东代表团会议中提到：希望山东充分发挥农业大省优势，打造乡村振兴的齐鲁样板。

所谓振兴农村计划要求，就要保证农业农村的优先发展地位，按照产业兴旺、生态宜居、乡风文明、治理有效、生活富裕的总要求，对本地区的发展制定路线图、时间表和任务书。乡村振兴是一项宏大的系统工程，涉及面广，乡村旅游在其中发挥着重要作用。从山东乡村振兴战略中我们可以总结出乡村旅游在其中的几大亮点：

一是突出品质提升、树立品牌。可以创立休闲旅游景点和重点建设工程。打造一批乡村旅游特色村、精品小镇、精品民宿等高端乡村旅游产品，打造齐鲁乡村旅游品牌。

二是突出业态创新、特色发展。结合当地实际，加快培育休闲观光园区、乡村民宿、渔夫垂钓、旅游小镇等乡村旅游产品。

三是突出机制创新、人才保障。推进乡村旅游创业、创新、创客工程，引导农民工、大学生等返乡就业创业。

四是突出科技应用、适应市场。大力发展智慧乡村游，联通旅游推介网络平台和自媒体平台，实现网上食宿预订、招商引资、售卖农产品。

五是突出科学规划、合理布局。树立全域旅游理念，重点规划泰山、蒙山、微山湖、东平湖、海岸线、齐长城、黄河、运河等景点，创建大城市近郊旅游聚集地，形成多业态集聚的乡村旅游带和乡村旅游集群片区。

六是指标明确、落实到位。山东乡村振兴战略规划提出，到 2020 年，全省要打造 100 个乡村旅游集群片区和 300 个旅游产业园区。游客消费总金额高达 3600 亿元。预计在未来 5 年可提升到 5300 亿元。

二、乡村旅游是旅游发展的主战场

一方面，乡村振兴作为国家战略，对于全面建成小康社会具有十分重要的意义，旅游业责无旁贷；另一方面，乡村振兴也为旅游业的持续健康发展奠定了更为广阔的发展空间。

党中央、国务院高度重视休闲农业和乡村旅游发展。2017 年中央一号文件明确指出，要大力发展乡村休闲旅游产业，培育宜居宜业特色村镇。2016 年，国务院印发的《全国农业现代化规划》提出，要借助乡村的绿地清水、风土民情等元素，重点发展生态旅游产业。不断扩充旅游新内涵，推进产业间的协调发展。这为发展休闲农业和乡村旅游指明了新方向，提出了新要求，开启了加快发展的新征程。

近年来，乡村旅游在旅游发展中发挥着越来越重要的作用。据中国旅游研究院统计，过去 5 年，中国乡村旅游游客接待人数和营业收入年均增速分别达 32.0% 和 26.2%。2016 年，乡村旅游接待游客已达 24 亿人次，占国内游客接待人数的 54.4%；营业总收入达 4800 亿元，占国内旅游总收入的 12.2%。预计到 2020 年，全国乡村旅游年接待游客将超过 40 亿人次，实现总收入 2.3 万亿元。

乡村旅游也是我国旅游投资的热点领域之一。近几年，民宿、特色小镇、乡村休闲地产投资增长迅速，相关数据显示，2016 年，全国乡村旅游类产品实际完成投资 3856 亿元，同比增长 47.6%。全国共创建休闲农业和乡村旅游示范县 328 个，推介中国美丽休闲乡村 370 个。文化和旅游部发布的《2016 中国旅游投资报告》显示，乡村旅游投资还将持续升温。

乡村振兴是我国在今后一段时期农村工作的总基调。乡村振兴为休闲农业和乡村旅游的发展带来了更为广阔的发展空间。乡村旅游不仅是乡村振兴的突破口，也是全域旅游、优质旅游建设的关键载体，是我们进行创新发展的依托。

三、乡村旅游是贯彻落实扶贫攻坚的生力军

实行乡村振兴战略是贯彻落实"两个一百年"的重要抓手,要以摆脱贫困为前提,打好精准脱贫攻坚战,增强贫困群众获得感。

乡村旅游是精准扶贫的金钥匙。2015年8月,国务院《关于进一步促进旅游投资和消费的若干意见》指出:实施旅游产业在乡村的提高措施,帮助当地农民脱贫。不少贫困地区依托旅游产业发展,让贫困户通过吃上"旅游饭"实现了脱贫致富,乡村旅游已经成为旅游扶贫的金钥匙。"十三五"期间,我国将通过发展乡村旅游带动全国25个省(区、市)2.26万个建档立卡贫困村、230万贫困户、747万贫困人口实现脱贫。帮助6000多个扶贫重点地区开发旅游项目,每个景区在大家的共同努力下收入提高到百万元。

贵州铜仁德江县是国家级贫困县,其所属的桶井乡是国家极度贫困乡,为落实旅游扶贫,德江县委托北京平汉旅规划设计研究院编制了《德江县桶井乡乡村旅游扶贫总体规划》(以下简称《总体规划》)。

桶井乡是德江县特色小城镇建设的重要板块,也是德江民俗民间文化体验区的重要组成部分,是乌江经济走廊水上观光和民族风情旅游的节点之一。长期以来,由于重视程度不够、交通条件制约、打造力度小等原因,桶井乡一直未能成为旅游热点地区,绝大部分资源尚处于原始状态,旅游对经济的拉动效应未能充分显现。

《总体规划》提出以构建集土家族传统文化示范地、乌江休闲养生体验地、农旅一体绿色乡村深度旅游目的地为未来桶井乡区域经济发展的重要方向,以乌江自然山水环境为基础,坚持"大生态、大文化、大扶贫"基调,以土家风情、乌江文化、乡村民俗为内容,以脱贫致富、产业升级为目标,以乡村旅游为路径,有机整合全乡生态、文化、产业、村落等系列要素,打造融乌江山水观光、田园休闲、土家族文化体验、山水运动娱乐、旅游康养度假等功能于一体的脱贫攻坚示范乡镇、农旅一体的特色小城镇、乌江原乡休闲旅游目的地、黔东北地区最具幸福感乡村。通过规划建设最终实现德江县乡村旅游扶贫示范乡、铜仁市乡村休闲重点旅游目的地、乌江沿线重要的乡村旅游节点、黔东北知名的乡村旅游目的地的发展目标。

根据《总体规划》，到 2020 年，旅游产业基本成形，新滩村、乌江原乡田园综合体建设基本完成，实现年接待游客 49.5 万人次，旅游综合收入 4953 万元，旅游综合收入占国民经济总量的 15% 以上。旅游餐饮、旅游住宿等配套服务设施有较大幅度提升，基本可以满足游客需求。村民收入明显改观，实现脱贫致富目标。

到 2025 年，旅游产业结构基本完善，重点项目建设基本完成，实现接待游客 157.2 万人次，旅游综合收入 2.36 亿元，旅游综合收入占国民经济总量的 40% 以上。旅游配套服务设施极大完善，可满足各层次旅游者旅游服务需求，村民就业率极大提高，经济收入大幅提升。

合理规划产业结构可以采用发展旅游业的方式。2016 年 9 月，原国家旅游局、国家发展改革委、原国土资源部等十二个部门制定并印发《乡村旅游扶贫工程行动方案》，确定了乡村旅游扶贫工程的五大任务，提出了实施乡村旅游扶贫的八大行动。五大任务之首即科学编制乡村旅游扶贫规划，各地要将乡村旅游扶贫规划与国民经济和社会发展规划、土地利用总体规划、县域乡村建设规划、易地扶贫搬迁规划、风景名胜区总体规划、交通建设等专项规划有效衔接，探索"多规合一"。为此，原国家旅游局启动旅游扶贫工作，北京华汉旅规划设计研究院积极响应号召，负责编制了《拉萨市堆龙德庆区东嘎镇桑木村旅游扶贫规划》和《陇南市武都区月照乡三流水村旅游扶贫规划》，两个规划均荣获全国旅游规划扶贫示范成果的荣誉。2018 年，北京华汉旅规划设计研究院积极参与"三区三州"深度贫困地区旅游规划扶贫公益行动，承担了青海海西州都兰县香日德镇团结村、德令哈市柯鲁柯镇莲湖村的规划编制工作，助力海西州旅游扶贫与乡村振兴。

科学编制乡村旅游规划是规划企业的基本要义。习近平在参加党的十九大贵州省代表团讨论时指示，既要鼓励发展乡村农家乐，也要对乡村旅游作分析和预测，提前制定措施，确保乡村旅游可持续发展。这是习近平对乡村旅游发展做出的科学分析，也是对规划单位提出的具体要求。编制好乡村旅游规划，一是要深入了解乡村，只有真正深入到乡村中，才能切实了解乡村的实际情况、乡风民俗；二是要热爱乡村，不仅要热爱这里的绿水青山，也要热爱这里的百姓，怀着对生态环境的敬畏、对父老乡亲厚爱才能设身处地地做好规划;三是要因地制宜,乡村旅游受到资源、区位、人才、资金、土地等多方面制约,在规划编制中既要发挥规划的引领作用,又要结合乡村发展实际,不盲目求进、好大喜功,而要扎实推进、久久为功。

四、助力产业兴旺——乡村经济转型新引擎

乡村旅游是乡村经济发展的重要载体。激发旅游产业在提升乡村经济效益中的领导优势,带动农村产业升级、投资升级和消费升级,带动乡村经济综合发展,助力实现产业兴旺发展目标。

1. 发展乡村旅游有助于促进产业升级

通过发展乡村旅游,将有力地促进农村一二三产业融合发展,构建农村新的产业优势,促进农业全面升级,让农业成为"有奔头"的产业。

2. 发展乡村旅游有助于推动投资升级

乡村旅游作为一种综合性产业,能有效激活以乡村环境、传统村落、特色文化、传统生活方式等为代表的潜力要素资源,吸引大量资本市场跟进,迎来新一轮投资热潮。

3. 发展乡村旅游有助于拉动消费升级

乡村旅游以市场消费需求为导向,整合要素资源,开发新业态、新产品,打造新消费空间,培育新消费群体,拉动消费升级。

五、助力乡村文明——乡村文化繁荣新舞台

乡村旅游是实现乡村文化复兴的有效手段。发展乡村旅游有助于传承发扬传统文化、创新发展乡村文化、培育提升乡村文明,推进农村文化繁荣,形成乡风文明新风尚。

1. 有助于传统文化的传承发扬

发展乡村旅游为乡村传统文化提供了优质的空间载体和创新的传承方式,有助于传统文化的再发现、保护、提升和利用,并在多元碰撞中促进文化交流,让传统文化再现新颜、焕发生机。

2. 有助于乡村文化的创新发展

乡村旅游的发展吸引了大批动漫、文创、互联网、时尚等新兴产业的优

秀企业和人才，为乡村文化创新发展、生根发芽提供了优渥的生长土壤。

3. 有助于乡村文明的培育提升

乡村旅游对于环境卫生、社会风貌、服务水平及文明程度的要求，将大大推动村容村貌的改变、环境卫生条件的改善、村民素质和服务意识的提高，有利于营造新环境、培育新农民、倡导新风尚。

六、助力生态宜居——乡村环境优化新契机

生活环境、生产环境、生态环境是乡村振兴的基础，也是乡村旅游发展的基底。乡村旅游发展基础公共服务设施的建设，有助于营造和谐文明的生活环境；注重对农旅产业的融合发展，有利于构建健康舒适的生产环境；注重对乡村生态环境的综合整治，有助于保护绿水青山的生态环境。

七、助力有效治理——乡村市场秩序新要求

随着乡村旅游市场对乡村旅游环境、乡村旅游服务以及乡村旅游产品要求的提升，需不断加强对经营主体的规范管理和对游客和村民的文明引导，持续优化乡村旅游市场秩序，助力实现乡村的有效治理。

八、助力生活富裕——乡民生活幸福新途径

发展乡村旅游可带旺乡村人气，提供更多就业岗位，拓宽农特产品销路，从而增加农民收入，为农民实现生活富裕、提高生活质量打下坚实基础。

第一，有助于农民增收。乡村旅游发展开辟了农民就业创业新天地，越来越多的农民成为乡村旅游的经营者、服务者，拓宽了就业渠道，提高了收入水平。

第二，有助于生活提质。乡村旅游通过引入城市休闲娱乐元素（如酒吧、剧院、创意博物馆、音乐节等），打造体验化、创意化、生活化的乡村旅游活动，升级乡村休闲娱乐方式，提升了农民的生活质量。

第二节 乡村振兴在乡村旅游中的应用

乡村振兴战略为乡村旅游提供了产业、环境、规划、土地、资金、人才等方面的政策利好机遇,并指明旅游产业在乡村进行发展要有重点、有规划地打造品牌效应,进行生态保护、产业融合、文化传承、旅游扶贫以及市场监管,推动乡村旅游有序前进。在乡村振兴战略背景下,旅游产业将会有更大作为、更大担当。

(一) 乡村振兴为乡村旅游提供了六大政策利好机遇

1. 产业——鼓励发展多元主体、创新产业业态,为乡村旅游指明新路径

鼓励主体多元:扶持小农户,培育发展家庭农场、合作社、龙头企业、社会化服务组织和农业产业化联合体。

鼓励创新业态:鼓励发展休闲农业、康养农业、创意农业等多元新业态,深入推进农业绿色化、优质化、特色化、品牌化。

产业相关政策:《关于实施乡村振兴战略的意见》提出,要深入推进农业绿色化、优质化、特色化、品牌化,推动农业由增产导向转向提质导向。推进特色农产品优势区创建,建设现代农业产业园、农业科技园。

《农村人居环境整治三年行动方案》提出,扶持小农户发展生态农业、设施农业、体验农业、定制农业……

《关于深入推进农业供给侧结构性改革做好农村产业融合发展用地保障的通知》提出,培育发展家庭农场、合作社、龙头企业、社会化服务组织和农业产业化联合体,发展多种形式适度规模经营……

2. 环境——促进人居环境改善,为旅游起航铺路

强调改善农村居民的居住环境,改善硬件设施,推动厕所革命,营造让游客旅游更方便、更卫生、更美观、更连通的乡村环境。

环境相关政策:《关于实施乡村振兴战略的意见》提出,加快农村公路、供水、环保、电网、广播电视等基础设施建设。强调要持续改善农村人居环境。保留乡村风貌,开展田园建筑示范。实施乡村绿化行动,推进美丽乡村建设。

《农村人居环境整治三年行动方案》提出，推进农村生活垃圾治理，合理选择改厕模式，推进厕所革命，推进农村生活污水治理，推进通村组道路、入户道路建设。

3. 规划——加强规划统筹管理，强调多规合一，为乡村旅游规划谋地位

强调以顶层规划引领乡村系统发展，加强乡村规划建设，有效实现多规合一。

第一，做好顶层设计，突出重点、分类施策，为制定计划开好头。第二，编制村庄规划，加强村庄规划管理，全面完成县域乡村建设规划编制或编修。第三，实施多规合一，与县乡土地利用总体规划、土地整治规划等充分衔接并合一。

规划相关政策：《关于实施乡村振兴战略的意见》提出，强化乡村振兴规划引领。做好顶层设计，注重规划先行、突出重点、分类施策、典型引路。加强各类规划的统筹管理和系统衔接，形成城乡融合、区域一体、多规合一的规划体系。

《农村人居环境整治三年行动方案》提出，加强村庄规划管理。全面完成县域乡村建设规划编制或修编，与县乡土地利用总体规划、土地整治规划、村土地利用规划、农村社区建设规划等充分衔接，鼓励推行多规合一。

4. 土地——进一步松绑用地政策，为旅游项目落地提供更多可能

为推动乡村振兴的发展，国家出台大量土地政策，通过盘活、预留、复合利用和探索试点等方式进一步松绑用地政策，农村集体建设用地将成为旅游用地的主流，为乡村旅游项目的落地提供更多空间选择。

土地相关政策：《关于实施乡村振兴战略的意见》提出，预留部分规划建设用地用于农业设施和休闲旅游设施等建设，对发展农村新业态的给予新增建设用地指标奖励。对存量建设用地用于小微创业园、休闲农业、乡村旅游等新增建设用地指标奖励。

《国土资源部　国家发展改革委关于深入推进农业供给侧结构性改革　做好农村产业融合发展用地保障的通知》提出，鼓励农业生产和村庄建设等用地复合利用。探索农村集体经济组织以出租、合作等方式盘活利用空闲农房及宅基地，按照规划要求和用地标准，改造建设民宿民俗、创意办公、休闲

农业、乡村旅游等农业农村体验活动场所。

《关于支持旅游业发展用地政策的意见》提出,落实促进现代休闲农业和乡村旅游等用地支持政策。优先安排新增建设用地指标,支持利用农村集体土地发展旅游业。

《关于加快发展旅游业的意见》提出,支持各地开展旅游综合改革和专项改革试点,鼓励有条件的地方探索旅游资源一体化管理。

5.资金——鼓励发展PPP旅游示范项目和旅游扶贫示范项目

政府通过设立引导基金等方式撬动金融和社会资本投向旅游领域,以财政补贴、贷款贴息、资金补助等方式鼓励发展PPP旅游示范项目和旅游扶贫示范项目。

资金相关政策:《在旅游领域推广政府和社会资本合作模式的指导意见》提出,优先支持符合要求的全国优选旅游项目、旅游扶贫贷款项目等存量项目转化为旅游PPP项目。

《关于在旅游领域推广政府和社会资本合作模式的指导意见》提出,发挥中国政企合作支持基金和中国旅游产业基金的股权投资引导作用,鼓励各地设立PPP项目担保基金。

《关于组织推荐金融支持旅游扶贫重点项目的通知》提出,设立旅游扶贫贷款风险补偿机制、补偿资金。对于获得旅游扶贫贷款支持的项目,各级旅游、扶贫部门在安排贷款贴息或资金补助项目时优先给予支持。

6.人才——培养乡村旅游人才,提高乡村旅游服务水平

创办乡村旅游带头人等经营管理人才培养;开展能工巧匠传承人、乡村旅游导游、乡土文化讲解员等专业技能人才培训;开展乡村旅游创客人才培育;加强贫困人口旅游服务能力提升。

人才相关政策:《乡村旅游扶贫工程行动方案的通知》提出,创新乡村旅游扶贫人才培养方式,积极开展乡村旅游经营户、乡村旅游带头人、能工巧匠传承人、乡村旅游创客四类人才和乡村旅游导游、乡土文化讲解员等各类实用人才培训,依靠人才支持和智力投入促进乡村旅游发展,提高贫困人口旅游服务能力。

《关于大力实施乡村就业创业促进行动的通知》提出,培训农村创业创新

人才，培育农村创业创新带头人，宣传推介优秀带头人。

《关于开展休闲农业和乡村旅游升级行动的通知》提出，开展休闲农业和乡村旅游人才培训行动，培育一批积极性高、素质强、善经营的行业发展管理和经营人才。

（二）乡村振兴战略指明了乡村旅游的六大重点

1. 重精品打造——鼓励特色乡村精品项目建设

乡村振兴战略指明应重点打造特色乡村精品项目，打造现代农产业、文化民情体验区、高科技农业发展区等产品。

精品项目包括：度假乡村、田园综合体、国家农业公园、休闲农业产业园、森林康养基地、乡村民宿、国家农业科技园、文化创意产品、现代休闲农庄、现代海洋牧场、共享农庄等。

精品打造相关政策：中央一号文件《关于实施乡村振兴战略的意见》提出，建设休闲观光园区、森林人家、康养基地、乡村民宿。建设现代农业产业园、农业科技园、创意农业、特色文化产业，现代化海洋牧场。

《关于开展休闲农业和乡村旅游升级行动的通知》提出，因地制宜发展休闲观光、体验娱乐、科普教育、健体康养、民俗民宿等特色产业，积极发展创意农业，建设一批休闲农庄。

《关于组织推荐金融支持旅游扶贫重点项目的通知》提出，依托乡村资源开发建设国家现代农业庄园、度假乡村、休闲农庄、农业观光园、农村产业融合示范园、美丽乡村等。

2. 重生态保护——放大乡村生态资源价值

乡村旅游发展应在严守生态红线的前提下，以绿色发展为理念，加快推进村庄绿化，重点打造生态农庄等生态旅游产品，转化生态资源优势，放大生态资源价值，保护好美丽乡村的底色，为打造乡村旅游精品工程创造条件。

生态保护相关政策：《关于实施乡村振兴战略的意见》提出，牢固树立和践行绿水青山就是金山银山的理念，严守生态保护红线，以绿色发展引领乡村振兴。

《农村人居环境整治三年行动方案》提出，推进村庄绿化，开展植树造林、湿地恢复等活动，建设绿色生态村庄。

3. **重产业融合**——以"旅游+"为引领，推动农村一二三产业的融合发展

以发展乡村旅游为核心，推动乡村旅游与农业、信息业、文化体育、科技教育、电子商务和文化创意等产业的全面融合发展。

产业融合相关政策：《关于实施乡村振兴战略的意见》提出，坚持城乡融合发展。推动新型工业化、信息化、城镇化、农业现代化同步发展。

《关于国家农村产业融合发展示范园创建的通知》提出，积极支持国家农村产业融合发展示范园建设，探索多种产业融合模式，构建现代农业产业体系。培育多元化产业融合主体，激发产业融合发展活力。

《关于实施农村一二三产业融合发展推进行动的通知》提出，加强农业与加工流通、休闲旅游、文化体育、科技教育、健康养生和电子商务等产业深度融合。

《关于申报2017年度文化产业发展专项资金的通知》提出，支持特色文化产业发展，促进文化创意和设计服务与相关产业融合发展。

4. **重文化传承**——推进文化遗产的保护与适度利用

注重乡土味道，强化地域文化元素符号，做好传统文化申遗工作，编制传统工艺振兴计划和非物质文化遗产保护规划等。充分挖掘文化内涵，适度应用于产品设计中，如文化旅游商品、文化主题酒店、乡村特色文化演艺和节庆活动等。

文化传承相关政策：《中国传统工艺振兴计划》提出，建立国家传统工艺振兴目录，扩大非物质文化遗产传承人队伍，提高传统工艺产品的设计、制作水平和整体品质。

《农村人居环境整治三年行动方案》提出，加大传统村落民居和历史文化名村名镇保护力度，弘扬传统农耕文化，推动非物质文化遗产保护规划编制。

《关于开展休闲农业和乡村旅游升级行动的通知》提出，立足本地农耕文明，发掘民俗文化，讲好乡村故事，打造丰富多彩的乡村特色文化演艺和节庆活动。

5. **重旅游扶贫**——坚决打好乡村旅游精准脱贫攻坚战

在乡村振兴战略背景下，国家鼓励通过旅游带动乡村精准扶贫，强调科

学编制乡村旅游扶贫专项规划,通过多种方式助力乡村脱贫,并提供人才、资金等保障措施。

旅游扶贫相关政策:《关于支持贫困县开展统筹整合使用财政涉农资金试点的意见》提出,增强贫困县财政保障能力,加大对贫困县倾斜支持力度,编制好本地脱贫攻坚规划。

《关于印发乡村旅游扶贫工程行动方案的通知》提出,科学编制乡村旅游扶贫规划,加强乡村旅游扶贫人才培训,加快乡村旅游扶贫项目库建设。

《关于进一步做好当前旅游扶贫工作的通知》提出,鼓励和支持地方通过多种旅游扶贫途径助力贫困人口脱贫,编制专项规划。

6. 重市场监管——加强市场准入和监管机制完善

制定市场准入标准,放宽旅游市场准入,鼓励社会资本和各种所有制企业公平参与,严格按照标准把控旅游市场准入关口。

完善行业监管机制,监管机制主要包括乡村旅游经营主体的自管自治和乡村旅游协会、产业联盟等组织对乡村旅游市场的严格监管。

市场监管相关政策:《关于实施乡村振兴战略的意见》提出,对利用闲置农房发展民宿、养老等项目,研究出台消防、特种行业经营等领域便利市场准入、加强事中事后监管的管理办法。放宽旅游市场准入,鼓励社会资本和各种所有制企业公平参与。

《关于开展休闲农业和乡村旅游升级行动的通知》提出,发挥休闲农业、乡村旅游协会、产业联盟和社会组织的桥梁纽带作用,形成经营主体自我管理、自我监督、自我服务的管理服务体系。

第六章 乡村旅游促进乡村振兴的机制、模式及途径

第一节 乡村旅游促进乡村振兴的机制

一、主客体影响机制——以旅兴农助力乡村产业结构调整

主客体影响机制即乡村旅游推动主体（政府、投资商、旅游企业等）对乡村振兴受益对象（农民工、居民、各种类型贫困者等）的影响关系。旅游产业是综合性服务性的产业，能够带动当地社会经济效益发展，创造更多就业机会。应该把实现旅游产业发展作为推动乡村振兴战略的重要推动力，实现旅游产业的协调高效优质发展，发挥旅游业的优势来推动社会经济发展。通过吸引外地游客来消费，直接拉动当地经济，实现农业与旅游产业的结合。对于农村硬件设施建设有很大的促进作用，并推动农业市场进一步发展协调，各产业间协同配合。从农业自身角度来看，也促进了产业结构进一步优化，延伸产业发展。拉动了其他产业和农业一起发展，也提供了大量的就业发展岗位，一大批乡镇企业家开始出现。

二、要素联动机制——要素流动促进农旅产业协调发展

要素联动机制指"乡村旅游"与"乡村振兴"两大战略实施过程中主要投入资源（人财物）、平台（如项目）、政策（如公共服务均等化）等"要素"之间的关联方式和互动形式。旅游业在乡村的发展初步实现"政府主导、市场运作、农民自愿、典型牵动"格局，开启"以旅促农、以农促旅、农旅结合、城乡互动"新局面。促进人才、资本、技术等因素向乡村涌入，促成现代农业产业发展模式更新，协调农业各产业间发展。

三、融合发展机制——示范建设推进旅游扶贫持续发力

融合发展机制则是把乡村旅游中的旅游氛围、经济环境、生态环境、政策环境等因素融入乡村振兴的生活、生产、生态和社会治理中。旅游产业带动就业的方式已经成为帮助很多地方脱贫的重要方式，通过实行产业兴旺、民风淳朴、生活富裕、生态优美的总要求，促进农业和休闲业、娱乐业、旅游产业等的结合，发展乡村共享经济，创建文化创新园区。启动扶贫工作将资源向扶贫区域倾斜。通过资本和技术的引入为当地居民创造更多就业机会，改善生活条件。

第二节　乡村旅游促进乡村振兴的模式

在乡村振兴战略背景下，乡村旅游发展不能停留在过去的传统模式上，须探索农业体验主导型、农村生活体验主导型、综合发展型等模式，创新旅游振兴乡村载体，从而以产业融合发展助推乡村振兴，撬动乡村经济。

依据核心资源要素的不同，将现阶段国内乡村旅游相关产品，分为以下三种发展模式：农业体验主导模式、生活体验主导模式、综合发展模式。如表6-1所示。

表6-1　乡村旅游发展模式

模式	农业体验主导模式	生活体验主导模式	综合发展模式
主要特征	"农业+旅游"：基于规模农业种植生产，以农业产业为主，配套旅游休闲功能	"旅游+乡村"：依托农村生产生活方式、居民建筑、民俗风情、历史文化、山水风光等，重点发展旅游产业，带动相关产业	"农业+文旅+地产"：此类乡村多在城市近郊，适合以综合体的形式，推进多产融合发展
主要产品类型	①国家农业公园 ②国家现代农业庄园 ③休闲农业园区（包括特色农业主题园区、农业观光采摘园、创意农业园区、农业科技园、农业博览园、农业生态度假庄园等）	特色旅游村 ①文化型特色旅游村 ②生态型特色旅游村 ③农业产业型特色旅游村	田园综合体（集现代农业、休闲旅游、田园社区于一体）

围绕以上三种发展模式、多种产品类型，本节从概念解析、开发条件、发展要点、产业融合四方面具体展开分析，总结各产品共同点，对比其差异项，分类指导发展。

一、农业体验主导模式

(一) 概念解析

概念解析如表6-2所示。

表6-2 概念解析

国家农业公园	国家现代农业庄园	休闲农业园区
中国乡村休闲和农业观光的升级版，农业旅游的高端形态	满足消费者多元化需求的一种新型现代农业发展模式和旅游消费形态	由最初的农田发展到统一规划的集观光、休闲、娱乐、教育于一体的有组织的园区发展的高级形态

1. 国家农业公园

以农业产业为主兴建的公园是新型旅游景点发展模式，与传统农家乐、人文历史建筑点不同，是多种旅游形式的最新设计。要求以本地居民为中心，其中要包含当地绿色风光、郊区景象、农田耕地等要素，体现了现代化新型农村的风貌。让游客感受到田园风光的浪漫和简朴，更适合追求原生态的旅客需要，是一个包括休闲、放松、体验、学习等多种体验项目的旅游方式。

认定的措施主要如下：第一，当地村落风貌较好。有可以吸引游客前来欣赏的自然景观、建筑景观等因素。第二，当地田园色彩浓厚。有可以体验传统农耕生活的条件。第三，有当地独特的风土民情。包括饮食、生活结构、人文历史、建筑等。对外界游客有强烈的吸引力。第四，当地独特的文化遗产得到很好的保护和传承。第五，当地内部农业与其他产业结构发展合理。第六，当地的生态环境居住条件良好。第七，当地内部经济发展效益较好。经济组织模式相对完善，产业结构合理，有开展这项旅游项目的条件。第八，居民生活水平完善。就业率、居住条件、接受教育的程度较高。第九，硬件设施完善。基础公共服务设施完善，配套其他设施协调一致向前发展。第十，品牌效应。乡村品牌在全国范围内得到推广。第十一，当地公园规划条件符合国家标准。

2. 国家现代农业庄园

按照原国家旅游局、农业部联合印发的《国家旅游局 农业部关于组织开展国家现代农业庄园创建工作的通知》提出到 2020 年，建成 100 个国家现代农业庄园，基本形成布局科学、结构合理、特色鲜明、效益显著的庄园经济带。使国家现代农业庄园品牌知名度和影响力显著提升，成为引领农旅融合发展的新名片。

原国家旅游局、农业部联合公布了《国家现代农业庄园建设与管理规范（征求意见稿）》，政策从现代农业质量、服务质量、景观与资源质量三个方面，指导国家现代农业庄园创建工作，重点给出了评定条件。

国家现代农业庄园基本要求：①区位优势明显，交通便捷，靠近机场、车站等交通枢纽，易到达。②旅游功能突出，具有优质的、可供休闲度假的特色自然或人文资源，旅游项目主题鲜明、特色突出、类型丰富，住宿餐饮、产品展示、文化展览等基本功能齐全。③规划科学、布局合理，空间边界明显，各项功能有机完整、相互协调。种植类庄园面积不少于 5000 亩，畜牧类庄园面积不少于 1500 亩，渔业类庄园面积不少于 1000 亩。④农业生产全程标准化、集约化、机械化、信息化水平较高，农产品质量追溯体系健全，产品优质安全。⑤管理制度健全，服务规范。

国家现代农业庄园评定条件主要分为三点：现代农业质量、服务质量、景观与资源质量。

现代农业质量主要由以下方面组成：

（1）农业物质装备水平。土地集中连片、平整，呈格田分布，相关标准符合农业部高标准农田建设 NY/T2148 等的要求。田间道路布局科学、合理，能满足农机作业、农业物质运输等农业生产活动需求，田间道路通达性好。水利设施完备，灌溉水有效利用系数高于同区域同行业平均水平，建设要求符合 GB/T50363 的技术规范。农业装备智能化水平高，智能化控制设备在农业资源利用、农业生态环境监测、农业精细管理、农产品与食品质量安全管理与追溯、农产品物流等方面得到广泛应用。农业机械化水平高，主要农作物综合机械化水平高于同区域同行业平均水平。农业机械化水平符合 NY/T1408 系列评价标准。

（2）农业科技水平。设置科技研发部门，或与科研院所建立合作关系，农业科技人员人数及研发能力满足产业发展需要。有自主研发或引进的新品种、新技术。建有农业科技成果示范基地，示范带动作用明显。

成立专业社会化服务组织，可为所在区域提供农资供应、农机作业、技术指导、统防统治、加工销售、市场信息等专业化服务。

（3）农业产出水平。劳均产值、亩均产值均高于同区域同行业平均水平，农业从业人员人均可支配收入高于同区域同行业平均水平。

（4）产业融合水平。农产品产地初加工、精深加工、仓储、物流等产业链环节完备、衔接良好，设施设备先进，规模和水平满足庄园发展需要。农产品销售模式、渠道多样；产品种类丰富，特色鲜明，有自主品牌，具有较高的市场认可度和知名度。

（5）农产品质量安全水平。具有完善的质量控制制度，生产过程标准化，符合良好农业规范系列国家标准要求。农产品优质安全，近三年农产品质量安全抽检合格率均达到 100%，无农产品质量安全事故。主要农产品通过"三品一标"认证。农产品质量追溯体系健全。农产品质量安全追溯符合 NY/T1761 的操作规程。

（6）绿色发展水平。化肥、农药等农资利用率较高。化肥使用环境安全符合 HJ555 的技术要求。农业废弃物资源化利用和无害化处理水平较高。农田地膜残留量限值及测定符合 GB/T25413 要求，畜禽养殖业污染物排放标准符合 GB18596 要求，绿化植物废弃物处置和应用符合 GB/T31755 要求。动植物疫病虫害防控措施到位，农业生产与生态环境相协调。农业社会化服务农作物病虫害防治服务符合 GB/T32980 质量要求。

服务质量主要包括以下方面：

（1）游览。游客服务中心设置合理，设施齐全，功能完备。咨询服务人员配备齐全、业务熟练、服务热情。相关设置与服务规范符合 LB/T011 的要求。游览线路设置合理、观赏面大，便于游览。游步道设计美观、适地适路、安全舒适，满足旅游活动需求。公共信息导向系统设置符合 LB/T012 要求。

游客公共休息和观景设施布局合理，数量充足；造型、色彩、材质等与庄园环境协调；设施维护完好。各类标识、符号醒目准确、设置合理、维护完好，公共信息图形符号符合 GB/T10001 规定；造型、色彩、材质等与庄园环境协调。导游员人数及语种满足游客需要，讲解准确、服务规范，导游服务符合 GB/T15971 规范。拥有自配停车场地，位置合理，建设规模、水平与庄园发展相适应；管理有序，布置紧凑，引导标识、标线合理醒目，分设出入口。具有较高的旅游承载能力，景区最大承载量符合 LB/T034 的要求；无多发性不可规避自然灾害。设有特殊人群服务设施。无障碍设计符合 GB50763 规范。

（2）住宿。功能划分合理；设施设备齐全、养护良好，使用方便。指示标志醒目、准确、美观，公共信息图形符号符合 GB/T10001 要求。客房数量充足，具备软垫床、写字台、衣橱及衣架、座椅、床头柜、床头灯、台灯、行李架、电话、吹风机等配套设施，客房用品质量与配备达到 LB/T003 的四星及以上规范。卫生间装有抽水恭桶、梳妆台（配备面盆、梳妆镜）、淋浴喷头等，具备有效的防滑措施，24 小时供应冷、热水。客房、卫生间每天全面清理。照明、通风、隔音条件良好。

（3）餐饮。场所布局合理，管理规范，总餐位数与庄园接待能力相适应；厨房消毒、冷藏冷冻等设施设备齐全，消杀虫害、垃圾收集处理等措施到位；食物品类丰富，特色鲜明，能正常提供早、中、晚餐。

（4）购物。场所布局合理，管理规范，秩序良好，明码标价，无围追兜售、强买强卖现象。旅游购物场所服务质量符合 GB/T26356 要求；商品种类丰富、特色突出，销售模式、渠道多样；设有农产品展示区，产品优质、有特色，有自主品牌。

（5）娱乐与其他。场所布局合理，管理规范，秩序良好；项目种类丰富，特色突出，因地制宜拓展农事体验、节事活动、康体疗养、运动健身等多样化功能；设施设备数量充足，养护良好，使用方便。场所基础设施管理及服务符合 GB/T26353 规范。

（6）卫生条件。环境无污染，没有废弃物乱丢乱放现象。建筑物表皮设施完整。空气没有异味。各类场所卫生均达到 GB9664 规定的要求，餐饮场所及食品卫生达到 GB16153 和 GB14881 的要求，游泳场所卫生达到 GB9667 的要求，住宿卫生达到 GB9663 的要求；公共厕所数量充足、布局合理，设有第三卫生间，标识醒目准确，整洁卫生、无污渍、无异味。公共厕所建设标准参照 GB/T18973 的规定；垃圾箱数量充足、布局合理，造型、色彩等与环境相协调；垃圾箱分类设置，垃圾清扫及时，日产日清。

（7）安全。认真执行有关安全法律法规，建立完善的安全制度；消防、救护等安全保护设施设备齐全、完好、有效，交通、机电、游览、住宿、餐饮、娱乐等设施设备定期检查维修，运行正常，无安全隐患。游乐园的安全和服务达到 GB/T15767 的要求，建筑设计防火规范符合 GB50016 的要求。安全警告标志、标识齐全，设置规范、合理、醒目；配备专职安全保护人员，特殊区域有专人看守，监控设施满足安全管理需要；建立紧急救援机制，具有必备的医疗条件。

（8）信息服务。建有以服务为核心内容的庄园门户网站、移动客户端等，正常运营，操作简便，可用性较强。信息化服务符合 LB/T021 要求。票务、导游、产品销售及游客评价、咨询、投诉等信息化服务系统功能齐全、运转良好。旅游信息咨询中心设置与服务符合 GB/T26354 规范。公共场所 WiFi 全覆盖，使用正常。庄园手机信号全覆盖，线路畅通。提供邮政服务。

（9）共享服务。鼓励接纳社会普遍存在的共享服务，并有效管理。发展庄园共享经济，鼓励探索创新共享新业态、新模式。

（10）经营管理。开发建设项目符合规划要求。管理人员结构合理，管理水平较高。服务人员业务熟练、态度热情、工作效率高，满足游客需要。建立员工培训机制，业务培训全面，效果良好。管理手段信息化，信息安全符合 GB/T20271 要求。金融服务多样化。

景观与资源质量主要包括以下方面：

（1）资源吸引力。自然人文资源观赏游憩价值高，资源独特、有一定规模，具有较高的历史、文化、科学价值。农业资源观赏体验价值高，主题鲜明、有特色。

（2）环境氛围。出入口环境整洁美观，秩序良好，与庄园整体氛围相协调。建筑布局合理，建筑物体量、高度、色彩、造型完整。主体建筑特色突出，或具有一定的缓冲区域。园区规划科学、布局合理，景观均匀，各项功能有机完整、相互协调。绿化覆盖率高，植物与景观配置得当。

（3）资源和环境保护。空气质量达到 GB3095—2012 的一级标准；地面水环境质量达到 GB3838 的规定；土壤环境质量达到 GB15618 的规定；噪声质量达到 GB3096—2008 的一类标准；污水排放达到 GB8978 的规定。保护农业资源和生态环境，防治环境污染和生态破坏。对自然人文景观进行合理保护，防止其受到自然的侵蚀和人文的破坏，保持景观的历史性。各项设施设备符合国家关于环境保护的要求，不造成环境污染和其他公害。

（4）外部可达性。区位优势明显，与机场、高铁客运站、高速公路出入口、普通铁路客运站或客用航运码头距离适宜，进出便捷。

（5）市场吸引力。知名度高。市场辐射力强。年游客量达到 40 万人次以上，游客平均消费较高，优先考虑国家 3A 级（含）以上旅游景区。

依照国家部门相关规定，根据《现代农业质量评分细则》《服务质量评分细则》《景观与资源质量评分细则》进行综合评定。评定合格的，由国家现代农业庄园评定委员会向社会统一公告。

申报主体应是具备独立法人资格的国有农场，并且满足园区规划科学、区位环境适宜、农业生产先进、旅游功能突出、经营管理规范等基本条件。

3. 休闲农业园区

休闲农庄产业就是要以当地自然生态风光为载体，配合渔业、放牧业、文化产业等多种方式，为旅客提供一种放松地体验农庄生活的旅游方式，其中包括风光展示、田园采摘等项目。目的是实现经济效益、生态效益最大化。

（1）新型农业体验园区的特征如下：第一，高科技含量更多。采用国内外先进科学技术，突出技术的集成与配套，以生物技术为重点，加强种子种苗、设施化栽培、工厂化立体种养、节水灌溉、无公害生产等高新技术的研究与开发，推动农业科技总体水平的提高。第二，科技成果转化率高。重点突出科技与市场、科技与经济的结合，促进农业高新技术转化为现实生产力，使园区成为科技与经济相结合的桥梁和纽带。第三，综合经济效益高。在实现社会效益、生态效益的基础上，突出经济效益，充分发挥园区的资源优势和区位优势，采用新品种、新设施、新技术，获得高效益。第四，经营管理机制新。改变以往计划经济的运行和管理模式，建立企业化经营管理运行制度,推进"产权清晰、责权明确、政企分开,管理科学"的现代企业制度。

(2)我国休闲产业园区不足。第一,政策不够完善。政府尚未制定充足、完善的法规政策来扶持或规范其发展,致使园区建设之初遇到如征用土地、审批手续等方面的困难,并出现了园区建设、发展不规范的问题,而本身机制的不健全也导致园区的今后发展得不到保障。第二,注重建设,轻视管理。有些地区为了该区域的形象工程、政绩工程,只注重园区的建设,却忽视建成后的管理与发展。致使园区管理松散,效益低下,在当今社会激烈的竞争中处于劣势,并将最终被淘汰。第三,龙头企业数量少,辐射能力弱。现有的所谓"龙头企业"缺乏应有的辐射能力与带动力,无法吸引周围农户积极地参与到园区的建设与发展中来,难以满足现代休闲农业园区的发展需要。第四,人才缺乏,科技含量低。部分园区缺乏相应的高品质人才,自主创新能力较弱。无视高新技术对现代农业的支撑作用,实际上又走回了传统农业的老路。会在时代更替的浪潮中被淘汰。第五,公共基础服务设施不完善。在园区建设过程中,往往忽视了基础设施的重要性。部分园区只看到眼前利益,放弃了基础设施的建设与园区服务功能的完善,使得园区发展根基不稳,为今后的发展埋下了隐患。

(3)现代农业休闲园区开发模式。现代休闲农业园区是以技术密集为主要特点,以科技开发、示范、辐射和推广为主要内容,以促进区域农业结构调整和产业升级为目标。不断拓宽园区建设的范围,打破形式上单一的工厂化、大棚栽培模式,把围绕农业科技在不同生产主体间能发挥作用的各种形式,以及围绕主导产业、优势区域促进农民增收的各种类型都纳入园区建设范围。模式上,以"利益共享、风险共担"为原则,以产品、技术和服务为纽带,利用自身优势,有选择地介入农业生产、加工、流通和销售环节,有效促进农产品增值,积极推进农业产业化经营,促进农民增收。突出体现农业科技的作用,形成新品种新技术引进、标准化生产、农产品加工、营销、物流等各种形式的示范园网络。

(4)现代农业休闲园区的运营模式。第一,理念主导型模式。理念主导型模式最大的特征在于依托创意理念,结合时代发展潮流与时尚元素,赋予农业与乡村时代特色鲜明的发展主题。理念主导型模式需要及时把握社会流行元素,如对"乐活生活""第三空间""旅居时代""生态社区""绿立方""低碳时代"等新的生活、生态理念的吸纳与实践,进而发挥区域示范作用。该模式同时要求项目区具有相关农业品牌基础、理念文化基础;区位上,多位于大都市郊区,这样才能既有文化底蕴,又有市场基础。第二,文化创意型模式。文化创意要求项目区具有一项或者多项突出的农业文明与民俗文化的积淀。以传统民俗文化为基础,抽提核心元素,对接社会发展趋势,针对区域市场需求,依托休闲旅游,开发以民俗文化休闲为发展形式的创意农业发展模式。所谓风俗民情发展项目不是所有地区都适合进行开发,只有顺应时代潮流、紧扣时代理念与消费需求的文化元素的地区才有开发的潜力。第三,产品导向型模式。重点是特色农产品的创意开发。通过产品设计与营销上的创意,保留农产品自然、生态的优良品质,融入文化创意元素,对接时下流行的健康、品质的消费潮流,将原有的农副产品进行品质与品牌的双重提升,赋予农产品新时代的荣誉标签,并与乡土地理挂钩,形成"特色产地的特色产品"固化品牌,实现创意农业的效益最大化。第四,市场拓展型模式。这类创意农业对传统农业基础没有必须的要求,更多受区域市场的引导,把握市场动向,发展特定的受市场热捧的乡村农产品或相关乡村休闲活动。该模式摆脱了资源消耗型的价格战"红海战略",拓展消费者剩余增加的休闲市场空间,从而实现农民与消费者共赢。第五,产业融合型模式。充分利用乡村既有的农业产业基础,延伸发展,选择第二、第三产业中的适宜实体,提升原有农业产业的层次,延长原有农业产业链条,实现产业的进化与创意发展。

(二)开发条件

开发条件如表6-3所示。

表6-3 开发条件

条件类型	国家农业公园	国家现代农业庄园	休闲农业园区
农业产业规模	具有大规模的农业基底(包括农林牧渔)		具有一定的农副产业基底
农业生产技术	具有现代农业生产手段		具有农业创新科技能力

续表

条件类型	国家农业公园	国家现代农业庄园	休闲农业园区
资源禀赋	具有优美的田园景观，具有特色鲜明的农耕民俗		
开发主体	政府	政府（以农垦为主）	小型的多以企业为主，大型的多以管委会为主
范围	可跨行政区域，少则上千亩，多则上万亩	原则上种植类庄园面积不少于5000亩，畜牧类庄园面积不少于1500亩，渔业类庄园面积不少于1000亩	小型5万平方米以下，中型5万平方米至100万平方米，大型100万平方米至200万平方米，特大型200万平方米以上

(三) 发展要点

1. 共性要点

农业体验主导模式下的三类产品，在业态类型上大致相同，基本分为农业生产、农事体验、现代化技术研发、农产品展销、休憩娱乐及养生度假，但由于各类产品对旅游的诉求不同，所以在业态占比和空间分布上各有千秋。

(1) 农业生产。功能：农产品种植生产。产品：现代化种植示范区、特色农业区等。

(2) 农事体验。功能：体验农业生产活动。产品：农事采摘、垂钓等。

(3) 现代化技术研发。功能：现代化种植技术研发、交流与展示，现代农业科普观光。产品：科普温室、重大科研成果孵化基地等。

(4) 农产品展销。功能：推动农业产业经济快速增长。产品：农产品展览交易馆、物流中心等。

(5) 休憩娱乐。功能：结合现代科技农业种植，注入旅游休闲休憩活动。产品：童趣天地、休闲露营公园、文化体验村等。

(6) 养生度假。功能：田园养生、田园生活。产品：田园别墅、养生会所、养生山居、共享农庄等。

2. 个性要点

国家农业公园、国家现代农业庄园和休闲农业园区的业态占比如图6—1所示。

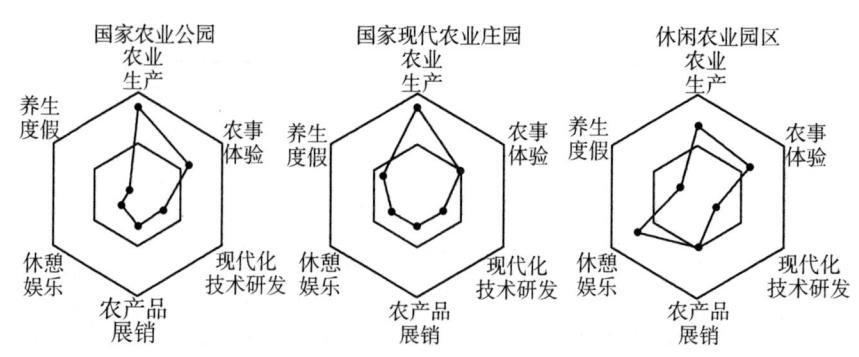

图 6-1 业态占比

以上三类产品所涉及的业态大致相同，除主要的农业生产及农事体验外，不同之处在于国家农业公园侧重于农产品展销，国家现代农业庄园侧重于养生度假，休闲农业园区则以休憩娱乐为主。

3. 空间举措

国家农业公园、国家现代农业庄园和休闲农业园区空间举措如表 6-4 所示。

表 6-4 国家农业公园、国家现代农业庄园和休闲农业园区空间举措

空间	产品		
	国家农业公园	国家现代农业庄园	休闲农业园区
农业生产	通过利用大尺度的农业田园，构建生态景观背景 ①打造大地景观、观景平台等地标亮点 ②建设休闲步道、木栈道等景观连廊 ③开展采摘、垂钓等基本农事体验活动		通过展示小而精的农业生产，构建休闲体验空间
农事体验			
农产品展销	通过搭建立体化的展销平台，增加农产品销量 ①建设农产品、设备设施等展销馆 ②配套仓储物流等相关服务		创意化展销花卉、蔬菜、果品等特色农产品
现代化技术研发	通过现代化的技术研发，提高效能 ①打造农业科研创新基地 ②开展技术交流、研学等活动		①大多只展示现代农业生产技术成果，少量进行研发 ②展示立体栽培、无土栽培等科技化农业，开展科普教育

续表

空间	产品		
	国家农业公园	国家现代农业庄园	休闲农业园区
休憩娱乐	通过注入基础要素型旅游业态,满足基本休闲需求	通过打造农垦深度体验产品,展现农垦文化	通过开展体验互动娱乐,连接游客情感 ①因地制宜,结合市场需求灵活设计农事体验及娱乐项目 ②打造多主题、多形式的旅游业态,升级过程体验,增加游客消费
养生度假	根据建设用地情况适度打造度假产品	通过建设完善的休闲度假产品及设施,重点打造高品质度假生活体验	可依据自身具体情况,酌情而定

(四) 农业主导,多产融合

以农业为主导,通过资源整合、业务融合、技术创新带动加工业、物流业发展;通过与旅游功能、目标市场等融合,延伸发展服务业、文化产业、会展业,从而构建多产融合的产业链条。如图6-2所示。

二、生活体验主导模式

生活体验主导模式下的产品主要是特色旅游村。基于旅游资源本底的不同,特色旅游村一般分为文化型特色旅游村、生态型特色旅游村、农业产业型特色旅游村三类。其中,农业产业型特色旅游村有两种发展路径:一种是农户自主自由经营,发展方式较为单一;另一种是有一定的组织管理规模,或将逐步发展成为国家农业公园、休闲农业园区,在此对其不做分析。下面主要探讨文化型特色旅游村与生态型特色旅游村。

(一) 特色旅游村

一个村落必须具有特定旅游资源,通过积极开展旅游活动,发展出具有自身特色的旅游产品,并且能够做到旅游产业占主导地位,旅游收入在村收

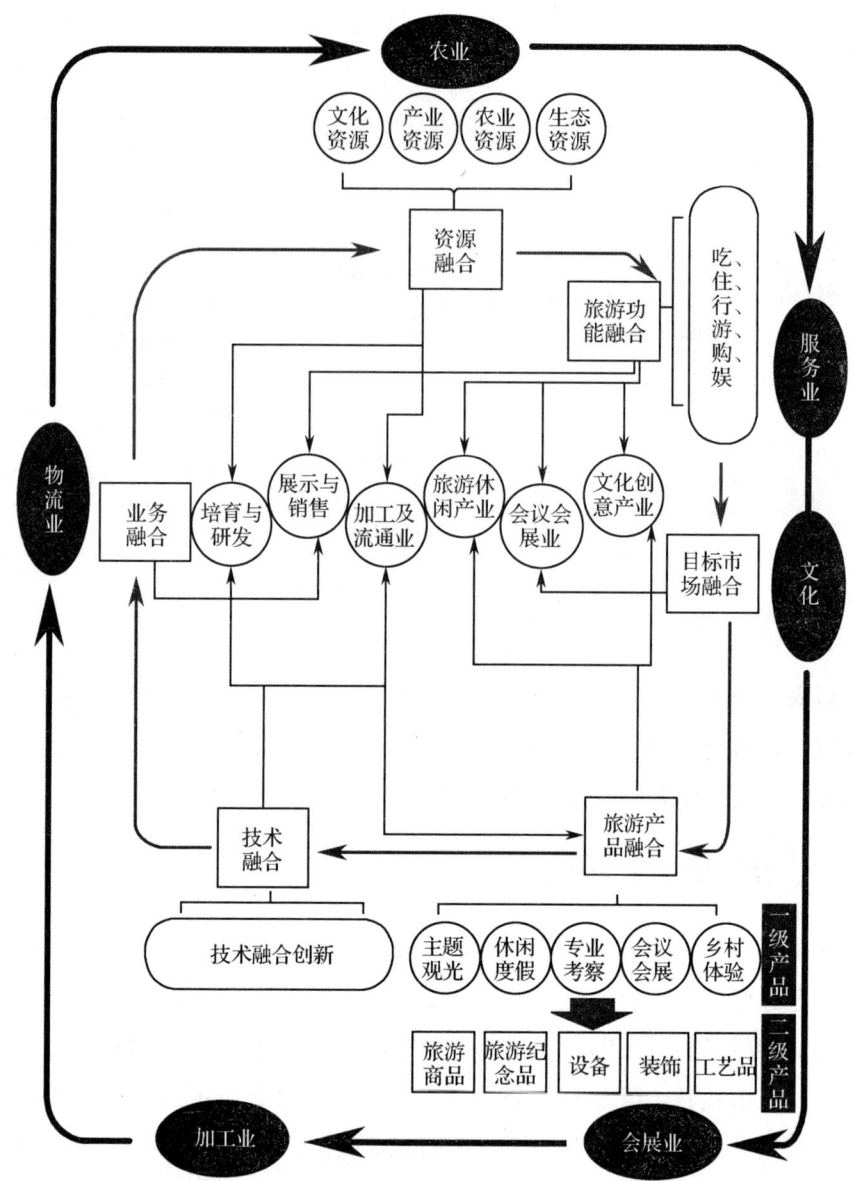

图 6—2 多产融合产业链条

入中占有较大比重，才能称得上是特色旅游村。

特色旅游村在发展过程中可以从以下三个方面入手，来达到促进农村生产发展，提高农民收入，改善生活环境，推动乡风文明，实现以旅游业为主导产业的目标。

第一,突出特色。保护特色建筑、打造特色旅游项目、推出特色餐饮、开发特色旅游商品,让游客住得有特色、玩得有特色、吃得有特色、买得有特色。

第二,农旅一体。农业和旅游产业功能相互嵌入、优势叠加,拓宽和拉长产业链条,形成产业融合发展的繁荣局面,拉动地方经济,营造社会和谐氛围。

第三,产村结合。旅游产业是特色旅游村建设的支撑产业,通过旅游产业让乡村生活可感知、可体验、可消费。

(二)发展类型

文化型特色旅游村和生态型特色旅游村对比如表6-5所示。

表6-5 文化型特色旅游村和生态型特色旅游村对比

类别	文化型特色旅游村	生态型特色旅游村
资源情况	本土文化及文化载体(富有本土特质的历史文化、乡土文化、风俗民情、居民建筑)富有特色	生态环境宜人(有山、有水、有农田)
空间特征	空间尺度相对较小,分布较为集中	空间尺度大,分布相对分散
季节特征	受季节影响小,淡、旺季不明显	受四季影响较大
发展特征	品牌可塑性强;产品互动体验性强;后期可发展为景区	开发难度相对较小;宜居养生价值大

发展特色旅游村不应遍地开花,应在有资源潜力的村庄中,优先扶持邻近城市、景区、交通干线等区位条件好、市场潜力大的乡村,有节奏、分步骤发展。

(三)文化型特色旅游村

1. 定义

文化型特色旅游村的旅游资源区别于一般的旅游村,主要是一些古民居、古街巷、古民俗等历史文化价值高的乡村文化遗产,其注重文化的保护利用,围绕文化遗存发展旅游,综合活化、激发乡村的历史、文化、科学、艺术、经济、社会价值,形成文化记忆浓厚的乡村旅游发展模式。

四位一体创新文化型乡村旅游如图 6—3 所示。

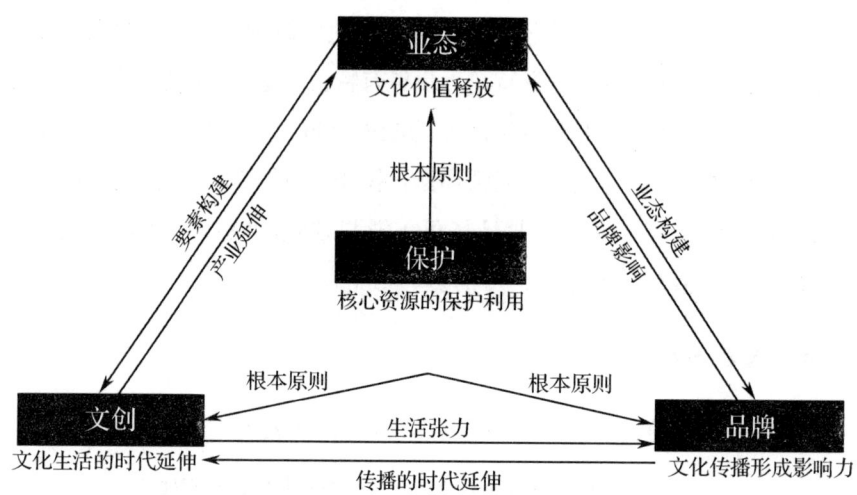

图 6—3　四位一体创新文化型乡村旅游

2. 发展思路

（1）核心资源的保护及利用。文化型特色旅游村的资源都是一些历史文化价值较高的传统建筑和传统民俗等，对传统建筑的保护工作要：①摸清病源，做好基础调查研究工作；②对症下药，采取差异保护手段；③逐步示范改造，避免大规模推进；④专业实施，提高修复古建筑技能。对非物质遗产的保护工作要：①强化基础研究；②保持原真形态；③强化以人为本、活态传承。除了上述对村落中旅游资源的保护，也要维护好村落本身的环境，保持整体形态的延续性，对重要节点进行修复更新，维护外围山水田园系统，可持续发展。

（2）文化——化抽象为具象。文化型旅游村的文化可以分为六个方面：吃、住、行、游、购、娱。如图 6—4 所示。

（3）构建文化品牌。旅游村要想真正做到持久发展，就要建立起自己的品牌。可以申报世界遗产、非物质文化遗产、中国历史文化名村名镇和中国传统村落等增加文化价值；通过影视、文学作品和综艺节目进行推广和包装，提高知名度；通过文化节事，如大型主题文化节庆活动和国际性博览交流会等，增加曝光度；通过请进媒体、店铺"进城"和输出乡村技术与模式等，进行文化输出。

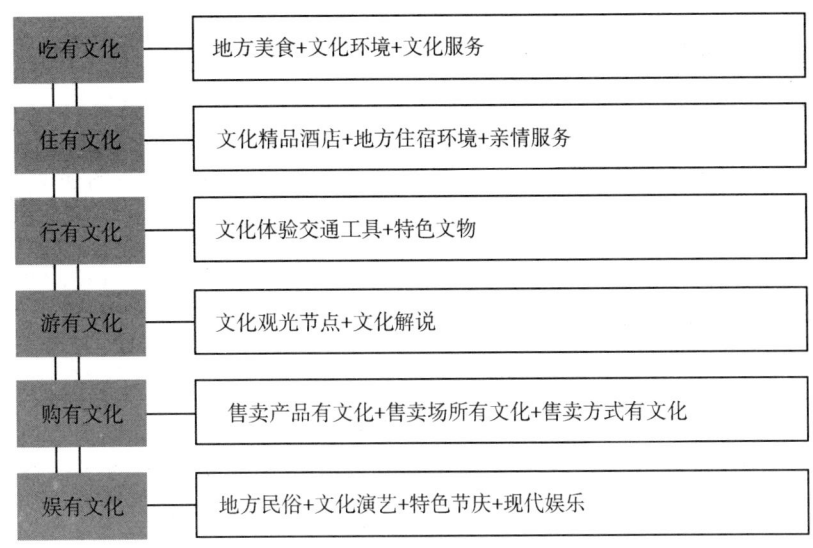

图6—4 让文化看得见、摸得着、闻得到

文化品牌构建的一个成功例子就是北京市门头沟区灵水村。湖南卫视的新节目《爸爸去哪儿》一播出就取得口碑和收视双丰收。节目受欢迎之余,连节目拍摄地也成为旅游景区。北京市门头沟区灵水村因节目的高关注度而成为旅游热地,如图6—5所示。

图6—5 北京市门头沟区灵水村

（四）生态型特色旅游村

1. 定义

生态型特色旅游村的资源是以清新田园风光等为特征的乡村生态环境，核心是具有原真生态性。通过化生态环境价值为旅游经济价值，围绕生态自然环境发展旅游，形成环境优美、旅游要素生态化并带动乡村经济发展、农民致富创业的乡村旅游发展模式。

2. 发展思路

（1）打造环境基底（见图6－6）。为天空添蓝、为大地添绿、为海河添清。生态依托资源保护，高标准制定保护规划，由单级保护向多级保护转变——社会支持＋群众参与。融于自然的乡村建设，保留原乡风格，建设绿色生态建筑，不砍树，不占田，统一建设。

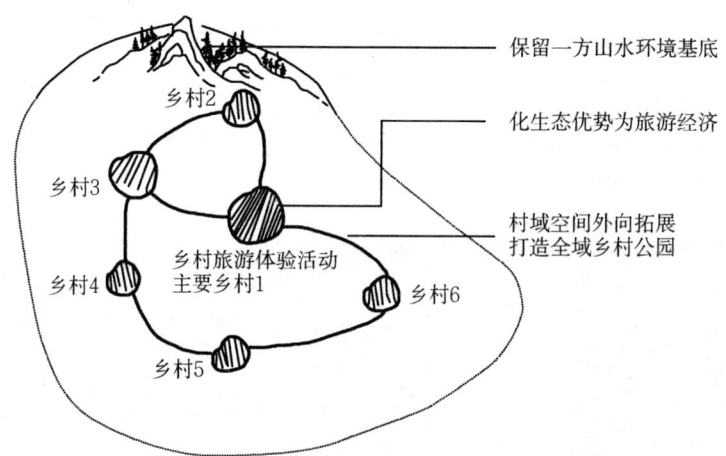

图6－6 天人合一＋生态体验＋开放联动发展思路

（2）多元生态体验。化生态优势为旅游经济，如图6－7所示。

（3）村域开放联动。村域空间向外拓展，打造全域乡村公园。以琼海博鳌乡村公园为例，海南升级为国际旅游岛以后，琼海下大力气建设美丽乡村。他们的初衷是，以田园为本，让城市、乡村像珍珠、玛瑙一样，散落在琼海优美的生态本底和绿色田野之上。通过各种交通设施及其配套基础设施的贯

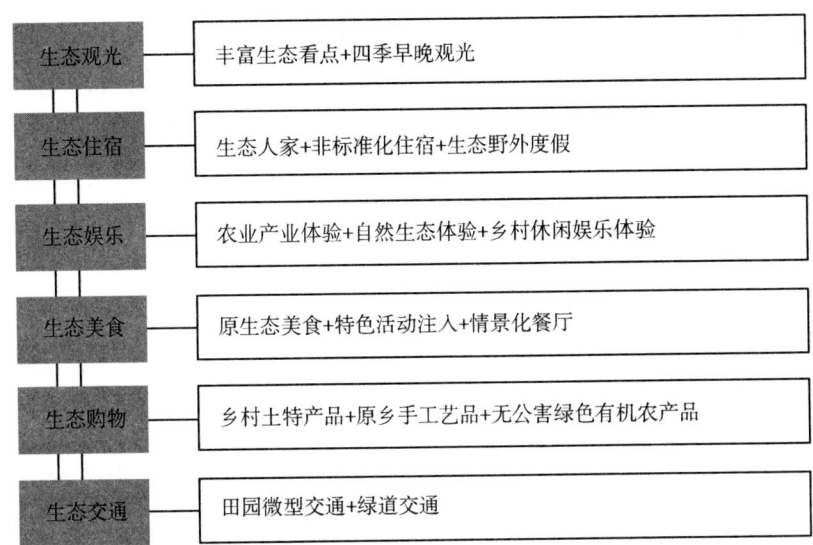

图 6—7 多元生态体验

穿，犹如一条金线把一粒粒珍珠、一颗颗玛瑙串在一起。

实际上他们真的做到了，整个琼海无论是龙寿洋万亩田园公园，还是博鳌、潭门乡村，还有塔洋镇的七星乡村公园和万泉镇水乡人家等，都是可圈可点的美丽乡村。在这些美丽乡村间，所有的小路面都是用水泥修建的，有的田园绿色通道，类似塑胶跑道，走在上面很舒服。乡村间的距离也不是很远，骑自行车边走边游可以悠闲地抵达，更何况还有小中巴的公交线路连接，很是方便。

琼海经过改造以后，乡村的卫生环境得到极大改善，垃圾都在进行分类管理，每个村都有专门的卫生负责人。无边的田野，四季葱绿，路边和房前屋后鲜花盛开，椰树和槟榔树是田间道旁的主要角色，是名副其实的城在园中、村在景中、人在画中。

"博鳌乡村公园"——美雅村，春夏以种植水稻为主，秋冬以种植青椒为主。小村子被高高的椰子树掩映着，时不时会有一小片地一小片地的槟榔树，香气袭人。

小小的美雅村，几乎每个家庭都有在南洋的游子，在海外挣到的钱，首先是回老家盖房子，但是又很重视对主屋的维修。种树不砍树，修房不拆房是这里的原则。哪怕是在村口建起小洋楼，离主屋很远，隔三岔五也要回主屋做一次饭，这里的祖祖辈辈保留有一个观念，不生火，主屋就没有人气，主屋就要荒废了，逢年过节，远涉重洋的亲人回来了，就找不到家了。所以在修建新房的同时，努力地保护好老屋。

三、综合发展模式

（一）田园综合体概念解读

2017年2月5日，"田园综合体"作为乡村新型产业发展的亮点被写进中央一号文件支持有条件的乡村建设以农民合作社为主要载体、让农民充分参与和受益，集循环农业、创意农业、农事体验于一体的田园综合体，通过农业综合开发、农村综合改革转移支付等渠道开展试点示范。

田园综合体是集现代农业、休闲旅游、田园社区为一体的乡村综合发展模式，目的是通过旅游助力农业发展、促进三产融合的一种可持续性模式，是当前乡村发展代表创新突破的思维模式。

2016年9月，中央农办代表团对该模式给予高度认可。第二年由田园东方的基层实践，源于阳山的"田园综合体"一词被正式写入中央一号文件，文件解读"田园综合体"模式是当前乡村发展新型产业的亮点举措。

（二）田园综合体的发展意义

田园综合体的思考原点——中国乡村的发展之路。中国社会的一个主要问题是城乡二元问题，二元是指不同，这个不同形成的差距不仅是物质差距，更是文化差距。解决差距的主要办法是发展经济，而发展经济的主要路径是通过产业带动。那么，在乡村社会，什么样的产业可以并需要发展起来呢？在一定的范畴里，快速工业化时代的乡镇工业模式之后，乡村可以发展的产业选择不多，较有普遍性的只有现代农业和旅游业两种主要选择（在这里，我们并不否认少数地方具备有特色的其他产业条件，如科技、加工业、贸易等，但我们这里讨论的是具有普遍性的产业）。农业发展带来的增加值是有限的，不足以覆盖乡村现代化所需要的成本。而旅游业的消费主体是城市人，它的增加值大，因此，旅游业可作为驱动性的产业选择，带动乡村社会经济的发展，一定程度地弥合城乡之间的差距。

在这个过程中，要注重用城市因素解决乡村问题。解决物质水平差距的办法，是创造城市人的乡村消费。解决文化差异问题的有效途径，是城乡互动。关于城乡互动，最直接的方法是在空间上把城市人和乡村人"搅合"在一起，在行为上让他们互相交织。我们理解的"人的城镇化"，不是上了楼就是城市人了，也不是解决了身份待遇就是城市人了，文化得以弥合，才是人的城市化。那么，最有效的途径就是城乡互动。

欧美、日本的美丽小镇的成长经历了百年的积淀。中国的乡村现代化，在现在的物质和文化的现实差距下，由乡村自行发展，要想呈现好的发展局面，有很大的局限。因为它不能自动具备人才、资金、组织模式等良好的发展因素，所以我们看到了非常多的乡村社会在无序、无力和分散的思想下，在竭泽而渔中走向凋敝。从目前的环境看，我们主张尝试用一种恰当的方法论经历这个过程。探讨在当前环境下，用十年八年或更多的时间，让企业和金融机构有机会参与，联合政府和村民组织，以整体规划、开发、运营的方式参与乡村经济社会的发展。

田园综合体与农旅综合体规划都是城乡统筹规划体系的有效补充，是新型城镇化发展路径之一和重要抓手，是农业农村统筹发展、城乡融合的主要规划设计类型。

首先，田园综合体与农旅综合体规划，从规划内容上看，都是强调现代农业产业发展，是立足农业科技与农业产业链的共同建设，促进一二三产融合发展；促进生态效益和经济效益的统一；是注重生态文明建设发展的主要方式之一；是促进城郊地区和连片乡村区域的农民创业增收，是做强集体经济的主要方式。形成城乡统筹、融合联动发展，例如，中农富通城乡规划设计院的规划设计案例强调农业产业发展体系的合理构建，突出农业多功能创新运营路径，带动内生产业集群发展，促进乡村特色小镇的统筹建设。

其次，田园综合体规划的侧重点更加综合强调主导农业产业发展、生态环境建设、乡村田园社区建设以及农村集体经济、村民的共同参与和就业增收的一体化规划。农旅综合体规划的侧重点更加强调农业产业的业态叠加，农业旅游的持续内生产业集群打造，强调多功能农业发展的创新与运营，提升农业产业附加值的重要发展方式。以市场为主体，融合区域资源统筹发展，为城乡居民提供休闲旅游教育主导功能。

因此，田园综合体与农旅综合体规划在规划编制上应统筹城乡发展，创新城乡融合运营路径，应强化农业＋产业体系构建，增强农业科技引领和持续发展动能。

（三）申报条件

财政部于 2017 年 5 月 24 日下发了《关于开展田园综合体建设试点工作的通知》，2017 年，财政部确定河北、江西等 18 个省份开展田园综合体建设试点。中央财政从农村综合改革转移支付资金、现代农业生产发展资金、农业综合开发补助资金中统筹安排，支持试点工作。

每个试点省份安排试点项目 1~2 个。

试点省份财政部门应于 2017 年 6 月 30 日前，分别向财政部农业司（国务院农村综改办）、国家农发办报送田园综合体试点材料（附电子文档光盘）。

（四）试点立项条件

1. 功能定位准确

围绕有基础、有优势、有特色、有规模、有潜力的乡村和产业，按照农田田园化、产业融合化、城乡一体化的发展路径，以自然村落、特色片区为开发单元，全域统筹开发，全面完善基础设施。突出农业为基础的产业融合、辐射带动等主体功能，具备循环农业、创意农业、农事体验一体化发展的基础和前景。明确农村集体组织在建设田园综合体中的功能定位，充分发挥其在开发集体资源、发展集体经济、服务集体成员等方面的作用。

2. 基础条件较优

区域范围内农业基础设施较为完备，农村特色优势产业基础较好，区位条件优越，核心区集中连片，发展潜力较大；已自筹资金投入较大且有持续投入能力，建设规划能积极引入先进生产要素和社会资本，发展思路清晰；农民合作组织比较健全，规模经营显著，龙头企业带动力强，与村集体组织、农民及农民合作社建立了比较密切的利益联结机制。

3. 生态环境友好

能落实绿色发展理念，保留青山绿水，积极推进山水田林湖整体保护、综合治理，践行看得见山、望得到水、记得住乡愁的生产生活方式。农业清洁生产基础较好，农业环境突出问题得到有效治理。

4. 政策措施有力

地方政府积极性高，在用地保障、财政扶持、金融服务、科技创新应用、人才支撑等方面有明确举措，水、电、路、网络等基础设施完备。建设主体清晰，管理方式创新，搭建了政府引导、市场主导的建设格局。积极在田园综合体建设用地保障机制等方面做出探索，为产业发展和田园综合体建设提供条件。

5. 投融资机制明确

积极创新财政投入使用方式，探索推广政府和社会资本合作，综合考虑运用先建后补、贴息、以奖代补、担保补贴、风险补偿金等，撬动金融和社会资本投向田园综合体建设。鼓励各类金融机构加大金融支持田园综合体建设力度，积极统筹各渠道支农资金支持田园综合体建设。严控政府债务风险和村级组织债务风险，不新增债务负担。

6. 带动作用显著

以农村集体组织、农民合作社为主要载体，组织引导农民参与建设管理，保障原住农民的参与权和受益权，实现田园综合体的共建共享。通过构建股份合作、财政资金股权量化等模式，创新农民利益共享机制，让农民分享产业增值收益。

7. 运行管理顺畅

根据当地主导产业规划和新型经营主体发展培育水平，因地制宜探索田园综合体的建设模式和运营管理模式。可采取村集体组织、合作组织、龙头企业等共同参与建设田园综合体，盘活存量资源、调动各方积极性，通过创新机制激发田园综合体建设和运行内生动力。

（五）发展模式

田园综合体是集现代农业、休闲旅游、田园社区为一体的特色小镇和乡村综合发展模式。田园综合体是在城乡一体格局下，顺应农村供给侧结构改革、新型产业发展，结合农村产权制度改革，实现中国乡村现代化、新型城镇化、社会经济全面发展的一种可持续性模式。

"田园综合体"是指综合化发展产业和跨越化利用农村资产，是当前乡村发展代表创新突破的思维模式。田园综合体从概念上来说，就是跨产业、多功能的综合规划；从具体项目来说，就是多功能、多业态搭建业务结构的综合运营。跨产业、多功能，是超越了原来的单线思维。例如，原来是片农田，现在要有观光动能；原来是所住房，现在可以同时开个客栈。这就看出，综合体是突破原有惯常用途的，那么在思想上就要突破惯常思维。这种突破，是顺应文化发展、技术进步、市场演变、制度革新，用现在的话说，就是结合供给侧结构性改革探索，激发原来受局限的资产和资源效力，形成乡村社会产业发展的广阔空间。这里说的资产就包括农村土地、房屋资产。

中央一号文件原文提到："支持有条件的乡村建设以农民合作社为主要载体，让农民充分参与和受益，集循环农业、创意农业、农事体验于一体的田园综合体，通过农业综合开发、农村综合改革转移支付等渠道开展试点示范。"我们认为这是在田园综合体产业规划、业态规划、功能规划，以及组织模式创新开展，商业模式可持续成立情况中，可积极采纳具体的方法。

"综合体"就是指综合规划、综合运营；"田园综合体"中的田园，还表达了人们对美、对文化的追求。田园综合体的提出是基于一种商业模式方法论。其出发点是主张以一种可以让企业参与、带有商业模式的顶层设计、城市元素与乡村结合、多方共建的"开发"方式，创新城乡发展，形成产业变革、带来社会发展，重塑中国乡村的美丽田园、美丽小镇！

田园综合体经济技术原理是以企业和地方合作的方式，在乡村社会进行大范围整体、综合的规划、开发、运营。

（1）企业化承接农业。企业承接农业，就可以避免实力弱小的农户的短期导向行为，可以做中长期产业规划，以农业产业园区发展的方法提升农业产业，尤其是发展现代农业，形成当地社会的基础性产业。

（2）规划打造新兴驱动性产业——综合旅游业，也可称之为文旅产业，促进社会经济发展。

（3）在基础产业和新兴驱动性产业起来后，当地的社会经济活动就会发生大的改变，该地区就可以开展人居环境建设，为原住民、新住民、游客三类人群营造新型乡村、小镇，形成社区群落。所以，也可以这样描述，田园综合体最终形成的是一个新的社会、新的社区。

综上，田园综合体就是农业＋文旅＋社区的综合发展模式。

基于企业化运作的特征和为了形成一种可提炼的模式考虑，田园综合体里的三个产业（农业、文旅、社区）应以如下思想作为指导原则：农业要做三件事，现代农业生产型产业园＋休闲农业＋CSA（社区支持农业）；文旅产业要打造符合自然生态型的旅游产品＋度假产品的组合，组合中需要考虑功能配搭、规模配搭、空间配搭，此外，还要加上丰富的文化生活内容，以多样的业态规划形成旅游度假目的地；社区建设，无论是改建还是新建，都需要按照村落肌理打造，也就是说，即使是开发，那也是开发一个"本来"的村子，并且更重要的是附着管理和服务，营造新社区。这里要特别指出的是，我们不是要打造一个旅游度假区，而是打造一个小镇本身，只是这个小镇有很多旅游度假设施，小镇本身也具有非常丰富的旅游价值。在城市综合体营建理论中的统一规划、统一建设、统一管理、分散经营原则，在田园综合体中同样适用。

上述田园综合体的产业模型，细分解为业态和规划模型。这里要着重说明的是，在田园综合体的商业模式指导原则中，对于不同地点、不同情况下的项目，强调有一半按照模块化共性内容作安排，而另一半则应结合项目情况以个性化内容发展。

应该说，田园东方的田园综合体，并非适用于所有中国乡村地区，也并非乡村发展的唯一方式。它主要适用于发达地区的乡村，这里城乡差距不大，而城市反哺乡村的动力很足。因其注重保护原有产业，培育新兴产业，营造人居环境，并且具有可持续发展属性，因而是发达地区乡村现代化、城乡一体新型城镇化、社会经济全面发展较好的模式选择。

（六）发展价值观

伴随过去几年实践中的思考和对未来的展望，在《田园综合体模式研究》

的基础上,我们提出"新田园主义十大主张",用以倡导,并将在此思想框架指导下努力践行。这十大主张如下:

(1) 主张产业驱动和模式可复制。新田园主义强调用模式可复制、可推广的田园综合体商业模式来实现理想,是用旅游产业引导中国乡村现代化、城乡一体化、新型城镇化。

(2) 主张对接"三农"。新田园主义鼓励与"三农"产生关联,积极促进产业和文化的发展,实现"三农""富强美"的发展目标,包括各种可行的合作方式。

(3) 主张城乡互动。新田园主义鼓励城市人来乡村消费、旅游、创业、生活和定居,带来经济和文化互动,促进交流与融合。

(4) 主张教育和文化。新田园主义主张项目须包含教育和文化设施,须容纳、对接并开展社会公益事业;虽然项目强调商业模式,是商业项目,但也要带有社会企业目的,每个项目至少要有一部分业务作为社会企业目标,并力争将文化根植和建立于企业内部,提出"复兴田园,寻回初心"。

(5) 主张乡朴美学。新田园主义认为美学是社会发展的文化内核,在美学上拒绝符号化、标签化和装饰主义,在乡村建设中反对浮夸的仿古中式风格等约定俗成的东西,新田园主义的美学观是洗尽铅华后的自然、天真,见素抱朴。

(6) 主张开放与共建。新田园主义主张兼容并包、联合发展,既是许多共建者参与的过程,也是社区居民、游客、员工共建的过程,所有人都共享快乐成果。

(7) 主张与时俱进。新田园主义要营造的是现代田园生活,不是固守传统、保守复古。在可持续发展,人文和自然等理念的指导下,主张乡村现代化,也主张将传统田园生活与现代科技相对接。

(8) 主张可持续发展。新田园主义主张遵循生态、生产、生活的"三生"统一。生态环境保持良好,经济上可持续盈利,当地人的生活可持续发展、成长。强调可持续的产业培育,方法上可持续、可循环,强调自然生态理念,包括风格、技术、运营和管理文化。

(9) 主张营造新社区。新田园主义是以人为本的哲学,这里说的人包括

"原住民、新住民、游客"三类人。新田园主义不只停留在建造物理的空间,而更重要的是营造追求自然和人文主义的生活方式,营造有场所精神的社区。

(10) 主张实践。新田园主义不能只停留在一番情怀、一篇理论,应结合社会环境、时代背景,以可持续成功的商业模式、产品模式开展实践,务实地作用于中国乡村经济和社会的发展。

新田园主义在田园综合体商业模式之外,还对城乡关系、乡村规划、农业、教育、建筑、社区文化提出主张,鼓励人们勇于实践可持续的经济,促进社会全面发展。在新田园主义社区,人们参与共建着一种价值观,这个价值观,是人本主义思想复兴的时代人们的共同追求。它将人与自己、人与他人、人与自然、人与未来的关系,表现为"发现自己、分享快乐、触摸自然、播种未来"的图景,在这幅画卷上充满着阳光的色彩。

四、实例——河南裴李岗:"产镇人文"四位一体型乡村振兴

裴李岗与双洎河,一个是有着8000多年历史的农耕文化源头,另一个是2700年前《诗经·郑风》中爱情诗歌的发源地,双洎河畔的裴李岗乡村发展,如何让这块土地上的文化基因迸发出巨大的力量,如何寻找出一条适合裴李岗的振兴之路,是乡村振兴规划的重点。华汉文旅通过深入挖掘跨越千年的农耕文化和爱情文化,以文化、旅游、婚庆、养老、亲子、度假和休闲农业产业为支撑,打造"产镇人文"四位一体的特色小镇——裴李岗·郑风小镇,让文化绽放出夺目的光彩,让郑风古韵、浪漫爱情与现代产业在裴李岗倾情对话,筑起一道跨越千年的美丽风景。

(一) 以多重区位优势奠定未来发展力

裴李岗位于河南新郑,地处郑州这座"国家级中心城市"一小时交通圈和都市旅游生态圈,在不断拓展的郑州都市圈的发展道路上,裴李岗所在的新郑,完全有实力拥抱大郑州都市圈向南发展。

依托郑州大都市圈建设和便捷的交通网络条件,裴李岗乡村拥有巨大的发展潜力,未来高铁、轻轨的开通及新郑空港经济区的发展,使这里区位优势不断叠加,战略地位更加突出,区域发展势头强劲,这些利好为本项目构

建了全新的发展格局。

(二) 以特色小镇为载体精准深度发力

本次规划的裴李岗及周边乡村约11平方千米区域，属于都市近郊型乡村发展区。第一，明确方向。通过对其区位条件、交通基础、农业和旅游为基础的产业特色、裴李岗遗址、双洎河、旅游资源及村庄基础条件等方面进行综合考量，判断裴李岗乡村区域具备打造特色小镇的良好条件，可以发展为融合产业、文化、旅游、社区等功能，"三位一体"（农业、文化、旅游一体化发展）、"三生同步"（生产、生活、生态同步改善）、"三产融合"（一二三产业深度融合）的特色小镇。第二，具体规划。裴李岗应该打造成拥有鲜明的产业特色、浓厚的人文气息、良好的生态环境，兼具旅游与居住功能的小镇，必须走"产镇人文"深度融合之路。应结合新型城镇化，完善创新创业人文环境，以产业为核心，走产业＋文旅融合之路，打造具有持续竞争力的独特产业业态，成为推动特色小镇发展的关键环节。

华汉文旅认为，在裴李岗特色小镇的"产、镇、人、文"深度融合中，产业将导入持续的人口和现金流，文化是吸引郑州都市圈城市人流的关键，城市和商业是形成产业融合的保障，这样的融合才能最大可能地培育产业经济，使特色小镇成功地落地运营并成为促进当地乡村转型升级的动力和引擎。

(三) 以诗经爱情文化构建主题吸引力

项目地中的双洎河由《诗经·郑风》中的古溱水和洧水汇聚而成，不仅自然生态环境良好，更重要的是拥有浪漫的爱情文化基因，是一条与生俱来具有浪漫休闲气质的河流。基于这一文脉，项目在主题选取上，通过创意创新，确定项目地以《郑风》文化为灵魂，以裴李岗农耕文化为依托，以"旅游＋婚庆＋养老＋亲子＋文创＋农业"为产业支撑，以特色小镇为载体，打造引导文旅消费和婚庆产业的——裴李岗·郑风小镇。

华汉文旅认为，裴李岗小镇成功的关键在于能否创造出符合市场需求、凸显独特风情的文化主题和产业小镇，能否凝聚新动能、布局新经济，构建文化产业平台。在这里，以裴李岗·郑风小镇为主题，不仅能够凸显郑风爱情主题核心吸引力,打造出具有浓郁郑风雅韵特色的小镇风情,而且可以通过爱情主题衍生出婚庆、文旅产业进而确定小镇的特色产业,形成独特魅力,最终实现小镇运营成功和区域经济发展。

本项目定位为中国爱情文化旅游目的地、婚庆度假目的地、一站式婚庆服务基地,致力于一种追求生活、追求理念、追求哲学、追求精神的小镇呈现。

(四) 以裴李岗和郑风文化塑造品牌力

作为中华农耕文明曙光的裴李岗农耕文化和拥有2700年历史的郑风文化是本项目最大的文化号召力,这两大文化本身就是一个IP,甚至自带流量。本项目提取了裴李岗农耕文化和郑风爱情文化两大文化脉络和历史记忆,构建了裴李岗·郑风小镇的超级大IP,希望通过对来自遥远历史空间的文化讲述,塑造出更为强大的品牌影响力。

超级IP的打造,可以让人们感受到从远古郑风中吹过来的浪漫爱情之风和这片土地上丰收的味道,既有文化上与历史和这片土地基因的呼应和契合,又有产业上真正适应市场需求的特色业态,更好地塑造裴李岗的品牌并有效向外传播。

(五) 以文旅康养婚庆做强产业竞争力

将资源与主题、市场、产业对接,将文化的内生力衍生为产业的发展力是特色小镇要重点思考的方向。区域潜力巨大、交通便利、环境优越的郑风小镇发展之路更多体现在功能定位和产业选择上。

裴李岗·郑风小镇在产业选择、培育与导入方面,规划构建了三大圈层的产业体系,即以婚庆、文旅和大健康为核心产业,以亲子、文创、农业、度假等为支撑产业,以商业、教育、医疗为配套产业的圈层式复合型产业结构。其中,婚庆、大健康和文旅产业三轮驱动,产生消费集聚、产业聚集、人口就业带动、生态优化、幸福价值提升等作用;亲子、文创、农业、度假等作为小镇的支撑产业,与配套产业融合发力助推小镇产生造血功能。

(六) 以创新创意项目强化产品创造力

明确郑风小镇的主题定位以及文旅、婚庆和大健康的核心产业之后，在特色项目上，要策划出具有持续竞争力的多元的、独特的产品业态。

从《诗经·郑风》中提取了具有代表性的文化元素，如浪漫的爱情、上巳节、蔓草、扶苏、桑梓、裳锦、香包、郑商、东市等一系列文化卖点，策划了"溱洧"湿地生态文化公园、"青青子衿"中华传统爱情文化博览园、"琴瑟在御"中部地区婚庆产业创新基地、童乡亲子研学教育园、裴李岗国家遗址公园、"人和古寨"传统文化乡村、"归园田"创意农业公园和"婉如清扬"文化人居示范园八大项目。以八大重点项目为发展引擎，带动项目组团式发展。

(七) 以专业运营能力提升项目保障力

裴李岗·郑风小镇（见图6-8）可以看作是地域生产力要素与现代产业发展应用价值的融合，作为一种新兴地域经济结构，需要在规划设计之初，就充分考虑团队的运营能力及项目盈利模式。

裴李岗项目的运营，采取的是企业投资运营一体化模式，能在很大程度上提升项目的落地性和执行力。该项目以政府为主导，以河南知名企业为主体，采用市场化开发运营机制，以最大可能地保证项目成功运营。

另外，在盈利模式上，本项目以多线运营展开形成综合性的收益，使特色小镇的收益除了来自土地一二级开发之外，还包括产业项目的运营收益、文旅项目的运营收益及城市服务的运营收益。

总之，裴李岗·郑风小镇的规划设计，实际上是将这块土地上的文化、自然、经济、产业等各种要素进行组合、集聚、再造和发力，以裴李岗·郑风特色小镇建设为支点助力乡村全面振兴、区域转型升级，进而推动城乡统筹发展。

图6-8 裴李岗·郑风小镇鸟瞰图

第三节 乡村旅游促进乡村振兴的途径

一、乡村旅游促进乡村经济振兴

(一) 乡村旅游开发对农村经济的影响

新农村发展的一个重要方式是旅游产业的开发。在保证农产品稳定增收、保障居民生活环境和谐社会稳定的前提下发挥旅游产业的光和热。

取消农业税这一措施是建设新型农村迈出的非常有利的一大步,但仅依靠政策扶持很难实现经济效益的提高,尤其是我国的西部地带,因为其地理条件的因素,正常的农牧业生产方式也受到了部分影响。所以说,不同的地势造就了不同的村落,不同的村落同时存在着不同的经济效益。旅游产业在农村的开发对带动就业提高经济效益是很有效的一种手段。部分经济不够繁荣的地区可以通过吸引经济发展速度较快地区的产业旅客,让资源实现协调发展,共同分享经济成果。旅游产业带动农村经济发展体现在以下方面。

1. 扶贫作用

通过旅游产业的发展拉动经济欠发达地区的发展是最主要的措施。通过对外开放、吸引内资、搞活经济等措施带动经济需求，扩大就业岗位，让"一座山搞活一地区、一座湖繁荣一个县、一个洞富裕一个乡"，惠及更多的农村居民。

2. 产业影响

乡村旅游能使农业与第三产业良好地结合，是推动传统农业向"高新技术、高附加值、高效益"的现代农业转化途径之一，是实现旅游行业中"高投入、低风险、高收益"经营策略的新选择。由于乡村旅游开发带动了农村通信的发展，也为农村中小企业的发展带来了新的动力。

3. 综合效益

乡村旅游开发具有促进农村经济发展、提高农民收入、保护农村文化、稳定社会等作用。特别是乡村旅游通过旅游消费可带动农村通信、交通、加工、餐饮、娱乐等其他产业的发展，因而具有较高的经济效益。此外，还具有解决农村剩余劳动力就业等方面的社会效益以及农业固有的生态效益，因此，乡村旅游也具有较高的综合效益。

（二）乡村旅游经济可持续发展的途径

乡村旅游经济的可持续发展，要求旅游业的发展既能够为旅游者提供高质量的旅游产品，又能够使旅游接待地区的农民生活水平和质量得到改善，两个目标缺一不可。因而，实现乡村旅游经济可持续发展的途径如下：

1. 乡村农业经济和旅游经济协调发展

乡村旅游经济有一个基本要素与农业经济是一致的，那就是"靠天吃饭"，这里的"天"是指乡村的自然环境，也就是说，乡村旅游经济发展的依托条件还是乡村自然环境。所以要实现乡村旅游经济的可持续发展离不开保护当地农村自然环境。旅游经济和农业经济的和谐共处是乡村旅游经济可持续发展的一个重要体现，不能因为旅游经济的强劲发展而使农业经济趋于萎缩，那样无异于在乡村地区又制造出一个城市。如果彻底丧失了乡村气息，旅游目的地对旅游者的吸引力也将逐步减弱。但是，旅游的发展也不可能使农业经济一直保持原貌，它必然要适应形势的发展而进行调整。因此把握乡村旅游经济发展的"度"，是乡村旅游经济可持续发展的关键。换句话说，乡村旅游经济的最终目标不能简单定位为利润的最大化，而应考虑其生态和文化等综合因素。

2. 减少乡村旅游收入的漏损，提高当地农民的旅游收入

通常乡村地区的旅游收入乘数效应比较低，这主要是由于旅游收入的漏损非常严重。因为乡村旅游的投资者大多数是外地人，而且相当多的旅游商品产自外地。漏损程度可以根据流出当地经济的资金比例确定。显然，那些能减少流失的地区，能够让更多的最初消费在当地经济中流通。而那些依赖本地以外的人力、物质和资本的地区，必定会因支付这些服务费用而受到损失。因此，主要依靠自身资源维持旅游业发展的地区，更有可能实现农村经济社会的繁荣与和谐。大量事实证明，旅游企业管理权和控制权在外来者手中时，必然会阻碍当地旅游业的健康发展。宾馆、饭店、汽车公司、缆车公司等，所有这些乡村旅游中最赚钱的企业往往都是由外地投资者所拥有，而当地又依赖于这些企业来输出自己的旅游产品。因此，发展乡村旅游要让当地人或当地企业成为旅游开发、经营和管理的主体，充分参与其中。政府应鼓励当地农民直接参与旅游的经营与管理，避免旅游区内的旅馆、餐馆和旅游商品的经营被外地企业所垄断，要从立法方面尊重和保护当地农民的利益，明确规定当地农民参与旅游业应达到的比率。

3. 严密监测与评估乡村旅游发展的规模与风险

由于乡村地区脆弱的自然环境、落后的传统农业经济以及处于弱势地位的文化传统，使旅游开发很容易导致乡村生态环境出现不可逆转的破坏，保持乡村地区旅游的可持续发展，应科学、合理地在其环境承载范围内进行。因此，必须对乡村旅游开发的环境容量进行监测和评估。乡村旅游自然环境的承载力可以用生态承载力和设施承载力两个指标衡量。

（1）生态承载力。在一定时期内，旅游接待地区的自然环境都有一个所能承受的最大限度的旅游活动量。这种限度一旦被突破，旅游资源所处的自然环境就会被破坏。每个旅游地的生态环境都有一个生态承载力，生态承载力基于当地原有的生态质量，自然环境对旅游污染物的吸收和净化能力。生

态环境承载力取决于一定时期内,每个游客所产生的污染物的数量及生态环境净化与吸收污染物的能力。虽然一般生态环境系统都有一定的纳污自净能力,但如果生态环境系统长期超量接纳外部尤其是人为的强制输入,就会导致其稳定性遭到破坏,当干预因素的影响超过其生态系统的阈值时,生态系统就可能面临失衡或崩溃。

(2)设施承载力。在一定时期内,用于旅游目的的土地资源以及生活设施和活动场地能够容纳的旅游活动量。设施承载力包括两方面的含义:一是目的地有多少土地资源用于旅游开发和建设;二是以设施单位作为衡量,如有多少宾馆设施、床位,餐馆接待最大容量的游客数。一般来说,设施承载力和人为设施的规模直接相关,其中包含许多基础设施,如水、电资源可提供多少人使用以及交通运输的容量、住宿设施的床位数等。

乡村旅游引导乡村经济振兴的利益相关者作用研究认为,政府在乡村旅游的启动阶段、成长阶段和成熟阶段分别扮演开拓者、规范者和协调者角色,发挥政府在规划控制、资源整合、监督管理等方面的主导作用,能够促进乡村经济可持续发展。企业是乡村旅游发展的重要力量,嵌入企业家精神、树立乡村旅游品牌、创新农业旅游产品开发模式,激发乡村旅游领军企业发展内生动力,推动乡村经济可持续发展。重视乡村旅游者的多样化需求,提高游客忠诚度,拓宽乡村旅游发展。居民是乡村旅游发展的经营主体和利益主体,增强乡村旅游的社区参与,提高当地居民的参与度,提高居民生活水平,促进乡村经济发展。

乡村旅游引导乡村经济振兴的发展模式研究起源于 20 世纪 80 年代,农家乐是乡村旅游的初级模式,是农业社会发展条件下的一种旅游现象。农家乐作为乡村旅游产业的延伸,有效衔接农业经济与旅游经济,开辟了城乡融合发展新途径,促进了乡村旅游转型升级发展。民宿、精品酒店作为乡村旅游的重要载体,能够改善农村生活水平、促进农民就业、增加政府税收,实现乡村社会空间重构。田园综合体作为现代乡村旅游新业态,能实现乡村三产深度融合,推动农业供给侧结构性改革和农村生态可持续发展。

二、乡村旅游促进乡村生态宜居

当前，乡村旅游持续火热，围绕乡村旅游发展的各项工作正在如火如荼地推进。坚持原生态下的休闲农业与旅游相结合的定位发展，将可持续绿色旅游发展作为助力乡村振兴战略的重要途径。

在编制乡村旅游发展的建设规划中，要充分考虑村与村之间的地理区位构造、资源优势、产业依托等，合理安排产业平台、基础设施、农田保护等空间布局，并注重现代打造与自然景观的有机融合；挖掘本地特色，努力打造一村一品，确保规划落实落地。同时，牢固树立集约化、科学化管理发展理念，大力推进农村土地综合整治。不盲目跟风，规划引领先行。坚持规划先行，因地制宜，把乡村旅游与经济社会发展规划、集镇建设规划、土地利用规划等相结合，做到布局优化、定位合理、衔接有序、切实可行。

保护绿水青山，坚持持续发展。党的十九大报告提出了乡村振兴战略，这是"五位一体"总体布局在乡村领域的具体落实，是社会主义新农村建设的升级版。乡村旅游是振兴乡村的有效途径，是有效改善乡村人居环境的重要抓手。发展乡村旅游是基础、核心是富民，大力配齐配强发展乡村旅游的设备设施是筹备乡村振兴的重要前提，通过将旅游与美丽乡村建设相结合，深化农旅融合发展，采取"互联网＋"等模式，因地制宜发展特色农家乐、采摘园等近郊旅游。深度开发具有当地特色的地标产品品牌，逐步建立农旅基地产业链。但归根结底，都要依靠青山绿水的大环境，坚持保护与持续发展原则为主的基础上，走特色道路，避免同质化发展，将是建设幸福美丽乡村久久为功的不变之道。

乡村旅游快速发展带来的"反生态"问题制约着乡村城镇化进程，乡村旅游的生态化转型是乡村新型城镇化的现实导向。乡村旅游是促进美丽乡村和生态文明建设的重要抓手，秉持以青山绿水为基、乡土景观为韵、文化和谐为魂、美丽宜居为本的发展理念，发展乡村旅游能够提高乡村居住环境舒适度、活化乡村优质生态资源、改善农村生态环境状况、树立生态环境保护意识、健全乡村生态文明制度，推进乡村生态人居、生态文化、生态经济建设，实现乡村生态环境美、社会环境美、人文环境美、科学规划美和体制美。

三、乡村旅游促进乡村文化振兴

发展乡村旅游，旅游资源的文化底蕴非常深厚，开发利用潜力巨大，尤其作为我国经济文化发源地的农村，其历史传统与特色风俗更令旅游者向往。如果发展乡村旅游，需极力宣传乡村文化特色，打造乡村旅游文化品牌。品牌是产品营销的核心和灵魂，是维系产品与消费者关系的重要途径，做好一个品牌，加大品牌宣传力度，通过网络、媒体等多种形式，加强对独具地方特色的传统文化进行宣传，多学习借鉴其他行业成功的途径，结合自身所处领域的优势从而打造乡村文化的独立品牌，提升旅游产业整体效益。

乡村旅游注重回归原始，少一些商业气息，多一些农村文化，随着旅游需求的多元化，人们更想要那种宁静、生态、悠闲的旅游环境，通过周末节假日，带上自己的家人朋友悠闲地看花、垂钓、晒太阳，回归乡村田园般的生活。

四、乡村旅游促进乡村治理体系重构

（一）中国传统的乡村治理

所谓"治理"是指"各种公共的或者私人的个人和机构管理其共同事务的诸多方式的总和，是使相互冲突的或不同的利益得以调和并且采取联合行动的持续过程"。[①] 根据全球治理委员会界定，治理有四大特征：它不是一整套规则，也不是一种活动，而是一个过程；治理过程的基础不是控制，而是协调；治理既涉及公共部门，也包括私立部门；治理不是一种正式的制度，而是一种持续的活动。[②] 本书所讨论的治理是一种复杂的社会政治现象，既有政府的统治，但更多的是乡村精英的管理；既有法定的制度，但更多的是村规民约。

治理与统治从词面上看差别不大，但实际含义却有很大不同，二者至少

---

① 俞可平．治理与善治［M］．北京：社会科学文献出版社，2001．
② 全球治理委员会．我们的全球伙伴合作关系［M］．英国：牛津大学出版社，1995．

存在以下两个基本区别：①治理与统治存在着本质区别。治理与统治的本质区别在于治理虽然需要权威，但这个权威并不一定是政府机关，可以是公共机构与私人机构，还可以是二者的合作者。而统治的主体一定是社会的公共机构。②管理过程中权力运行的向度不一样。政府统治的权力运行方向总是自上而下，它运用政府的政治权威，通过制定政策对社会公共事务进行单一向度的管理。而治理则是一个自下而上的过程，通过合作、协商、伙伴关系，确立认同和共同的目标等方式，对公共事务进行管理，它的管理是多元的、相互的，而非单一的。

中国传统乡村的管理是治理而非典型的统治，这是由中国传统农村社会历史与经济文化发展特点所决定的。中国是一个幅员辽阔、人口众多、区域经济发展不平衡的国家，在长达2000多年的封建社会里，即使实行高度中央集权的统治，并拥有庞大的官僚集团和体系，也难以直接统治乡村，形成了"政不下县"的政治格局。国家的行政权力只抵达县一级，县以下基本由地方或者宗族大户等"德才兼备"的"乡村精英"，依据千百年沿袭下来的宗族伦理支撑的权威，自下而上地管理乡村公共事务。"乡村精英"实则具有双重身份：作为乡村的代表，他们要维护村民的共同利益；作为国家政权的"代理人"，他们要代表国家实现对乡村的管理。2000多年来，以地缘、血缘为典型特征的宗族伦理，不仅作为文化形态而存在，而且逐渐发展成为一种政治和社会治理机制，一种自成体系的具有完整文化内核的秩序，[①] 它们共同决定了中国传统乡村治理是以地缘关系与亲缘关系为主要特征、以宗族伦理为准则的村民治理。

地缘关系指人们因出生或居住在同一地域而形成的人际关系。中国乡村在地缘上表现为明显的封闭性。这由我国传统农耕文明的自给自足性导致，同生产力的低下和社会经济力量的弱小相一致，主要表现为不同村落之间缺乏常规性联系机制，没有经济、文化和人际上的广泛交往，流动性很小。亲缘即生物类群在系统发生上所显示的某种血缘关系。血缘关系和地缘关系是相互渗透的，同乡、邻里往往是同宗、同姓，地域上的远近反映了血缘上的

---

① 胡献忠. 当代中国村民自治条件下的民主精神与宗族伦理[J]. 天府新论，2006(4)：73.

亲疏，形成了"一村唯两姓，世世为婚姻；亲疏居有族，少长游有群""生者不远别，嫁娶先近邻"的局面。以地缘与亲缘为特征的乡村治理反映在治理准则上就是乡村伦理，在思想意识上就是小农意识。小农意识是小农在以自然经济为基础、家族血缘为本位的环境中形成并内化于小农头脑中的认知心理、价值观念、思维方式、宗教意识等的总和。它的基本特征是封闭保守，具体体现为以传统习俗作为判断事物的价值尺度，反对变革和创新，家庭作为生产生活的基本单位，集血缘亲情与社会组织于一体，打上了血缘宗法的印记。农村自给自足的自然经济与地域的局限性，阻碍了小农的社会交往和联系，使之孤立、分散、闭塞，导致小农的愚昧无知与封闭保守：一方面，自高自大，具有浓厚的以我为中心的圈子意识，本能地抗拒鄙视一切血缘、地缘以外的人与事；另一方面，又崇拜和恐惧任何可以主宰他们命运的力量，如自然、祖先。而与小农意识相对应的是乡村伦理。正如林语堂所指出的："中国的乡村田园背景使人得以发展出一种乡村意识……这种乡村意识与乡村精神使当地人民能够建立一种公共管理制度，这是中国真正的政府。这种乡村政府是无形的……是由年长者凭借自己的岁月从精神上予以指导，也由绅士们凭借自己对法律及历史的知识从精神上予以指导。从根本讲，它是用习俗和惯例这些没有文字记录的法律进行统治。"[①]

以地缘关系与亲缘关系为主要特征、以宗族伦理为准则的乡村治理是一种基于"村民"这一成员身份——"村民身份"为基础的村民治理。"村民身份"是指在一个特定村庄中所获得的成员身份，而"村民身份"以及通过村民身份享受的"村民权利"则是通过上文中的乡村伦理得到确认的。在落后农村有限的资源与弱小的经济力量条件下，"村民身份与集体财产的所有权和福利分配是密切相关的，当村庄集体为其成员提供较多的福利的时候，他们就会严格要求村庄成员的身份，以保障利益不外流"。[②] 乡村通过对"村民身份"的严格确定，避免了在自给自足的小农经济中的地方利益扩散到外部社会，形成了内外有别的高度排外权，只有村民才有权利享受乡村资源与机会。

---

① 林语堂. 中国人 [M]. 北京：学林出版社，2001.
② 姚洋，刘一皋，王晓毅. 村庄内外 [M]. 石家庄：河北人民出版，2002.

（二）乡村旅游发展对传统乡村治理的影响

根据欧洲联盟与世界经济合作与发展组织的定义，乡村旅游即发生在乡村的旅游活动。Laned 在此基础上对乡村旅游概念做出了较为全面的诠释，认为纯粹形式的乡村旅游是这样的。首先，位于乡村地区。其次，旅游活动是乡村的。再次，规模是乡村的。又次，社会结构与文化具有传统特征、变化较为缓慢、旅游活动常与当地居民家庭相联系并且乡村旅游很大程度上受当地控制。最后，乡村旅游具有不同的类型。

经济生活的变化，特别是经济发展水平的变化可以导致相应的政治生活的变化，为政治生活带来影响。因此，乡村旅游作为乡村经济发展的重要因素，在推动经济发展水平的同时，也相应地导致乡村政治生活的变化，即推动了中国乡村从以地缘关系与亲缘关系为主要特征、以村民身份为基础的传统治理向以开放为特征、以公民身份为基础的现代治理发展。

1. 乡村旅游的发展打破了乡村的地缘关系与亲缘关系，让乡村从封闭走向开放

经济的发展本身会推动人口与资本的流动，但这种流动也仅仅是从贫困落后地区向富裕地区的单向流动，人口与资本不是在城市与城市之间流动。因此，在一般市场经济发展过程中，如果没有国家、政府的助力，乡村不但会维持原有的封闭落后，而且会随着贫富差距的分化加大而越来越封闭落后。乡村旅游的发展却能够成为改变这一现象的重大导因。第一，发展乡村旅游推动了人口在城市与农村之间的双向流动。随着旅游的发展，游客从城市涌入乡村体验乡村的田园风光。第二，乡村旅游发展推动资金从城市向农村的流动，外来资本投入到乡村旅游发展中，推动了乡村经济与外部市场经济的联系。乡村逐渐被整合到一个全国性的经济共同体中，村民的眼界也逐渐广阔并且提高。在同外部世界的比较中，原来的"乡村精英"们的光环逐渐褪去，村民与外部有了经济的、文化的和人际上的广泛交往。随着城乡交流的加剧，乡村地缘关系的封闭性被打破，而开放的地缘逐渐导致的是对亲缘的淡漠，乡村从封闭走向开放。

2. 以开放为特征的乡村治理映射在治理准则上就是国家的法律,在思想意识上就是公民意识,在治理的身份基础上就是由村民转向公民

(1) 公民意识与公民身份——从村民到公民。

社会意识形态的一个表现就是公民意识的出现,这是公民对自身合法权益政治意识应当履行的职责和义务在整个社会生活中的体现。表明了公民对于社会政治公共服务的态度情感价值观取向,其内容包括民主意识、法治意识等。公民对社会政治生活的参与实际上是公民实行自己主人翁地位的表现,也是公民作为政治生活共同体的成员对权利是否能合法进行实践的一种意识。可以分为直接参与和间接参与,在参与的过程中公民逐渐体会到自身的权利义务所在,形成理性的参与方式。这同时也是培养公民民主法治意识比较有效的方式。公民存在的政治前提是民主政治的存在,所以,民主就是保障公民表达意见的权利、参与议事的权利。在接受民主参政议政的基础上形成合理化的社会建设方案。

公民意识的养成是由深层次的经济原因决定的。马克思主义认为社会存在决定社会意识,但过去人们把社会存在主要归结为生产方式的观点是不全面、不准确的,社会经济发展的三形态（或三阶段）对人们的意识有决定性影响。小农经济是以人的依赖关系为基本特征,它是权力集中、人身依附关系,与此相应的是"人治"等级观念;交换经济（马克思虽然没有使用市场经济的概念,但实质上已经揭示了市场经济的本质和规律）是以物的依赖性和人的独立性（即人依赖于物的价值形态——货币,但人的人格是独立的、自由的）为特征。乡村旅游的发展带来人口与资本的流动,带来了交换,而交换既是破除自然经济即人身依附关系的利器,又是形成独立、自由、平等的基础与前提。在新中国成立之初,我国从原来经济落后的自然经济、半自然经济基础上建立起来的计划经济,超越了市场经济阶段,实质上是现代经济（世界范围内）条件下放大了自然经济,从而在很多方面不自觉地把自然经济基础上形成的某些观念当作社会主义的意识来坚持。自改革开放以来,我国逐步建立社会主义市场经济体制,把市场经济体制写进党章与宪法时间不长,对于现代市场经济发展过程来说只是暂短一瞬,从这个意义上说中国农民缺乏公民意识是十分自然的。公

民身份是公民意识的基础。所谓"公民身份"是指个人在特定民族国家中所获得的成员身份,这种身份正是通过享有与承担为该民族国家的法律所正式确认的、具有普遍性和平等性的一系列权利义务来体现的,公民身份是国家承认的一种具有普遍意义的、无差别的身份①。而现代公民身份的研究是以1949年 T. H. 马歇尔演讲的《公民资格与社会阶级》为始端的。马歇尔认为,公民资格是通往各种权力与权利的一种地位,它主要由三种权利组成,那就是法律权利、政治权利和社会权利。

与前文中的村民身份相对应,公民身份是一种国家共同体中正式成员的地位,公民的权利最终由国家赋予并给予保障,个体身份定义只能是国家,与公民资格相关的是公民权利。与村民权利的高度排外性相比,公民权利特点表现为法定性、普遍性、平等性三大特点。法定性——权利(实体权利与程序性权利)都来源于国家法律的规定而非村庄的地方规则,普遍性与平等性即共同体内每一个人,无论是村民还是外来的投资者,不分性别、阶级、职业等都同等地享有公民权利。公民身份的实质在于公民权利是无条件的,只要你取得了特定国家的公民身份,就享有同该国公民一样的权利。而小农意识与公民意识的最大区别就在于:前者只顾作为村民的个体,而不顾他人,后者既顾个体利益,又特别注意社会公德。

落后封闭的传统乡村缺乏培育公民意识的土壤,村民也不能真正参与到旅游发展中。在前面所论述的小农经济下形成的孤立分散、愚昧无知与封闭保守的小农意识氛围下,村民不会贸然接受公民意识,因为小农意识的特点是排外的,这又源于小农经济的排外性。从小农意识向公民意识的转变,条件不外乎两个:一是外部条件,即国家是否从法律制度层面上推动公民意识的养成(因为公民意识归根结底是一种政治意识);二是村民自身的意愿与条件,有没有积极转化的意愿与能力,即他们想不想、能不能。对于第一个条件,我们国家通过村民委员会这一自治组织形式,在政治制度上实现对基层村民生活的参与及其民主权利的鼓励与保障。根据1982年宪法,农村居民按照其居住区设立村民委员会,作为农村自治的基层组织,国家还制定并颁布

---

① 王小章. 国家、市民社会与公民权利 [J]. 浙江大学学报, 2003 (9): 46.

了《中华人民共和国村民委员会组织法》,各省市自治区也实施了《中华人民共和国村民委员会组织法》等,从而保证村民委员会选举的合法性、公平性与民主性。而第二个条件,是乡村旅游经济等的发展推动了村民的参与意识的养成。如前文所述,旅游发展推动封闭的乡村与外部世界整合成一个共同体,"从社会整合成一种全国性公众与国家经由现代科层机构而扩展的两种过程中",作为参与实质的"民主才浮现出来"。

(2) 旅游产业在乡村的发展不断弱化农民自治的身份。旅游产业的发展带来了发达地区先进的技术和资本,同时也在瓦解着农村内部原始的、稳定的社会结构,推动部分欠发达地区从封闭孤立的状况不断向外开放。用法治思想协调来解决生活中面临的问题,每一个村民都是身份合法的公民,普法工作得到推行。旅游产业的顺利发展离不开农村主体思想的转变。

(3) 在落后农村有限的资源与弱小的经济力量条件下,村民身份与集体财产的所有权和福利分配是密切相关的。当村庄集体为其成员提供较多的福利的时候,他们就会严格要求村庄成员的身份,以保障利益不外流。乡村正是通过对"村民身份"的严格确定,避免了在自给自足的小农经济中地方利益扩散到外部社会。而旅游发展让这一种"内外有别"失去了必要性与可能性。乡村旅游带动了乡村经济发展,给农民带来了当下的经济利益与未来生活的希望,让他们学会了除了种地与发展乡镇企业之外新的更好的经济发展方式,得到以前乡村不能够提供的更好的福利。面对从乡土资源与乡村文化中所获取的新谋生手段,他们开始从单纯的利益不外流向与外人共同分享利益的发展方式转变,他们愿意将手中的垄断性资源投入到旅游开发中。并且,从村民以旅游景观投入乡村旅游发展那一天起,乡村成员就失去了对乡村资源和机会垄断的可能性,资本进入流通领域后,如何流通需要遵从经济运行规律并受到其他投资者发展方式等因素的影响,不是村民自身能够决定的,甚至在大多数时候,旅游投资者与外来游客对这些资源以及这些资源的收益有平等的甚至有优先的享用权。在传统的中国乡村内部对村民身份高程度的认同,取决于乡村所能够控制的公共资源的数量以及村庄为村民提供的公共服务。① 然而，乡村旅游开发既削弱了乡村作为统一利益主体对公共资源的控制能力，也为村民带来了远远高于乡村内部甚至国家单纯依靠行政力量为村民提供的公共服务。笔者仅从"乡村旅游发展对农民土地的影响"作进一步论证。

在中国，土地是农民赖以生存的基本资料，其所有权属农村集体，乡村所能控制的最核心的公共资源就是土地。①乡村旅游发展需要商业化用地。乡村旅游开发要求集乡村的原真性与商业开发为一体，因此乡村旅游景区需要一定量的商业用地。现阶段，在乡村旅游发展中，解决商业化用地的主要方法是农村土地置换与土地整理。农村土地置换，即经过发包方（即农村集体）将部分或全部承包地块相互调换经营。农村土地整理，即通过对农用地与集体建设用地的整理，增加有效耕地面积，目的是合理利用土地资源、促进农村经济发展。在解决乡村旅游发展商业用地问题上，土地置换、土地整理并不是完全孤立的两种手段，它们往往配合使用，甚至形成"一条龙"。土地置换是将农户分散的住宅（宅基地）、耕地依据占补平衡原则进行迁移，以置换的方式为其重新配置面积相当的耕地或宅基地，被置换后的农户土地不仅能满足农户生产、生活。由于为旅游经营要求而配置土地，更有利于旅游投资者介入，并且置换后的农民新居经过统一建设，居住环境与配套设施得到改善，集中起来的农民以聚居村落开展旅游接待，发展餐饮、娱乐以及旅游商店等，乡村旅游的规模化发展与农民收入提高、得到更好的公共服务相互推动，形成良性循环，这是单单依靠村集体的能力甚至国家行政能力所难以达到的。②乡村旅游的发展带来了农村土地承包经营权的转移。根据《中华人民共和国农村土地承包法》规定，承包经营权转让方式包括转包、转让、互换、入股，并且还能够以入股、招标、拍卖、公开协商、折股与抵押等方式合法转移。乡村旅游发展推动了农村土地资源运用形式的多样化发展。以成都三圣乡红砂村乡村旅游发展为例，三圣乡是国家 AAAA 级风景区，是成都近郊乡村观光旅游的首选之地。在红砂村乡村旅游发展过程中，农村土地如何利用成为旅游是否能够持续发展的核心问题，承包经营权的合法流转则

---

① 张静. 身份认同研究［M］. 上海：上海人民出版社，2006.

较好地解决了这一问题。红砂村采用农民土地集体入股，由政府统一经营的方式对外租赁，每亩土地为一股，年底按股分红，土地租金收益每亩大约1000元，加上年底分红300元，每年出租土地的收益为每亩1500元左右。乡村旅游发展中，土地资源利用形式多样化提高了农民的收益，但相对应的是农民个人与村集体对土地这一重要的公共资源的控制能力降低了，即土地被政府统一经营，并且依照合同租赁到了承租人手中，用来发展第二、第三产业，村集体在租赁期间失去了对土地的实际占有权与控制权。

旅游产业对于乡村经济建设社会生活的构架这一问题的讨论持续了很多年。我国农村地域是根据特殊的地形、血缘亲情、风土民情等各种因素交织在一起形成的复杂的、稳定的生活结构。所以，进行农村地方治理时要充分考虑到农民的主体地位，考虑到以血缘为联系的特点。旅游产业在农村的发展从更长远看带来了先进的技术、人才、资金，促进各产业间的协调发展。但它同时也打破了农村居民的相对封闭的生活模式。从一定程度看，协调了邻里之间的关系，实现了社会结构的重新组合。合理发展旅游产业可以提高农村现代化科技水平，促进社会的和谐稳定。

农村社会空心化问题在现阶段被越来越多的研究人员所重视，通过旅游产业发展带动乡村社会生活结构完整是一个可以采取的措施。把目前农村面临的现状融入到旅游资源的开发环节中，利用废弃的土地资源和废弃的厂房资源进行旅游产业的合理规划。保障农民主体的地位，可以有效解决空心化问题。但产业的合理运行离不开政府的帮助和政策的约束，实行政府掌控全局的发展模式，结束目前乡村面临的土地被废弃的局面。加大旅游基地和城市设局间的协调互动，引导非农业地区居民形成对乡村旅游的合理化认识。不断提高保护环境的绿色意识。通过政府部门和其他社会部门的协调配合，实现治理现代化、合理化，同时带动当地基层政府部门的效率。修复被破坏的农村地理环境，朝着建设绿色乡村的方向不断努力。引进人才，同时不放弃对当地技术人才的培养。让各种职能间相互配合、相互协调，共同创造农村治理新局面。

五、乡村旅游促进乡村振兴的政策体系

旅游产业的发展相应地需要地方政府制定相应的政策，通过资金扶植，建立健全基础设施建设，为旅游产业的发展保驾护航。制定和修正行业监管、市场准入、行为规范等一系列政策措施对旅游产业的发展进行规划。优化乡村旅游资源经营权的估价机制，建立乡村旅游资源经营权交易市场，构建乡村旅游资源经营权确权登记与核查制度，促进乡村旅游发展。规范和调整乡村地区土地流转政策，完善农村生态环境保护制度，加快乡村旅游转型升级，引导乡村旅游健康发展。

第七章 乡村旅游促进乡村振兴的策略

第一节 乡村旅游促进乡村振兴的规划设计

乡村旅游是一项综合性的系统工程,需要用专业的知识、系统的理论、科学的理念去规划建设。因此,要以创新理念为先导,以科学规划为引领,谋划新时代旅游振兴乡村的顶层设计。

科学规划产业发展是各产业发展的原动力,如果规划不合理会造成很大的损失。因此,推动乡村旅游建设过程中,针对城市化思维严重、产品同质化以及农民参与度低等问题,应坚持创新理念与科学规划,以指导乡村旅游可持续发展。如图7—1所示。

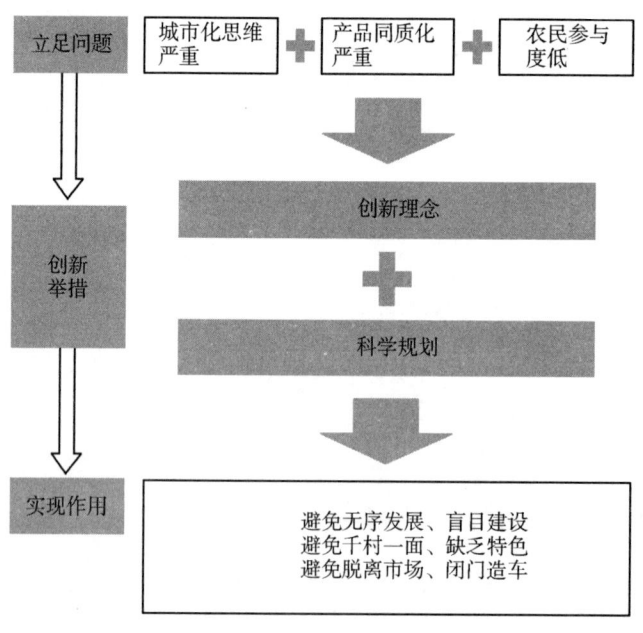

图7—1 总体思路

一、创新理念

(一) 乡村振兴背景下的规划新理念

第一,原真理念:因地制宜还原乡土特质。

第二,生态理念:严守生态红线,人与自然和谐共生。

第三,融合理念:注重城乡融合和一二三产业融合。

第四,共享理念:强调村民参与资源共享。

(二) 时代需求背景下的乡村再审视

1. 资源——深挖被低估、被遗忘的乡村旅游资源

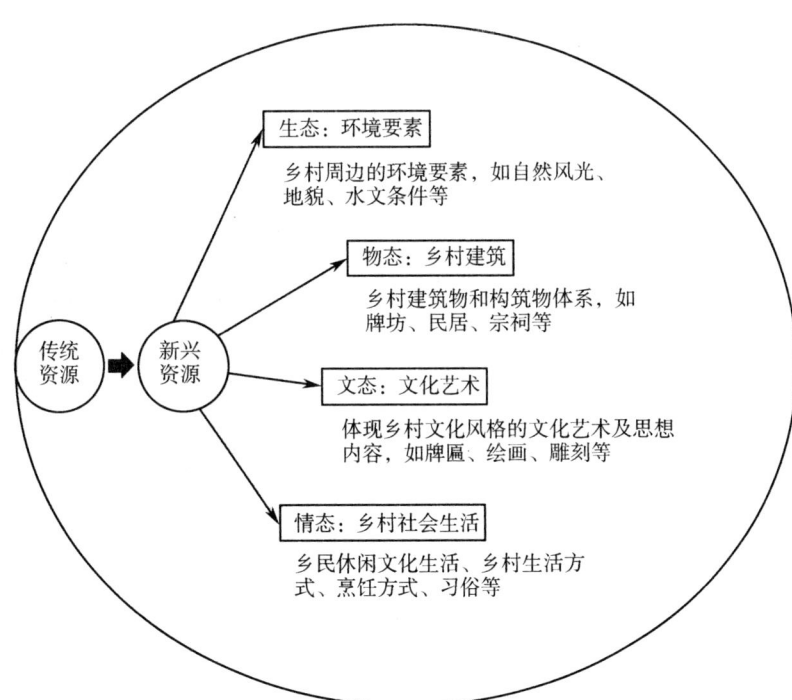

图7—2 乡村旅游资源

2. 产业——推动单兵作战的农业跨界融合发展

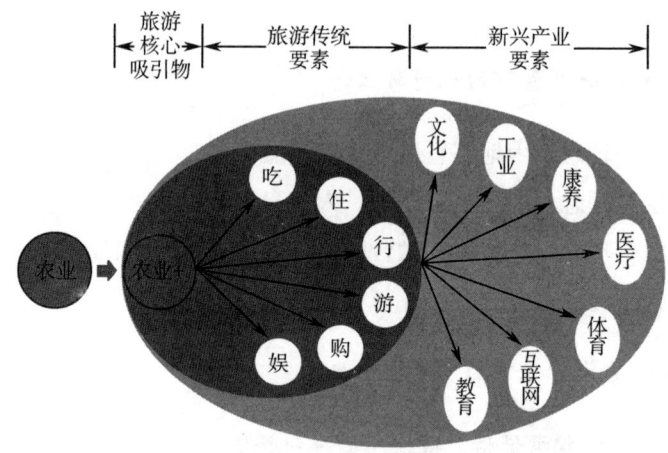

图7—3 从单一农业向"农业+"的多产业融合转变

3. 市场——兼顾被忽略的乡村本地市场休闲需求,把握市场新趋势

(1)市场需求。乡村旅游规划应坚持主客共享,在满足外来游客需求的同时,也应把握本地居民的休闲需求。

(2)市场趋势。①大众化:乡村旅游活动已成为一种经常性的休闲活动,并且呈现大众化趋势。②年轻化:从出游人群看(见图7—4),"80后""90后"居多,"00后"出游人数呈上升趋势,游客年轻化趋势明显。③品质化:伴随着国民经济水平的提高,游客对于生活品质和居住环境有了更高的要求。旅游产业开始向品质化发展。④多元化:游客旅游需求由观光旅游向休闲、探险、体育、养生等多元化发展。⑤体验化:初期旅游活动以"走马观光"为主,现在更加强调"驻地体验"。

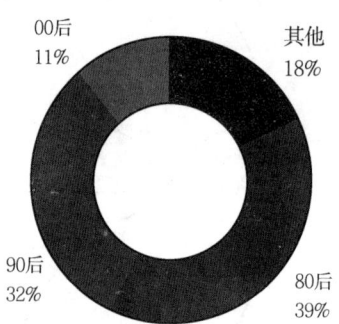

图7—4 乡村旅游客群年龄占比

二、科学规划

乡村旅游规划建设（见图7—5）是一项牵涉面广的综合性系统工程，必须谋定而动，科学指引项目建设。

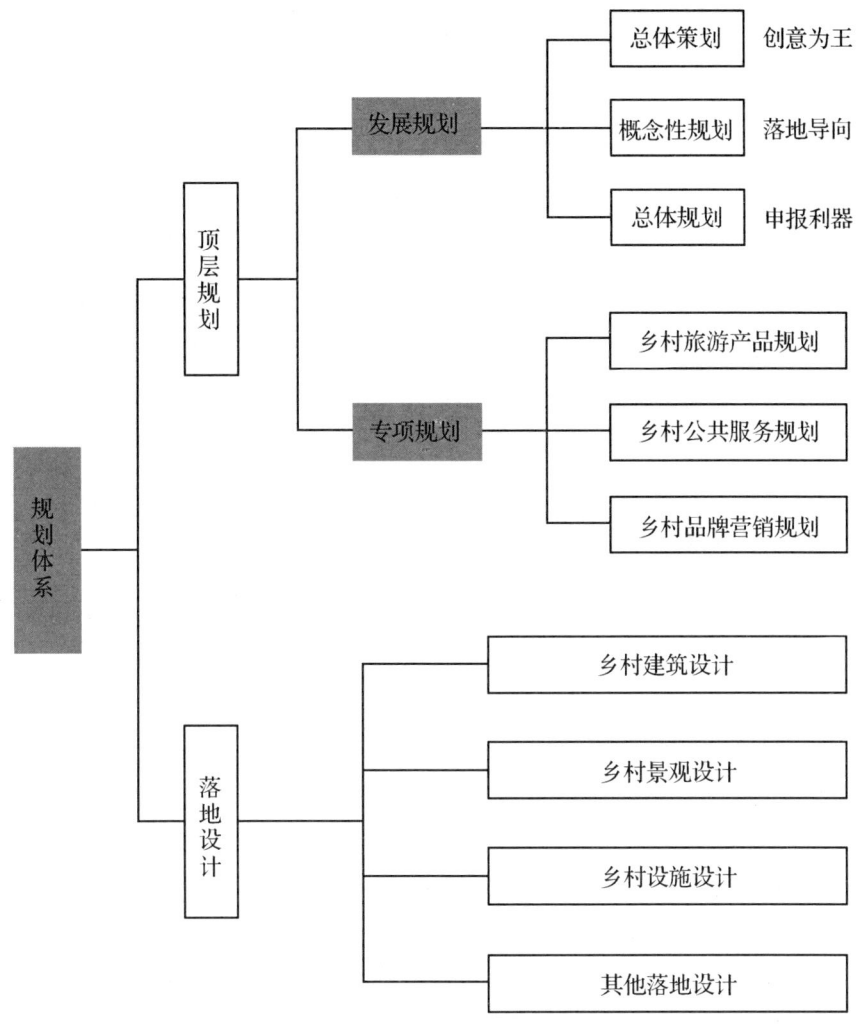

图7—5 规划体系

(一) 顶层规划

乡村旅游规划首先应做顶层规划，主要包括发展规划和专项规划。一般在发展乡村旅游最初阶段，需要做旅游发展规划，以明确发展方向、思路、步骤，进而结合各村具体情况，有针对性地选择专项规划，具体指导某一方向专业化发展。

1. 发展规划

发展规划应明确项目开发的主题方向、发展思路与发展步骤，合理统筹空间布局，优化产品业态。主要包括总体策划、概念性规划和总体规划。

(1) 定方向。①定目标。明确发展方向：基于发展阶段，制定期望达到的分阶段目标，循序渐进，指导乡村旅游开发时序。②定模式。明确实现路径：基于产业、资源以及即将进入的或现有的开发主体等情况，选择不同开发模式。③定主题。明确核心特色：基于地域特色，结合市场需求，寻找在地独特性主题，并围绕该主题整体发展，形成竞争力。此外，主题定位忌模糊、忌复杂、忌随大溜。

(2) 统空间。①整体原则。因地制宜，适地适用：根据乡村已有地形地貌、建筑、村庄肌理合理布局，结合所选开发模式布局，合理安排生产、生活、生态等功能空间。②主要内容。划定功能布局：注重功能分区的分布合理性与功能完备性。严控开发时序，切忌整体一拥而上，要把握开发节奏，并预留发展空间；合理安排线路：保证游客"进得来，散得开，出得去"。

(3) 优产品。①原则。因地制宜：乡村产品应首选当地的生活、建筑、习俗等相关元素，开发具有本地特色的旅游产品，避免复制外来产品。市场导向：产品设计应以满足市场需求为目标，定性定量开发受市场欢迎的乡村旅游产品。②要点。优先发展本地自有产品，其次发展延伸产品和辅助产品；以市场化思维推进产品品牌化、多元化、产业化、主题化发展。

2. 专项规划

乡村旅游专项规划是对发展规划某一布局的具体展开。专项规划具有选择性，各地应结合自身情况，考虑时下发展需求，针对缺乏发展思路和方向的某一专项进行规划设计。主要包括乡村旅游产品规划、乡村公共服务规划、乡村品牌营销规划。

（1）乡村旅游产品规划（见表7－1）。

表7－1　乡村旅游产品规划

类型	田园综合体、国家农业公园、国家现代农业庄园、特色旅游村、休闲农业园区等规划
前提条件	有基础：自然、文化、产业等资源条件优、区位好、市场广 有投资：企业投资跟进，提供有力的落地保障 有方向：政策明确鼓励发展某类产品建设 要创建：国家有明确创建标准，且地方有申报创建意向
要点	遵循国家产品建设标准、相关发展规划，参考国内外同类产品成功和失败经验，合理优化布局
作用	辅助创建，指导某类产品做优、做强

（2）乡村公共服务规划（见表7－2）。

表7－2　乡村公共服务规划

内容	旅游交通便捷服务体系、旅游信息咨询服务体系、旅游安全保障服务体系、旅游便民惠民服务体系、旅游行政服务体系等规划
前提条件	①公共服务基础设施相对滞后 ②有相关财政支持 ③某些产业发展急需相关公共服务设施建设支撑
要点	①主客共享：乡村公共服务规划既是对本地村民居住环境的提升，也是为外来游客提供基础设施保障 ②分阶段推进：根据乡村实际生产、生活、产业需要，科学合理规划，有步骤地推进建设
作用	①满足美好生活需求，树立乡村良好形象 ②避免资源过度浪费 ③助推乡村某一产业发展，做好配套支撑

(3) 乡村品牌营销规划（见表 7－3）。

表 7－3　乡村品牌营销规划

内容	包括形象口号、定位、品牌设计、VI 设计、营销活动、文创商品策划等
适用条件	适用于发展初具规模但品牌影响力有待提高的目的地，或发展较为成熟但仍想进一步提升热度的目的地
要点	①文化挖掘：基于乡村文化、产业要素提炼品牌形象、进行品牌故事包装 ②活动造势：策划新型活动，集聚人气 ③社群营销：灵活利用网络社区及社会化媒体开展营销
作用	①形成统一品牌认知，维护品牌的一致性 ②形成各大营销渠道的集体合力，增强营销力度 ③放大在地文化，发挥品牌核心价值 ④深入了解市场，匹配市场需求

（二）落地设计

1. 乡村建筑设计

(1) 内容。乡村民居建筑、乡村民宿、乡村酒店、乡村图书馆、乡村书屋、乡村博物馆、乡村游客中心、乡村厕所等生活和生产建筑。

(2) 要点。①以改造、再造为主：尽量在原有建筑、设施、生态景观的基础上进行改造、再造，不鼓励单独造景。②优选当地建材：优先利用本地的建筑材质，经济环保的同时，体现在地文化。③风貌和谐统一：延续传统的建筑形式，色调、外形与周边自然环境、整体风貌和谐统一。④突出功能设计：建筑室内空间布局合理，功能完备、实用性强。

2. 乡村景观设计

(1) 内容。道路景观、农田景观、水系景观、植被景观、桥梁景观等。

(2) 要点。①坚持适地适用导向：参考当地村落布局方式，尊重地域景观特性。②避免景观城市化：避免将城市景观搬到农村，保留乡土特性。③保留地域文化特色：挖掘当地文化特色，彰显本地文化生命力。

3. 乡村设施设计

(1) 内容。①地上：标识、导视导览系统、乡村厕所、停车场、广场、绿道等。②地下：水、电、网、暖等管线设计。

(2) 要点。①数量满足需求：整体数量能够满足当地游客与居民的需求。

②外形凸显特色：乡村设施设计应符合当地文化。③功能实用生态：体量适中，经济适用，并遵循生态原则。

第二节 乡村旅游促进乡村振兴的业态导入

旅游振兴乡村应从游客需求角度，用"工匠精神"精心打造丰富多元的业态，塑造有灵魂、有骨骼、有血肉的乡村，推进产业融合发展，助力实现乡村振兴。

一、基础业态

（一）有看头

满足游客到乡村观赏、审美、好奇的需求，需要结合乡村地理条件、产业条件以及文化基底打造和发掘能够产生"沉锚"效应的标志吸引物，让游客多停留、多消费。有看头主要包括农业产业观光、自然生态观光、历史文化观光、乡村夜景观光产品。

1. 农业产业观光（重在结合农业种植条件）

表7-4 农业产业观光

类型	大规模农业种植景观、主题创意种植景观、主题创意设计造型
要点	依托当地农业基础和地形地貌基础，因地制宜地进行不同类型的观光打造或创意改造，比如大面积种植的梯田本身就是一种景观，平原地区大规模的稻田种植则可以进行此种创意改造，并通过节庆推广或网红照片等渠道扩大影响 明确创意主题：可以选择当地文化主题，也可以引入时尚流行元素主题，并定期进行迭代更新 注重栽培时令：要根据作物生长时令，在栽培季做好设计种植

2. 自然生态观光

表7-5 自然生态观光

类型	乡村周边的大山大水景观或乡村自身的乡土生态环境
要点	做好生态保护：推进生态综合保护与治理，如关闭附近污染严重的工厂，退耕还林等 做好配套融合：以和谐美化作为前提，做好观光所需要的道路交通配套、观景设施配套以及标识系统配套等

3. 历史文化观光

表 7-6 历史文化观光

类型	村庄肌理（古村选址、街巷格局、山水风貌等整体空间形态与环境），传统建筑（文物古迹、历史建筑、传统民居），环境要素（古路桥涵垣、古井塘树藤），文化民俗（少数民族文化、传统技艺、民间风俗等以及与其相关的实物和场所）
要点	类型可遇而不可求，可通过政府管控、申请保护名录、建设小微博物馆、定期维护等手段做好资源保护

4. 乡村夜景观光

表 7-7 乡村夜景观光

类型	乡村夜景景观、创意设计的光影秀、个性十足的夜间演艺
要点	结合乡村建设，美化改造、创新升级原有乡村照明系统。依托乡村已有建筑或场地，与专业机构合作植入光影秀、演艺等

（二）有玩头

有玩头，大体对应我们常说的乡村休闲旅游，主要满足乡村游客愉悦的需求。要与乡村的生产活动、生活场景以及生态环境相结合，提高乡土活动的参与性、体验性和互动性，如表 7-8 所示。

表 7-8 三种不同类型的"玩头"

类型	项目	要点
生产依托	掰苞米、磨豆浆、摇水车、种植、采摘、灌溉、犁地、耕田、饲养、喂养、打鱼、赶羊、稻草迷宫、玉米沙滩、面点DIY	基于农业生产活动和农村民俗生活开发的项目，在内涵、本质上要保证乡土性，在形式和内容上可结合时代需求进行文化创意升级。比如面点制作，流程和工艺可以传统，但制作的样式和内容可以是千变万化的
生活依托	唱本地山歌、跳民俗舞蹈、赛龙舟、跳格子等节庆活动，剪纸、皮影、纳西古乐等民俗活动，赶集、庙会、农村生活市集、非遗文创DIY制作（手工作坊）	

续表

类型	项目	要点
生态依托	滑沙、滑草、滑雪、游船、漂流、游泳、潜水、垂钓、山林瑜伽、山地运动、儿童高尔夫等	依托乡村的生态环境资源,导入多元化的消费业态,做好迭代更新

以上三种类型的玩头,在内容上可以相互组合,形成如亲子乐园、创意农园、运动公园、萌宠园、乡村拓展乐园、萤火虫公园等发展载体;在发展中,明确主题,选取项目,做好运营是关键。

(三) 有住头

有住头,大体对应我们常说的乡村度假旅游。乡村观光旅游看重的是乡村景区和景点,乡村休闲旅游看重的是功能和设施,而乡村度假旅游最看重的是乡村服务、环境以及氛围,特别是多样化、多层次的乡村住宿设施。

1. 主要类型

乡村旅游住宿按其功能特色可划分为传统农居、乡村度假酒店、乡村营地、乡村树屋,以及乡村家庭旅馆、乡村国际驿站、乡村院子、乡村会所、乡村庄园、乡村精品酒店和其他一些特色创意乡村住宿。

2. 发展要点

(1) 融入区域环境:打造似从大地生长出来的建筑、消隐的建筑,让建筑本身即是景观。

(2) 盘活乡村资源:可以采取租赁、购买等方式有效利用乡村的闲置资源,如农家院、民房、集体建设用房等。

(3) 体现乡土风情:在建设材料、建筑风格、景观设计以及消费配置方面应体现当地特色。

(4) 顺应消费升级:设计上更加创意时尚;管理上更加人性化;内容上更加生活化。

(四) 有吃头

俗话说"民以食为天",餐饮在乡村旅游中的附加值潜力巨大,乡村餐饮是乡村旅游者得以完成旅游活动的基础支撑,能够带动农民收入提升,促进乡村经济发展。

1. 主要类型

乡村餐饮主要类型有乡村风味饭庄、乡村精品餐厅、乡村创意餐厅、乡村美食街。

2. 适用条件

表7-9 不同餐饮类型的适用条件

类型	适用条件	主要特点	经营主体要求
乡村风味饭庄	①最为常见的吃头 ②适用于大部分乡村	能够体现乡土特色,拥有乡土风味,对于饭庄的外形和内容要求不高	一般个体经营
乡村精品餐厅	①风味饭庄的升级版 ②有一定经济基础的乡村可发展	在文化主题上要求更高,更加注重菜品工艺和品位,餐厅装饰要体现乡土和时尚的融合	有实力的个体经营或企业连锁经营
乡村创意餐厅	有特定资源的乡村可发展	投资和运营成本高,开发难度大	经济实力雄厚的经营主体
乡村美食街	①类似于乡村的功能区 ②有一定空间基础的乡村可发展	集合了各种美食店铺,发展主题鲜明,美食品质要求较高,街区之间不宜过宽,利于人群集聚	一般是有整体开发运营能力的村集体或企业

3. 发展要点

采用安全、绿色、原生态食材:在食材的把控上更加严格,保证食材的新鲜、有机、时令、卫生,也可以让游客亲自参与采摘,使他们更有体验感和信任感。

运用精细、极致、本土化工艺:要结合当地的美食文化,深入发掘,做精、做透、做极致地方美食特色工艺,在口味、品相上既保持传统美食文化,又能够结合现代人的口味和需求。

开展特色、创新、主题化体验:结合当地的特色食材和特色文化,通过工艺的变化、创意的植入、活动的丰富,打造主题美食宴、主题美食制作体验馆、主题美食街等。

强化人本理念、集约、品质化保障：要从原先粗放式的美食制作和销售向精致化、品质化转变，通过原材料把控、工艺的精益求精、品位的升级、环境的优化、服务的人本，促进乡村美食的持续发展。

（五）有买头

有买头是乡村旅游的重头戏，是推动农民腰包鼓起来的重要支撑。应提升现有乡村旅游购物的品质，完善乡村旅游购物渠道，提振游客购买动力，做好乡村旅游后各项工程。

1. 主要类型

表7-10 商品类型

农业变成商品	草莓销售——卡尔斯草莓农庄
文化变成商品	创意手作——桐花
产业变成商品	地域形象梅子酒——梅子酒庄
美景变成商品	明信片、画册——婺源
美食变成商品	凤梨酥——台湾
技艺变成商品	糖人制作——非遗传承

2. 发展要点

表7-11 发展要点

保障特色品质	从乡村的产业或文化取材，彰显地域特色，充分挖掘打造，对于土特产要保障原生品位，对于工艺产品则要凸显内涵个性
做好品牌包装	乡土不意味着简陋粗放，要提升包装品质，做好包装设计，让包装也能够激发人的购买欲望，并结合产品塑造品牌，强化市场影响
延伸产品链条	在努力做好原生产品的同时，要结合产业链适度延伸，提升产品的附加值
拓展销售渠道	乡村旅游产品因地域的局限在销售渠道上较为特殊，因此要加强拓展，不仅要有本地超市、乡土市集、外地门店，也要有网络销售和各种活动广告的促销

(六) 有行头

乡村旅游中的有行头主要包括本土化的特色交通、现代化的交通工具、串联节点的绿道三种类型。

1. 做好本土化的特色交通

充分结合乡村的生产生活，将富有当地特色的交通工具进行旅游化、景观化、休闲化包装打造，形成一道别有风味的风景线。

2. 引入现代化的交通工具

结合地域条件，把城市的部分交通工具引入乡村，丰富游客体验，满足不同旅游服务需求，如表7-12所示。①陆上，现代化观光小火车、环保自行车、越野车、房车、电动平衡车等。②水上，快艇、摩托艇、香蕉船、水上沙发、风情游船等。③空中，热气球、滑翔伞、动力三角翼、动力滑翔伞、小型直升机等。

表7-12 交通工具旅游化

陆上	牛车、马车、爬犁车、乡土人力车
水上	乌篷船、竹筏、溜索、龙船、独木舟、竹排
空中	空中溜索、局空吊桥

3. 打造串联节点的绿道

以生态自然为基本要素，加入人文历史因素配套相应硬件设施建设，创办一个绿色的、文化的生态园区。做好慢行系统、标识系统、服务设施、景观绿化。绿道主要包括乡村自行车道、慢行步道、运动健身步道以及其他主题步道等。乡村绿道能够盘活乡村分散的资源、提升休闲功能、延长服务链条，是乡村旅游出行的重要支撑。

二、升级业态

(一) 有疗头

有疗头，大体对应乡村健康养生旅游。据统计，大都市中亚健康群体占比近八成，该群体渴望到清新、质朴、宁静的乡村环境中去疗养休憩，市场需求巨大。如表7－13所示。

表7－13 健康养生类型

类型	养生休闲度假区	疗养社区	乡村养生民宿
特点	地产＋疗养	专业＋疗养	乡土环境＋养生产品
开发主体	大型集团或地产开发商	企业或医疗机构	村民或外来人群
适用条件	有建设用地指标的乡村	位于城市周边，服务配套较好的乡村	适用于养生资源较好的乡村，如有温泉、富硒土壤等的乡村
空间	有空间界限	有空间界限	依托周边环境，没有明确空间界限
产品	品质较高的运动休闲、按摩、特色SPA、瑜伽养生、美容养生、温泉疗养等产品	现代医疗养生、道家养生、中医养生、保健养生、长寿主题养生、健康饮食养生等产品	以养生为核心功能，以民宿为载体，开发大众化养生休闲娱乐活动，如养生饮食、养生运动等
要点	①结合健康养生功能进行休闲度假产品链条延伸②注重导入城市享受型的消费业态，丰富内容，做好品质服务③可开发多种物业产品：产权式度假酒店、公寓度假酒店、酒店式公寓等	①引入专业的医疗及护理人员②注重养生理念及现代养生技术的结合③完善医疗养生旅游活动配套服务体系	①注重乡土及本土文化氛围的营造②提供有机美食和养生套餐搭配③注重现代元素及理念的融入，如冥想、舒展、泡浴、社群交流等④依据资源环境禀赋，配套打造亲水休闲、山岳运动、民俗工坊等休闲游憩活动

（二）有说头

有说头，是乡村旅游地的重要卖点之一，是吸引游客前来的主要窗口。

1.说的内容

可以是广为流传的民间故事，或者创意包装的情感故事，抑或是经久不衰的本土歌曲。

2. 说的主体

可以是专业导游、本地人,也可以是外来有影响力的人。

(三) 有学头

有学头,是指在乡村游学,通过农业生产、乡村民俗活动以及自然科普等方式享受和体悟乡土文化,收获乡村知识。

1. 学习农业生产知识

表 7-14 农业生产的学习内容

主要载体	农业公园、科技农园休闲、教育农园
发展要点	①精准市场定位:教育农园大多针对儿童和青少年,但也有成人的学习和拓展,需要明确市场群体 ②建设主题分区:选择合适的农产主题做好区块建设或场馆建设,讲好主题故事,做好项目设计 ③强化农事体验:通过各种农事活动、DIY 手工制作、户外课程等活动的开展,强化在休闲中学的认知 ④提供专业服务:需要结合农场布局板块,配备专业人员进行科学讲解或体验活动组织,确保农学知识获取的有效性

2. 学习乡村民俗

表 7-15 乡村民俗的学习内容

载体	当地已有的农房建筑或房屋设施
形式	乡村博物馆、乡村礼堂
内容	见证历史传承或生态演化的文物、遗迹、史料等
手段	主题化设计,打造如乡愁、农产、民俗等主题化场馆;为静态展陈注入科技、创意或体验元素,变博物馆为体验馆,在让知识更加鲜活的同时,也可以通过体验消费业态和活动组织增加盈利
运营管理	充分认识乡村博物馆或礼堂的社会意义,发动各方力量为馆藏出力,为资金出力,为知识效益出力

3. 学习自然科普

表7-16 自然科普的学习内容

主要载体	森林课堂、夏令营
发展要点	①确保活动组织安全、科学：多数科普是孩子自己参与，没有家长跟随，因此明确活动主题、保障活动安全是非常重要的前提，一般需要由正规的专业组织举办 ②丰富野外体验内容：围绕主题设置课堂内容，如军事主题的野外生存、集体拓展、合作互动等，如科普主题的认识生物、绘画自然，如野营主题的搭建帐篷、拾柴点火等，在大自然中学习

（四）有享头

旅游经济也是享受经济，要营造乡村旅游的享受感、意境感、氛围感，升级乡村度假，慢游乐享。

第一，打造体验精品。依托乡村优质生态环境，开发设置一系列高端品质型、体验享受型产品，如无边泳池、温泉SPA、茶园瑜伽等。

第二，做优度假服务配套。在配套环境方面要求公共面积大，活动设施多，景观绿化好，功能配套全，整体设计感较强；在品质服务方面要求人性化、温馨化、智能化。

第三，引进专业素质人才。引进经过外部专业培训的高素质管理和服务人才，通过理念性和实战性的学习培训提升人才专业素质。

（五）有回头

一个乡村旅游地如果做到了以上内容，就会让游客流连忘返，有念头、有想头，进而做到"有回头"。同时，保证"有回头"还需要一些推进的机制和方法，比如会员服务、共享服务、公益行动等，通过这些服务吸引回头游客，以实现乡村旅游的可持续发展。

1. 构建会员体系

第一，做好会员产品：好的产品是吸引会员的基础，要依托产业或景区，做精做强。

第二，做精会员服务：为会员提供等值甚至超值的服务，比如在提供产品的时候连带提供体验活动等。

第三，做响宣传推广：以会员口碑传播为重点，同时结合四两拨千斤的微信软文、会议宣传等手段不断拓展新会员。

2. 共享服务

城里人想下乡，村里人想进城，乡村发展已经由 1.0 简单设计、2.0 整体规划向 3.0 市场化、互联网化、共享化转变。新知青下乡，新农民登场，建设城乡共融共享的品质生活成为时代命题，目前各地乡村正在探索多元化的共享方式和内容。

第三节 乡村旅游促进乡村振兴的运营保障

乡村旅游活动的复杂性决定了乡村旅游经营主体关系的交织与交互，随着这些关系的不断萌芽、生长，从而形成潜在新秩序并奠定一定的利益格局，形成了由不同利益主体构建而成的经营模式，主要类型有农户主导型、政府主导型、企业主导型、村集体主导型、混合型。旅游振兴乡村要因地制宜地选择合适的运营主体，以保障乡村可持续发展。

不同的经营主体在不同历史时期形成了不一样的经营模式，从最初的农民自发发展经营，到政府规范引导，再到企业开发进驻，村集体的经营模式也有了政府与企业的融合，一直到现在较为普遍的混合经营模式，每一种经营模式都有其自身特点，诸多的类型成为乡村旅游高效运转和持续发展的重要驱动。

一、农户主导型

农户主导型是以农民为主体，对所拥有的资源进行自主经营和管理，承担经营风险，享有经济收益，这是持续贯穿乡村旅游发展历程中的最典型模式。该类型的主要产品形式是农家乐和个体农庄。

（一）农家乐

农家乐的主要特征：①门槛低、易发展、原真性强；②粗放化、同质化、品牌性弱。

发展要点：①示范带动，推动评出典型，形成示范户；②创造环境，标准监管，环境治理，培训学习。

（二）个体农庄

个体农庄的主要特征：①空间更大，功能更全，经营更规范，有"个转企"趋势；②农户和家庭经营，发展规模和水平容易受限。

发展要点：①引进来，注入外来的管理理念和方法；②主题化，基于农庄产业特征主题化升级；③市场化，精准对接市场需求优化产品。

二、政府主导型

政府主导型指政府统筹规划开发与运营管理。该模式主要用于保护与开发存在矛盾、村民难以开发、企业很容易过度开发的旅游项目、景区型乡村、扶贫村、国家历史文化村以及一些国家农业公园或休闲公园等，如表7-17所示。

表7-17 政府主导型模式

主要形式	①政府成立管委会，进行整体统筹，下设旅游公司，负责市场化运作 ②政府型企业直接负责市场化运作
主要特征	①统筹与保障性强，统一规划标准引导，统一市场运营，保障发展环境，保障资源本底 ②动力与盈利不足，市场化运作程度不高，外部资金、人力难以进入，部分依赖性强
发展要点	①鼓励三权分立：使农民保有土地所有权，政府实施管理监督权，企业落实经营权，保障农民利益，保障有序开发，保证市场化运作，实现效益最大化 ②优化经营环境：政府出台税收、评优、财政补贴等政策，企业给予一定指导和帮扶，处理好企业和农民关系，重视基础设施建设、服务标准制定以及商业业态引导 ③尝试推进PPP模式，拓展融资渠道，引导社会资本进行旅游开发

三、企业主导型

企业主导型即乡村旅游的公司制模式，是指在乡村旅游开发建设过程中，借助成熟的旅游发展公司进行指导，村干部和当地居民对资源的开发放手的管理决策，当地农民以个人身份加入公司，以劳动获取收益，如表7－18所示。

表7－18 企业主导型模式

产品类型	一般为有明确边界的项目或景区，发展潜力大、接近客源市场、交通便利
主要特征	权属清晰，市场化程度高，受土地、农民关系制约
发展要点	①改革试点：积极探索农村用地改革试点（如坡地点状供地） ②专业综合：集成发展不同领域的板块专业团队经营 ③中介协调：引入政府或合作社组织从中协调 ④规范管理：鼓励三权分立；尝试PPP模式；引进资金人才

四、村集体主导型

村集体对旅游资源进行统一开发、运营与管理，其主要特点是带头人作用巨大，易统一思想形成合力；统一开发，规模效益明显，能够相对公平地保障村民利益。

根据村集体在经营管理中的程度和作用，可分为四种类型：村集体完全主导；村集体合作主导；村集体企业化主导；村集体政府化主导。

（一）村集体完全主导

发展要点：确保村支书的领导力和影响力，能够推进自发组织化发展，村民团结奔富裕；典型示范引领，带动形成整村发展的能力；实施灵活分配机制，要结合村里实际情况（如资历、业态培育等）做动态调整；强化与时俱进，引入外部经营理念和创新业态。

（二）村集体合作主导

发展要点：优化经营发展环境，包括改善景观绿化、植被覆盖率，奠定发展基础；明确发展思路，确定主要路径；做好村集体和企业比例分成，明确各自的经营管理职能；专业公司化经营，在营销、产品、运营等方面优化设计。

（三）村集体企业化主导

发展要点：确保带头人有经营思维和市场思维，善于学习和引进外部先进理念和模式;做好企业化正规管理,完善体制机制,统一高效运营;做好参股村民等股份科学分配,明确分红标准与分红比例;在发展理念、产品内容、经营模式等方面要与时俱进、不断创新、不断升级。

(四)村集体政府化主导

发展要点:实施景区化管理,管理权在政府,执行权在村集体;村集体统一运营,高效发展。

五、混合型

混合型即由农民、投资商、政府等共同协调来保障旅游资源的合理开发和管理模式,能充分发挥各类主体的独特经营优势,避免单一主体主导的局限性,提升乡村旅游资源利用率。

(一)政府+企业+合作社+农民

主要特点:①各司其职,各得其利:企业集中土地、资金、人力,高效运作;合作社监督并规范开发,保障农民权益;政府进行科学有效引导。②高效开发,监管保障:企业负责旅游项目开发;合作社负责双向沟通协调;农民个人进入企业打工;经营收入按比例分配。

发展要点:①整体统筹引导:政府做好整体统筹,做好基础配套。②高效市场化运营:按照企业化的运营方式,统一管理,提升效益和品质。③分配机制明晰:引入透明的村民利益分配机制,多关注农民诉求,并强力贯彻执行。

(二)政府+企业

1. 主要特点

所有权与经营权分离、缓解资源保护与开发的矛盾、政府管理与企业经营存在矛盾、企业开发与村民利益存在矛盾。

2. 主要类型

根据企业在运营当中起主导作用的程度,将该模式分为三种类型:

（1）企业全包。企业负责整个乡村的投资、开发、建设、运营、投资和扶贫。

（2）政企共建。政府、企业、村集体合作推动，政府负责基础设施建设，企业负责投资运营，村集体入股分红。

（3）经营权合作。企业以智力入股，进行开发和运营。

第八章　乡村旅游促进乡村振兴的经典案例

第一节　河南商酒务镇

商酒务镇位于河南平顶山宝丰县西北,是宝丰县重要的工贸重镇,也是"中国酒祖仪狄故里"、宝丰酒的发源地,作为一个酿酒古镇,已有4000多年历史,流传着"春风亭""春风书院"的千古佳话。解放战争时期刘伯承、邓小平、陈毅等老一辈无产阶级革命家及中共中央中原局、中原军区曾在商酒务镇驻扎,留下了丰富的红色文化遗产。同时,商酒务还是著名的魔术之乡,2013年春节联欢晚会上,工德龙曾以《360度飞牌》登台亮相。但是,商酒务的酒产业已成为历史,文化资源开发不足、镇域产业特色不明显、乡村建设资金不足、乡村建设人才匮乏等问题十分突出。为了贯彻落实国家"乡村振兴"战略,更好地促进商酒务镇域产业发展,商酒务镇人民政府委托华汉文旅作为规划设计单位,编制了《商酒务镇乡村振兴战略规划》(以下简称《规划》)。

《规划》提出,以"倡导新乡村主义,打造乡村生活理想园"为愿景,以打造"河南省乡村振兴示范乡镇、河南省经济强镇、国家级历史文化名镇和国家级乡村振兴镇级先行试验区"为目标,打响"酒源古镇·梦里原乡"品牌,着力构建"产居一体的新空间——主题村落+产业园区、多元融合的新产业特色农业+创新业态、守望相助的新居民——新型农民+外来人口"的现代化乡村,为实现国家"两个一百年目标"贡献商酒务力量,为镇域乡村振兴和产业发展提供商酒务智慧。

(一) 重新审视乡村资源，以"梦里原乡"品牌引领乡村振兴"筑巢工程"

"乡愁情怀"是促进人们走进乡村的重要因素，也是乡村区别于城市的重要体现。规划提出以"梦里原乡"品牌为引导，按照"旅游景区"的理念优化乡村人居环境。在保留乡村传统的"老屋""老人""老树""老井"等元素基础上，充分发掘"乡村故事""非遗工艺""农耕活动""文体娱乐"等体验要素，大力培育并发展"主题旅游村落""田园康养社区""乡村双创基地""乡村产业园区""乡村文艺团体"等新业态，引领乡村生态环境保护与优化、传统优秀文化传承与创新，留住乡村记忆，提高乡村居民的自豪感与幸福感，为吸引城市资源、资本、人才等要素走进商酒务奠定基础，如图8-1所示。

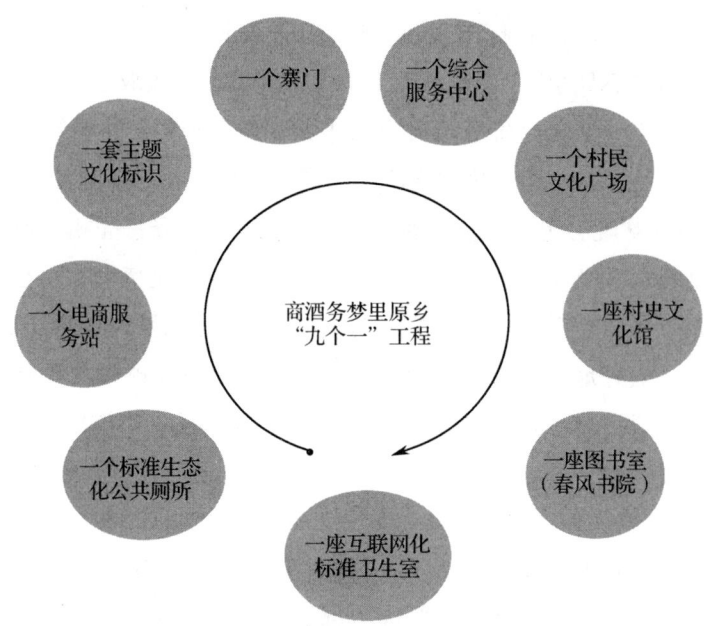

图8-1　商酒务镇乡村振兴"九个一"工程

(二) 搭建平台，聚沙成塔，解决乡村振兴"引凤难题"

针对商酒务镇传统乡村生产小散弱差问题，《规划》提出以"互联网＋""旅游＋"为引导，以村镇两级政府为核心，以龙头企业、行业协会为重点，构建商酒务乡村振兴"三驾马车",构建商酒务乡村振兴"1-3-10"平台模式(见图8-2),突出组织建设、人才建设作用,构建城市要素与乡村要素联络和沟通的桥梁,促进传统乡村要素集聚和项目包装。引导促进乡村振兴的各类要素"引进来""走出去",通过统一的平台建设解决乡村发展的不足,为乡村全面振兴提供综合保障。

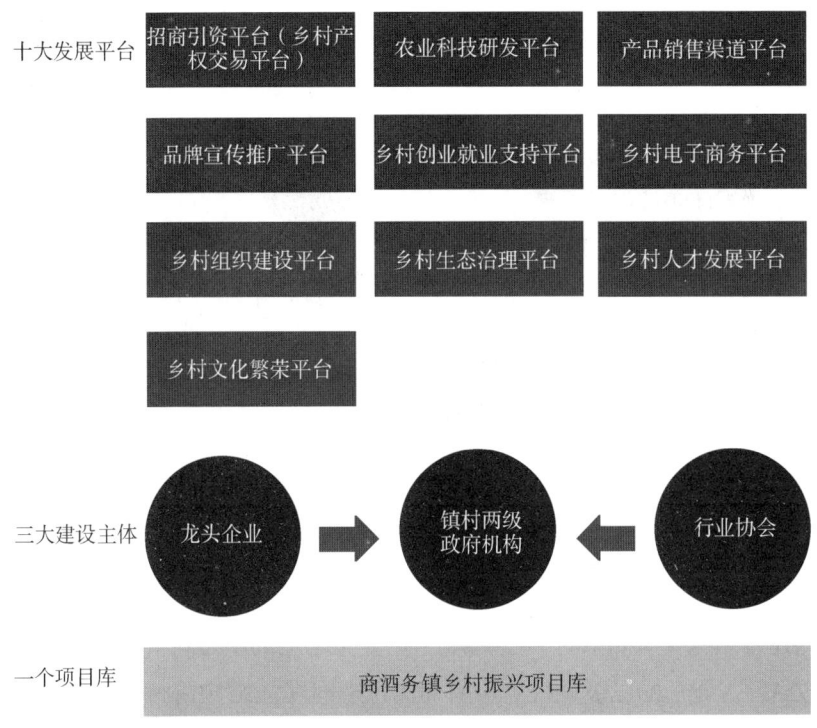

图8-2 商酒务乡村振兴"1-3-10"平台模式

(三)以三产融合为手段,促进镇域产业全面升级

以"旅游+""互联网+"理念为引导,充分发挥旅游产业和互联网产业的"催化剂"作用,通过一二三产业有机融合促进传统农业升级和乡村新业态培育,推动以农业为主导的"农村产业"转向多元融合、百花齐放的"乡村产业"。全力培育并发展"乡村旅游+康养+文化""订单(期货)农业+电商+定制""林果种植+加工+休闲""循环工业+物流+展览""乡村教育

＋培训＋科研"五大特色产业，实现产业全面升级、居民致富，逐步缩小区域发展不平衡不充分的差距，如图8－3所示。

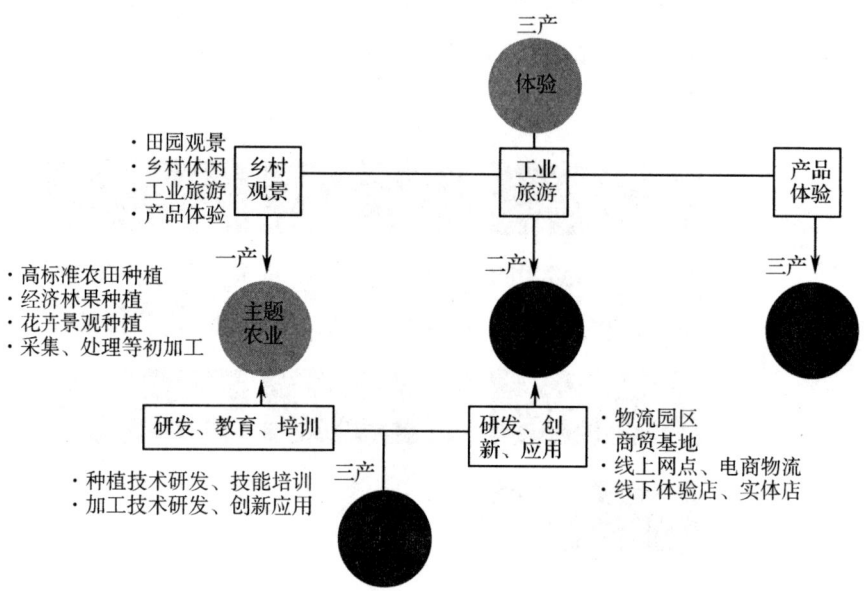

图8－3　商酒务镇乡村振兴一、二、三产业融合发展示意图

（四）构建乡村生产生活圈，促进乡村要素集聚发展

构建以"综合职能型的中心镇区""产业集聚型的中心村"和"幸福宜居型的行政村"为特色的三级乡村生活圈，实现空间功能结构清晰、层级明显的空间发展格局，在满足乡村居民日常生活和生产需求的同时推动现存资源要素集聚发展，加强村与村之间的要素联动和辐射共享，促进镇域产业的联动发展。

（五）构建"产居一体、组团发展、全域联动"的镇域乡村发展新格局

"产居一体"是中国传统乡村建设的重要理念之一，综合借鉴国内外城市建设、旅游景区建设的先进经验，以培育乡村新业态、促进乡村产业升级、优化居住环境为目标，立足商酒务镇实际，在镇域范围内形成"一镇，四区"的空间发展格局，构建"坊居一体化旅游、文创型乡村"和"产业园区＋乡村聚落的就近创业就业型乡村"，满足不同条件的乡村发展需求，如图8－4所示。

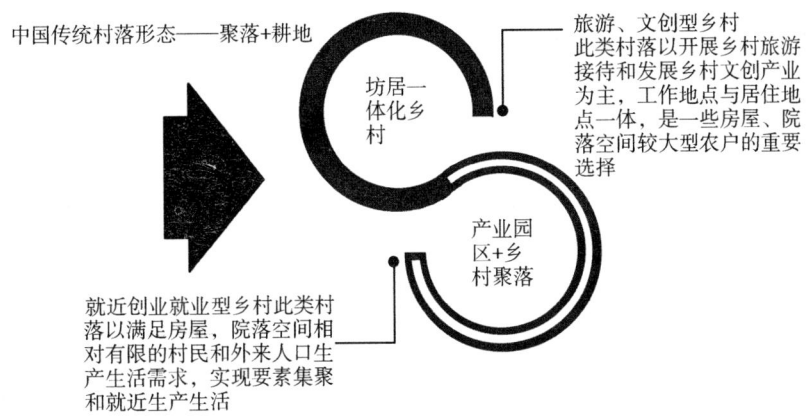

图 8—4　商酒务镇乡村聚落形态构建模式

(六) 城乡统筹、双向互补，构建"城乡发展共同体"

充分利用"宝平一体化"、平顶山西站高铁站建设等区域发展契机和商酒务镇紧邻宝丰县城的区位优势，加强与宝丰县城、平顶山市区和周边城市要素联动，积极推动资金、人才、品牌企业、游客、土地等各类要素双向流动，把商酒务镇打造成为城市功能的重要疏解区和产业生产基地。充分利用互联网科技发展成果，加快推进与城市"医疗""卫生""教育"等公共服务要素联动，开设"网上就医""网络课堂"等服务，促进商酒务乡村公共服务升级发展，如图8—5所示。

图 8—5　商酒务镇城乡联动发展逻辑图

(七) 实施"乡村振兴品牌计划"，提升镇域乡村影响力

通过镇域整体品牌、项目品牌、企业品牌、特色产品品牌、先进集体和个人品牌及IP体系等的构建，形成完善的乡村振兴品牌体系，通过打造"高

标准农田""田园综合体""现代农业园"等政策扶持性项目，扩大项目资金来源；以争创国家地理标志产品、国家级非物质文化遗产、国家级特色小镇、省级示范园区等国家级、省级、市级品牌荣誉扩大地区知名度和影响力。

第二节 莫干山庾村1932文创园

庾村文化市集坐落在德清莫干山脚下，由清境（上海）旅游投资管理有限公司投资4000多万元创立的一座文化创意园，地点选在德清莫干山脚下，中国首个乡村文创园，一座以乡村再造为梦想的文化市集。2013年10月，这座文化市集开始营业。内涵包括餐饮设施、艺术景点、文化公园等元素，如图8-6所示。

案例名称	莫干山庾村1932文创园	项目种类	乡村旅游	项目小类	乡村综合体
项目位置	浙江德清县莫干山镇	占地面积	2.5万平方米	容积率	—
建筑面积	1万平方米	总户数	—	建筑形式	江南风格
建设时间	2012年	规划设计	—	开发商	清境

图8-6 庾村文化市集

莫干山曾经是我国前外交部长黄郛在20世纪二三十年代居住的地方，他希望可以对这里进行一些改造。其中包括11座古建筑，这都是当时创办的桑蚕场留下的痕迹。

最近几年，这里被台湾文创团队所创办的清境公司接受进行开发。不出一年的时间，一个充满新型元素的文化聚集地呈现在人们面前。它不仅包括古籍展览景区、农产品交易中心、民俗餐饮住宿等元素，也拥有得天独厚的地理条件和自然资源的生态休闲地。经过设计师的精心设计，当年废旧的工厂一步步变成现在的充满多种元素的集市。用石头堆砌成砖墙，用竹子搭盖凉棚，用河滩的鹅卵石铺砌土地。既保留了独特的风貌，同时也融入了现代化的元素。

整个景点中既包括装修精美的咖啡厅，也有充满复古元素，好像20世纪的工业整体参观。在后面的山上修盖具有设计感的青年旅馆，给小朋友专门创办的烤面包工坊。整个聚集地既有风土民情的展览，同时也有现代的科技元素。这样的景区设计是未来好多地方需要学习借鉴的。每个旅客都可以在这里找到自己心目中要体验的项目。

成品出来后的庾村文创园将被赋予新的历史使命，成为沟通沪杭两座城市的重要中转基地。肩负着展现当地民俗产业、沟通城乡交流、促进农产品交换的重要责任。

一、莫干山庾村文化市集蚕种场

对废弃工厂进行再改造，合理利用空间，采用竹子作棚的设计方式。融合室内外空间，利用原产地的竹子采用居民最常见的修建方式。

二、飨餐厅

台湾本土设计师王胜弘主持，混合民国建筑、工业气息、乡村风俗，配合原生态材料和超前设计手法，用自行车各部件作为装饰元素，独树一帜。

三、古井花园桑茧花园

当地材料＋乡土植物，利用原有地形打造的生态自然景观。

四、萱草书屋

这间书屋的书籍都来自全国各地人们的捐赠。带有知识的厚度和人间的温度，成为都市居民和当地居民沟通交流的地点。

五、茧舍

由八名设计师联手共同进行青年旅社的规划，所设计的13个房屋都带有不同的风格特色。有民国期间的桑蚕设计，也有文艺复兴时期的波西米亚风格设计。

六、窑烧面包坊

采用最原始的户外烧窑模式，使用原产地的小麦进行面包的烤制。让面包融入小麦的清甜和木头的清香，这是最纯正的面包的美味。

七、蚕宝宝乐园

在莫干山开设的纯自然手工制作乐园。利用废弃工厂房，聘请当地工匠进行改装。让年轻的旅客在这里体会到手工的乐趣。

八、原舍·朱胜萱

原舍是构建一个完整的村落生态圈的先行者，它激活和带动了整个片区的民宿聚集和行业兴盛。在乡村旅游目的地中，看到原舍，周边就会有和原舍相似和生活方式相近的民宿、人和事物。

创始人朱胜萱，在莫干山上建立了原舍第一家店原舍·望山，是通过对浙江省德清县庾村废弃的溪北小学进行改造而建立的，2013年试营业，2014年1月正式对外营业。从2015年5月起，当地团队先后开发了将近10个村落。

望山，顾名思义，是推开窗就能望见远山的。层峦叠翠的竹海，密集陇翠的茶园，安静得能听到山间溪水声，一处僻静的开阔地和几栋不起眼的灰墙瓦面的房子。

最初这里只是一所荒废的小学堂，在改造的过程中，他们保留了学堂结构，与山景融为一体。屋内延续了外部的设计思路，去繁求简，敞亮的飘窗和落地窗将自然的风光最大限度地引入到室内，原木的地板和家具，配上极简的砖混石墙，过一天山乡生活。

在具体的设计方案中，出现了类似于书吧的房间、农产品加工中心、文化风俗展览馆、纪念黄郛的艺术公园。城镇结合交流论坛也将地址设置在这里，定期举办相关活动吸引各界人士参与讨论设计，探讨资源的和谐构建，促进乡村生活的多元化发展。

这里的时间将定格在那个充满希望的 20 世纪 30 年代，老式建筑、大街小巷充满异国文化碰撞的海报与店招、窈窕旖旎的旗袍与绢扇、充满生活的智慧又让人忍俊不禁的标语广告……在这个充满变化的地方，无论是土生土长的本地人，还是远道而来的外乡人，都能找到属于自己的角色和生活。

打造新型旅游景区，站在更高的方位，更高的视角来规划未来发展路径。通过对乡村资源的合理化应用，促进当地的经济和社会得到进一步发展。造福当地农民百姓，也为都市旅客提供好的旅游居住地。

这是一条前人未曾走过的道路，用一种新的视角和方向，为乡村寻找适于当代发展的出路。希望通过改造乡村，打造一个旅游胜地来带动乡村的发展和振兴，给乡村的人们一个留下的理由，为城市的人们提供新的去处。在青山脚下乡野之间，恢复记忆中的日月交更、秋收春种，农居四时的纯粹、平静与满足。莫干庾村是理想的未来之乡，也是对千千万万个乡村未来发展方向的引导。

第三节 中国亢谷

2014 年 6 月，汪洋同志到重庆调研农村改革工作，并实地调研了城口亢谷景区，对景区的原乡设计风格和旅游发展对该地旅游经济发展的促进作用给予了充分肯定。近年来，城口以乡村旅游作为着力点，按照"重点景区＋乡村旅游聚集地区"的规划路径，规划好发展好大巴山森林地区居民的建设，通过实施旅游扶贫开发等措施，将乡村旅游打造成为乡村经济发展的"新引擎"，形成了生态美、百姓富、产业兴的良好局面。

2013 年 3 月，华汉旅受委托编制重庆城口"中国亢谷景区"发展规划，以"巴山原乡"亢谷文化挖掘为创意引领，以"中国亢谷"国家 5A 级景区建设为基本目标，以主干性的景区概念系统（体验系统）、景观系统、游憩系统、接待系统及标识系统的设计为基本依托，形成景区整体旅游系统设计，最终打造"原乡文化"的主题景区。2014 年初，中国亢谷景区规划设计成功落地并深受四面八方游客的称赞。以重点景区为龙头、大巴山森林人家集群片区建设为核心的乡村旅游新引擎，成为重庆城口乡村扶贫、乡村经济逆袭的重要抓手。

(一)巧借生态资源，推动乡村旅游加快发展

城口地处大巴山腹地，拥有得天独厚的生态优势。森林覆盖率达 67.5%，高居重庆市榜首；空气质量优良天数，位居全市第一；常年平均气温 13.9℃。

良好的生态资源是实现绿色发展的重要基础。为此，华汉旅致力于推动城口充分利用"大巴山国家级自然保护区""九重山国家森林公园""巴山湖国家湿地公园"3块金字招牌，围绕"重点景区＋乡村旅游集群片区"的总体思路，聚力推进亢谷国家5A级景区以及按照国家3A级以上标准打造的6~8个乡村旅游集群景区的建设。不断完善重庆民俗旅游景点，全国5A级旅游休闲度假地区创建。让那个地方的溪水、山川自然风光成为带动经济增长的金山银山。

(二)打造"巴山原乡"乡村旅游品牌，推行"景区景点＋大巴山森林人家、生态特色效益农业＋乡村旅游"发展模式

从6户民宿起家，到"巴山原乡"品牌在全国各地的推广，给很多地方留下了自己的痕迹。通过以每一个农户带动乡村发展，每一个村落拉动周围其他村落发展的方式，实施区域联合发展、各产业间协调互动的新局面。利用重点旅游县乡镇带动景区周围村落发展，实施巴渝民宿项目。打造"大巴山森林人家"聚集区。带动本地区旅游产业发展，重点构筑国家级旅游景点和全区域村落旅游相结合法旅游发展模式。

1. 通过联合协作，共推"大巴山森林人家"品牌

成立了东安旅游协会，还联合周边河鱼乡、岚天乡和北屏乡等乡镇组建了重庆北极乡村旅游扶贫协作区，通过联合、协作的方式借助市、县两级宣传平台，对"大巴山森林人家"品牌实施打捆营销。

2. 机制改革、模式创新，构建持续增收稳定脱贫的产业架构

通过打造高标准、高品质且富有人文内涵、经营特色的体验式民宿平台，重点探索农村土地房屋产权管理、收益分配及农村资产股权化投入等新机制和新模式，带动贫困人口搬迁和扶贫开发，推动旅游业供给侧改革，探索农

村土地制度和产权制度改革路径,构建持续增收稳定脱贫的产业架构。

3. 围绕农产品变农商品,凝聚乡村产业振兴新力量

大力发展电商扶贫,助力城口特色农产品走出大山,帮助农户实现脱贫致富。创办区域县电子商务营销服务基地,培养创办一批电商企业。建立县乡村三级电商供应站点,发展物流产业。对进驻的电商进行教育,引入被人们广泛使用的淘宝、京东等第三平台电商服务中心,打通了农产品销售的全渠道。

构建城口农特产B2B+O2O销售渠道,着力构建城口生态农产品全产业链建设。计划在未来2~3年内完成城口老腊肉、中华蜂蜜、食用菌、高山蔬菜、茶叶等产销产业链的整顿和构建。

4. 实施"三变"改革,大力发展村集体经济

就是说资源变资产、资金变股金、农民变股东,发展壮大乡村集体经济。

创新"村集体+农户+公司"生产发展型、"村集体+合作社"资源开发型、"村集体自主经营"项目带动型以及村文化保护型等多种发展方式。

"村集体+农户+公司"的模式的代表是城口县月峰村。由村股份经济合作社、村民以及城口县松坤菌草公司联合经营。运用生产合作社的方式运行的。

(三)以规划设计为引领,强化"巴山原乡"大品牌建设

在接受"巴山原乡·中国亢谷"规划设计任务之初,华汉旅就在"精准定位,创意落地"规划理念的指导下,通过长期实地考察,注意到"亢谷"是以空间环境为依托,以"亢文化"为灵魂主导的中国代表性的原乡文化之一。在规划设计时,华汉旅将"中国亢谷"定位成:在地理环境基础之上引导出来的,打造"原乡文化"的主题景区。

1. 景区大门

如果你抵达的是景区西大门,一个充满亢谷民居特色的、轮廓隐现着一个"亢"字的大门便会映入眼帘,浓郁的原乡风情扑面而来,给你以最原真的第一印象。

设计理念:以亢谷原有民居形态为基础,与该处地形统一融合,具有浓

郁的原乡风情，其轮廓隐含一个"亢"字。

2. 居民点外立面包装设计

（1）青龙峡居民点外立面包装，该居民点外立面在原有墙体上增做装饰性木构架包装，户外广告统一木质化处理，简单有效地提升了建筑形象。

（2）鲜花村居民点外立面包装，鲜花村建筑采用装饰仿木雕鲜花图案处理，使"鲜花村"有名有实。

（3）东安乡场镇建筑风貌改造。对于有结构条件的、重要位置的建筑在局部做装饰性挑檐，裸露的大面积岩土、视觉较差的自然立面搭配观赏性较强的桃树、杜鹃、竹子等植物。观景平台的设置完善了该区域的旅游功能。

（4）亢河隧道外立面包装设计，该段落的10个隧道采用在顶端增做装饰性挑檐的包装设计，对应横撑部分做假立柱，户型沿口做木质收口，悬挂装饰性强的木质标牌。

经改造，建筑外立面风貌简洁干净，统一的土坯色和挑檐处理，使各镇整齐划一，散发着浓厚的巴山原乡风情。

3. 标识系统设计

设计围绕"中国亢谷·巴山原乡"的景区形象定位，充分还原景区应有的特色。

材质利用的是当地的灰瓦、砖石和土墙等原生的元素，为了突出当地风貌特色。

尺度的测量和当地特色是一样的，多为山体、峡谷、河滩，视野较为开阔、空旷，采用较大体量，这样游客可以很清晰地辨别建筑方向。

在外观设计上也是融合景区特色，给人耳目一新的感觉，创新中也透露着当地特色。

旅游标识系统设计风格按照项目地分为三段，每段为一个系列，使其在风格统一基础上蕴含变化。

"看得见山，望得见水，记得住乡愁"——巴山原乡，中国亢谷，正成为城口乡村旅游的金字招牌，成为城口乡村振兴的一面旗帜。

参考文献

［1］兰虹，汪俐君，何南君．乡村振兴战略下新时代旅游扶贫创新路径研究［J］．绥化学院学报，2019，39（6）：39—43．

［2］叶边鱼．乡村旅游在乡村振兴中大有可为［N］．韶关日报，2019—05—20（F02）．

［3］李笑颖，黄蔚艳．乡村振兴与乡村旅游发展［J］．中国商论，2019（8）：205—206．

［4］鲁小波．乡村旅游在乡村振兴中的作用与模式研究［J］．决策咨询，2019（2）：91—96．

［5］李保玉．乡村振兴战略下乡村旅游发展的新路向［J］．长春师范大学学报，2019，38（4）：110—113＋123．

［6］佚名．提升乡村旅游发展质量推动乡村振兴战略实施［J］．山东人大工作，2019（4）：4—8．

［7］银元，李晓琴．乡村振兴战略背景下乡村旅游的发展逻辑与路径选择［J］．国家行政学院学报，2018（5）：182—186＋193．

［8］潘青．乡村振兴视角下农村旅游扶贫策略研究［J］．农业经济，2018（10）：87—89．

［9］林铧．发展乡村旅游 助力乡村振兴［J］．中共山西省委党校学报，2018，41（5）：60—63．

［10］孙国学．乡村振兴战略背景下乡村旅游发展的新视角［J］．北方经贸，2018（8）：150—151．

［11］陈望衡，陈李波．自然性与文化性的统一［J］．武汉大学学报（人文科学版），2006（9）：545—550．

［12］侯文蕙．荒野无言［J］．读书，2008（11）：57—66．

［13］黄成林．乡村旅游发展若干问题研究［J］．安徽师范大学学报（自

然科学版），2006（4）：390—393.

［14］彭兆荣．旅游人类学视野下的"乡村旅游"［J］．广西民族学院学报（哲学社会科学版），2005（7）：6.

［15］刘铁芳．乡村文化的危机［J］．中国老区建设，2006（12）：42—45.

［16］付明星．现代都市农业——休闲农业与乡村旅游［M］．武汉：湖北科学技术出版社，2012.

［17］赵洪波，刘宝会．休闲农业与乡村旅游服务员实用教程［M］．北京：中国农业科学技术出版社，2014.

［18］耿红莉．休闲农业与乡村旅游发展理论和实务［M］．北京：中国建筑工业出版社，2015.

［19］常若松．人类心灵的神话：荣格的分析心理学［M］．武汉：湖北教育出版社，2001.

［20］海德格尔．技术的追问［M］．李小兵等译．北京：东方出版社，1995.

［21］宋戈．中国城镇化过程中土地利用问题研究［M］．北京：中国农业出版社，2005.

［22］北京巅峰智业旅游文化创意股份有限公司课题组．图解乡村振兴战略与旅游实践［M］．北京：旅游教育出版社，2018.

［23］代改珍．乡村振兴规划与运营［M］．北京：中国旅游出版社，2018.

［24］邹统钎．乡村旅游：理论·案例［M］．天津：南开大学出版社，2017.

［25］林峰．乡村振兴战略规划与实施［M］．北京：中国农业出版社，2018.

［26］谢一驰．乡村振兴战略下乡村旅游发展政策支持研究［D］．郑州大学博士学位论文，2018.

［27］保国钰．乡村振兴战略视角下的村镇规划问题研究［D］．湖北工业大学博士学位论文，2018.

[28] 匡雅雯. 乡村振兴战略研究：现实问题与路径选择 [D]. 东北财经大学博士学位论文，2018.

[29] 曹国新. 文化古村落：一类独立的旅游资源 [D]. 江西师范大学博士学位论文，2004.

[30] 刘华领. 可作为文化遗产的古村落保护与旅游开发研究 [D]. 华中科技大学博士学位论文，2004.

[31] 刘红艳. 乡村旅游开发研究 [D]. 中南林学院博士学位论文，2001.